제2판

형법
총론

김형만

박영사

제 2 판 서 문

　이 책은 저자가 대학에서 사용한 강의안을 묶어 2002년에 그 초판이 출간되었다. 그동안 3판을 거듭하면서 미진한 부분들을 꾸준히 보충하여 왔지만, 여전히 형법을 공부하는 사람들의 눈높이를 만족시키기에는 역부족이라는 것을 충분히 인식하고 있다. 그럼에도 불구하고 2011년에는 한국도서정보의 학문분야별 베스트셀러에 선정되는 과분한 영광을 누리게 되었고, 이것을 계기로 기존의 강의안 체계를 교과서 체계로 형식은 물론 내용면에서도 일신하였지만, 그렇다고 하여 본격적인 체계서나 주석서라고 말하기엔 거리가 있는 것도 사실이다. 그렇지만 이 책은 기획 단계부터 중점을 두어왔던 형법의 조감도로서의 역할을 그대로 유지하여 다른 교과서와 차별화하여 왔다고 자부할 수 있다. 이것은 형법학의 중심인 범죄요소론에 관한 이론체계를 비롯한 형법의 전체를 이해하는 데 매우 도움이 된다는 확신이 있었기 때문이다.

　개정판을 준비하는 과정에서 2020년 12월 8일 형법의 일부가 개정되어 이를 모두 반영하였다. 형법이 만들어진 지 60년이 되었지만 일본식 표현이나 어법 등으로 온전히 우리 법이라고 말하기엔 어려운 부분이 여전히 남아 있다. 일정 부분 한자어를 사용할 수밖에 없다고 하더라도 일반 국민이 알 수 없는 내용이라면 형법의 기능면에서도 재고가 필요함에도 이러한 노력들이 너무 쉽게 간과되어 왔음을 형법학을 전공한 한 사람으로서 반성하지 않을 수 없다.

　끝으로 시간적으로 매우 촉박한 일정 속에서도 흔쾌히 출판을 도와주신 박영사의 이영조 차장, 이후근 대리와 세밀한 편집을 해주신 박가온 선생님에게도 진심으로 감사한 마음을 표하고 싶다.

2021년 3월

저자 씀

서   문

　　대학에서 강의를 시작한 이래 교과서에 대한 욕심을 키워가고 있을 무렵 책을 출판해보자는 말에 선뜻 승낙하고 작업을 개시했던 것이 엊그제 같은데 벌써 10여년의 세월이 흘렀다. 2002년에 출간한『형법총론강의』는 강의안을 기초로 한 것이었지만, 몇 번의 개정판을 거치면서 2011년 한국도서정보에서 선정한 학문분야별 베스트셀러가 되는 영광도 얻었다. 그러나 형사법은 다른 학문과 달리 저자의 인생관이 비교적 많이 투영되는 학문분야로서 인간적으로나 학문적으로 일천한 저자에게는 매우 지난한 작업이었다. 특히 형법총론은 이론의 숲이라고 불릴 정도로 이론대립이 극심한 분야일 뿐만 아니라, 아직도 완전히 한글화되지 않은 학문영역이기에 더욱 그렇다. 따라서 형법을 공부하기 위해서는 형법학의 특성을 파악하는 것이 무엇보다도 중요하다고 생각한다.

　　형법은 형법과 윤리의 구분, 죄형법정주의, 형법의 겸억주의, 법익보호주의, 책임주의 등 다른 법률분야와는 달리 다양한 법원리 또는 법원칙을 이해하지 못하면 형법상에서 전개되는 이론을 이해하기 매우 어려운 분야이다. 또한 형법은 이러한 법원칙에 의한 제약뿐만 아니라 이론구성의 체계상 제약도 받고 있다는 점에서 매우 상이한 학문적 특징을 가지고 있다. 즉 형법은 형벌권의 주체가 그 권한을 자의적으로 행사할 수 없도록 체계적 사고를 매우 중시하는 학문이라는 점이다. 따라서 형법의 이러한 법원칙들과 체계를 명확히 하기 위해서는 형법 전반에서 논의되는 이론의 전체상을 파악하는 것이 무엇보다도 중요하다. 이를 위해서 본서는 그 이론적 배경은 물론 개개 논점의 유래와 체계의 관련을 이해하기 쉽게 도표와 그림을 통하여 시각화·입체화하였다. 특히 이를 통해 강의안에서부터 일관되게 의도하였던 교과서 분

량의 최소화로 독자 자신의 형법관(刑法觀)에 의한 조감도를 갖게 하려는 데
일조하고자 다른 교과서와 차별화에 노력하였다.

끝으로 저자가 연구자로 살아갈 수 있도록 지도해 주신 한양대학교 명예
교수인 차용석 교수님과 일본 明治大學의 지도교수인 川端 博 교수님께도 이
자리를 빌려서 감사드린다. 뿐만 아니라 본서가 세상의 빛을 볼 수 있도록 물
심양면으로 지원해 주신 박영사 안종만 회장님과 이영조 과장님 그리고 독자
들이 편히 읽을 수 있도록 노력해 주신 편집부 한현민 선생님에게도 각별히
감사의 뜻을 전한다. 또한 늘 변함없이 가족들을 위해 희생하는 아내에게도
고마움을 전하고 싶다.

2015년 2월
저자 씀

차 례

제1편 서 론

제 1 장 형법과 형법학

제 2 장 형법의 기본원칙

제 2 편　범 죄 론

제 1 장　범죄의 기본개념과 종류

제 2 장　행 위 론

제 3 편　구성요건

제 1 장　구성요건이론

제 4 편 위 법 성

제 1 장   위법성의 개념

제 2 장   개별 위법성조각사유

제 5 편　책　임

제 1 장　책임의 개념

제 2 장　책임의 근본이론

제 6 편 미수범론

제 1 장 범죄의 실현단계

제 2 장 미수범(장애미수)

제 3 장 중지범(중지미수)

제 4 장 불능범(불능미수)

제 7 편 공 범 론

제 1 장 정범과 공범

제 5 장   교 사 범

제 6 장   종   범

제 8 편   죄 수 론

제 1 장   죄수의 개념

제 2 장   일   죄

제 9 편　형 벌 론

제 1 장　형벌의 개념과 종류

제 2 장　양　형

제 5 장   보안처분

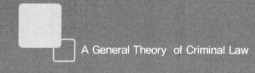

A General Theory of Criminal Law

제1편 서 론

형법과 형법학

1. 형법의 의의 및 종류

범죄에 대한 법적 효과로서 형벌 내지 보안처분[1]을 규정한 모든 국가규범을 형법이라고 한다. 형법은 범죄의 성립요건과 그 범죄에 부과될 법적효과로서 형벌의 종류와 내용을 규정한 국가의 법규범을 의미하며, 형식적 의미의 형법(협의의 형법)과 실질적 의미의 형법(광의의 형법)[2]으로 구분할 수 있다. 형식적 의미의 형법인 형법전(刑法典)은, 형법의 기본법이라는 점에서 일반형법이라고 하며, 이것을 수정·보충하기 위하여 제정된 법을 특별형법이라고 한다. 여기에는 「폭력행위 등 처벌에 관한 법률」과 같은 협의의 특별형법과 행정상 단속목적을 위해 제정된 행정형법(도로교통법 등)으로 구분할 수 있다.

---

1) 보안처분은 행위자의 범죄반복이라는 위험성을 기초로 하여 사회방위를 목적으로 가해지는 형사제재를 말한다. 이러한 보안처분이 규정되어 있는 법률로는 보호관찰법, 치료감호법, 소년법 등이 있다. 예를 들면 심신상실자나 약물중독자 등의 범죄예방을 위하여 이들을 시설에 구금하여 치료·개선하기 위한 처분을 말한다. 따라서 범죄를 근거로 과해지는 형벌과는 그 성질을 달리하기 때문에 형법의 개념 속에 이를 포함시킬 것인가에 대해 견해의 대립이 있다.

2) 실질적 의미의 형법은 광의의 형법이라고도 하며 여기에는 군형법, 국가보안법, 폭력행위 등 처벌에 관한 법률, 화염병사용 등의 처벌에 관한 법률, 성폭력범죄의 처벌 및 피해자보호 등에 관한 법률, 도로교통법, 경범죄처벌법, 식품위생법, 관세법 등이 있다.

또한 형법은 형벌권의 주체로서 국가와 그 객체인 범인 사이에 권리와 의무관계를 규율하는 법으로서 공법(公法)에 속하며, 재판에 적용되는 법이라는 점에서 사법법(司法法)에 속한다. 사법법을 다시 실체법과 절차법으로 구분하는 경우, 형법은 형벌권의 발생에 관한 실질적 법률관계를 규율하는 법으로서 실체법(實體法)에 속하지만, 형사소송법은 형법을 실현하기 위한 절차를 규정한 법이라는 점에서 절차법에 속한다.

〈형법의 의의〉

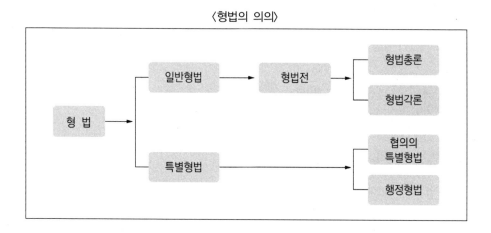

2. 형법의 내용

형법은 사회를 통제하는 수단이라는 점에서 다른 규범과 같지만, 국가가 형벌이라는 제재수단을 사용하여 그 준수를 강제하는 점에서 다른 규범과 구별된다. 따라서 국가형벌권의 근거와 한계를 명백히 해야 하는데, 이것이 바로 형법내용의 핵심을 이루는 것이라고 할 수 있다.

국가의 형벌권 행사가 어떠한 근거에 의해서 정당화되는가 하는 문제는 결국 현대국가의 역할이 무엇인지와 관계하고 있다고 볼 수 있다. 국민주권주의와 개인의 존엄을 기초로 하여 국민의 기본적 인권존중을 그 기본적 원리로 하는 현행 헌법하에서, 국가의 임무는 개인의 생활이익과 그 집합체로서 사회이익의 보호, 그리고 그들의 이익을 유지하고 촉진하기 위한 모든 기구와 장치를 보호하는 것에서 찾지 않으면 안 된다. 반면에 범죄는 이러한 모든 이익과 기구를 침해하거나 그 위험을 초래하는 행위이기 때문에 국가형벌권의 근거는 결국 국민의 생활이익을 보호하기 위하여 범죄의 발생을 억제하는 것에 있다.

그러나 형벌이 법적인 제재수단 가운데서 가장 강력한 것이라고 할 때에 국가가 그 형벌권을 행사함에 있어서 국민이 승인한 범위, 즉 국민이 합의한 범위 내에서 제한되지 않으면 안 된다. 이것은 국정(國政)에 대한 최종적 결정권한이 일반국민에게 있다는 국민주권주의의 원칙으로부터 도출되는 당연한 귀결이다. 따라서 국민의 합의를 얻지 못한 형벌권의 행사는 형벌권남용(濫用)으로서 허용되지 않는다.

국가의 형벌권에 대한 이와 같은 제한은 정치적으로는 국민주권주의 및 민주주의의 원리에서 유래하지만, 법적으로는 국가형벌권의 한계를 설정하기 위하여 국가권력에 의한 사회통제(제1차적 통제: 법익보호)는 물론 국민의 권리와 자유를 보장하기 위하여 국가권력 그 자체에 대한 사회통제(제2차적 통제: 인권보장)도 법의 임무로 생각되어 왔다.[3] 특히 제2차 사회통제를 제도적으로 보장하고 있는 형법상 원리가 바로 죄형법정주의(罪刑法定主義) 원칙이다.

3. 형법학의 의의

형법학은 범죄와 형벌에 관한 법을 대상으로 하는 모든 학문분야로서 형사법학이라고도 하며, 그 의미에 따라 세 가지 개념으로 분류할 수 있다. 우선 최광의의 형법학은 실체적 형법을 대상으로 하는 학문분야 이외에 형사절차를 연구대상으로 하는 형사소송법학, 범죄와 형벌에 관한 실증적 사실을 해명하기 위한 학문인 형사학, 그리고 형벌의 집행에 관한 행형법학 등도 포

---

3) 예컨대 형법 제250조 제1항은, 「사람을 살해한 자는 사형, 무기 또는 5년 이상의 징역에 처한다」고 규정하고 있지만, 이 조문은 두 개의 기능을 한다. 제1차적으로 사람의 생명을 보호한다는 적극적 작용을 하여 사회를 통제하는 기능(법익보호)을 하고, 제2차적으로 이 조문은 법관을 통하여 살인범에 대해서만 「사형, 무기 또는 5년 이상의 징역에 처하라」고 하는 의미에서 사회통제기능(인권보장)을 한다고 한다(曾根威彦, 5頁).

함하고 있다.· 형사학은 다시 범죄현상론 및 범죄원인론을 내용으로 하는 범죄학과 범죄대책론인 형사정책학으로 구분할 수 있다. 광의의 형법학은, 현행 형법의 규범적 의미를 해석하고 체계적으로 인식하는 것을 목적으로 하는 형법해석학과 그 해석의 기초가 되는 학문분야인 형법철학, 형법사학, 비교형법학 등의 기초형법학으로 구분할 수 있다.

그러나 일반적으로 형법학이라고 하면 형법해석학만을 의미하며, 이것을 협의의 형법학이라고 한다. 협의의 형법학은 형법총칙과 형법각칙으로 구분하며, 이에 대응하여 형법총론과 형법각론으로 구성된다. 형법총론은 형법전의 총칙편 규정을 중심으로 하여 개개의 범죄와 형벌에 공통된 일반적 요건을 명확히 하는 것을 목적으로 하는 학문영역이다. 형법각론은 형법전의 각칙편에 규정되어 있는 살인죄, 절도죄 등과 같은 구체적 범죄의 성립요건을 명확히 하여 그 처벌범위를 확정함과 동시에 개개 범죄들 사이의 관계와 구별을 목적으로 하는 학문영역이다.

제2절 ▶ 형법의 규범적 성격

현대 사회의 수많은 사회규범 중 하나인 형법이 어떠한 법이고 또 어떠한 기능을 하는지 고찰하기 위해서는 우선 형법규범의 논리구조를 분석하고 해석하여 그 성격을 명백히 할 필요가 있다.

형법은 민법 등 다른 법규범과 마찬가지로 물리적 강제력을 행사하여 사회질서를 유지한다는 점에서 동일하지만, 형벌을 부과하여 사회질서를 유지한다는 점에서 그 차이가 있다. 다만 앞에서 기술한 것처럼 형법각론은 개개의 형벌법규의 내용을 분석하고 그 법규가 가지는 의미를 명확히 하는 것을 목적으로 하는데 반하여, 형법총론은 모든 형법에 공통적으로 적용되는 형벌법규의 일반적 성질 및 적용에 관한 일반원칙으로서 그 규범적 성격은 다음과 같다.

1. 가설적 규범

형법은 범죄와 형벌의 관계를 규정한 법으로서, 일정한 범죄를 법률요건으로 하여 여기에 해당하는 경우에 형벌이라는 법률효과를 발생하게 하는 형식으로 규정된 「가설적 규범(假說的規範)」이다. 예컨대 형법 제250조 제1항은 '사람을 살해한 자'를 법률요건으로 '사형·무기 또는 5년 이상의 징역에 처한다'는 법률효과를 규정하고 범죄와 형벌의 종류 및 범위를 한정하고 있다. 이와 같이 형법 특유의 범죄를 법률요건으로 하여 그 법률효과로서 형벌을 규정하고 있다는 점에서 민법 등 다른 법률분야의 법률요건과 법률효과의 관계와 구별된다.

2. 행위규범과 재판규범

범규범은 일반적으로 그 명령을 받는 사람(受命者)이 누구인지에 따라 행위규범(行爲規範)과 재판규범(裁判規範)으로 분류할 수 있지만, 형법규범은 행위규범인 동시에 재판규범이기도 하다. 형법 제250조 제1항의 전단에 규정된 법률요건은 사람의 살해를 금지(禁止)하는 내용의 행위준칙으로서 「행위규범」이 규정되어 있을 뿐만 아니라, 후단의 법률효과는 법관에게 그 행위규범을 위반자에게는 5년 이상의 형벌을 적용할 것을 명령하는 내용의 「재판규범」으로서도 작용하고 있다. 이처럼 형법규범은 행위규범을 전제로 이를 위반한 자에게 재판을 통해서 형벌로 강제를 하기 때문에 행위규범과 재판규범의 복합구조로 되어 있다.

3. 평가규범과 의사결정규범

형법은 일정한 행위를 범죄로 하여 형벌을 부과하기 때문에 그 범죄행위는 형법상 가치 없는, 즉 무가치하고 위법한 행위로 평가된다. 이때 형법에 규정된 일정한 행위는 적법 또는 위법한 행위를 평가하는 가치판단의 기준이

된다. 이러한 의미에서의 형법을 「평가규범(評價規範)」이라고 한다. 동시에 형
법은 일반국민에게 형법이 가치 없다고 평가한 위법행위를 하지 않도록 의사
결정의무도 부과하고 있다. 즉, 어떤 행위를 함에 있어서 의사결정의 기준을
제공하기도 한다. 이러한 의미에서의 형법을 「의사결정규범(意思決定規範)」이라
고 한다.

　　평가규범과 의사결정규범과의 관계에 대해서는 논란이 있지만, 일반국
민에게 일정한 의사결정을 요구하기 위해서는 법적 평가, 즉 평가규범이 논
리적으로 선행되어야 한다. 형법규범이 인간의 의사에 대한 명령(의사결정규범)
으로서 작용하기 위해서는 그것 이전에 어떠한 행위를 명령하고 또는 금지하
는가에 대한 내용을 법으로 확정하지 않으면 안 되기 때문이다.

제3절 ▸ 형법의 기능

　　형법은 범죄와 형벌의 관계를 명백히 하여 사회질서를 유지하는 법률로
서 일반적으로 형법규범은 「 … 을 한 자는, … 의 형에 처한다」고 하는 가설
적 규범의 형식을 취하고 있다. 규정의 전단에 법률상 구성요건으로서 범죄를
규정하고, 후단에 법률효과로서 형벌을 규성하고 있다. 이러한 규범의 형식구
조로부터 형법은 일정한 기능을 하는데 이것을 「형법의 기능」이라고 한다.

1. 규제적 기능

　　형법은 범죄행위에 대하여 규범적 평가를 명백히 하여 국민의 행위를 규
제하는 기능을 「규제적 기능(規制的機能)」이라고 한다. 이것은 형법이 일정한
행위를 범죄로 규정하고 형벌을 부과하여, 그 행위가 법적으로 무가치하다는
것을 평가하는 기능과 동시에 행위자에 대해서는 그러한 범죄행위를 하지 않
도록 금지·명령을 하는 기능을 내용으로 한다. 전자를 평가적 기능(評價的機能)

이라고 하고, 후자를 의사결정기능(意思決定機能)이라고 한다. 이것은 형법규범으로서 평가규범 및 의사결정규범에 각각 대응한다. 형법은 규제적 기능을 통해 국민에게 어떠한 행위가 처벌되고, 어떠한 형벌이 부과되는지를 예고하여 범죄행위를 하지 않도록 규제하고 있다.

2. 사회질서유지기능

형법을 포함한 모든 법률의 궁극적 과제는 사회질서를 보호·유지하여 공동생활의 안전을 도모하는 데 있다고 할 수 있다. 그러나 형법의 기능이 다른 법률의 그것과 구별되는 것은 형벌이라는 강력한 강제수단에 의하여 그 목적을 수행하는 점과 사회질서유지의 최후수단(ultima ratio)이라는 점에 있다. 형법의 이러한 「사회질서유지기능」은 법익보호적 기능과 보장적 기능으로서 나타난다.

(1) 법익보호적 기능

형법은 범죄행위를 규제하는 동시에 그 처벌을 통해 범죄가 침해한 일정한 법익도 보호하는 기능을 하는데, 이것을 「법익보호적 기능」이라고 한다. 법익(法益)은 법적으로 보호되는 생활이익으로서 모든 법익이 형법에 의해서 보호되는 것이 아니다. 다른 법률도 사회질서유지를 위하여 각각의 형식에 따라 다양한 법익을 보호하고 있지만, 형법은 형벌이라고 하는 강력한 제재수단에 의해서 법익을 보호하고 있어 그 성격상 다른 법률에 의해 법익이 충분히 보호되지 않는 경우에 한하여 형법에 의한 법익보호가 인정된다. 따라서 형법에 의해서 보호되는 법익이란, 모든 법익침해 및 그 위험으로부터 보호되는 것이 아니라 형벌의 대상이 되는 범죄적 침해행위로부터의 특정한 법익만을 보호대상으로 하고 있다.

(2) 보장적 기능

형법은 일정한 범죄행위에 대해서만 형벌을 부과한다고 명백히 규정하여 국가의 자의적인 형벌권 발동을 제한하고 있다. 그리하여 국가권력의 남용으로부터 일반국민은 물론 범죄자의 권리 및 자유도 보장하는 기능을 하고 있다. 즉, 형법은 국가의 형벌권을 제한하여 선량한 국민의 자유를 보장하는 한편 범인에 대해서도 그가 범한 범죄에 규정된 형벌의 범위 내에서 처벌하도록 하여 범인의 인권도 보장하고 있다. 이처럼 형법은 국가로부터 이중의 의미로 자유를 보장하는 기능을 하며, 이것을 형법의 마그나카르타(Magna Carta)적 기능이라고도 한다.

3. 기능 상호 간의 관계

형법의 기능 중에서 규제적 기능을 중시하는 것은 국가가 국민에 대해서 행위의 준칙을 제시한다는 점에서 국민을 윤리적·도덕적인 방향으로 강요하게 된다. 그러나 이것은 현대사회처럼 가치관이 다양화되어 있는 시대에서는 바람직하다고 볼 수 없다. 오히려 형법의 기능은 범죄방지에 있고, 국민의 안전과 이익을 보호하는 법익보호적 기능과 더불어 국가의 형벌권 행사를 제한하여 범죄자는 물론 일반국민의 권리와 자유를 보호하는 보장적 기능에 있다고 하지 않으면 안 된다. 그러나 현실적으로 이러한 두 기능은 서로 대립관계4)에 있기 때문에 여기서 형법의 입법 및 해석에 관한 필요성이 제기된다.

---

4) 형법의 기능 중 보장적 기능을 중시하면 인권보장기능이 소홀해지고, 반대로 보장적 기능을 강조하면 범죄의 증가를 초래하여 법익보호적 기능을 기대할 수 없다.

〈형법의 기능〉

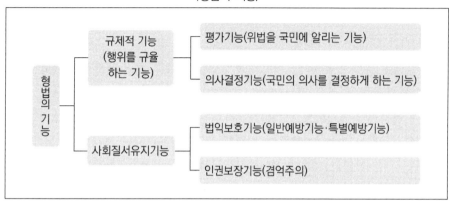

제4절 ▶ 형법의 역사

1. 형법의 기원

오늘날 형법은 국가가 법질서를 유지하기 위하여 범인에게 형벌을 부과하는 것을 내용으로 하는 국가적이고 공법적인 성격을 갖는다. 이러한 성격의 형법이 확립된 것은 역사적으로 볼 때 그리 오래된 것은 아니다. 형법은 본래 개인 간의 복수감정과 원시적 종교감각을 기초로 하는 부족적이고, 사법적(私法的) 성격을 가지고 있었다. 즉, 형법은 원시사회에서 부족의 생활질서를 침해한 자에게 부족장이 가하는 제재제도 속에서 그 기원을 찾아볼 수 있다.

2. 형법의 발달

형법의 발달은 그 역사적 발전과정을 추상화하여 혹은 형벌사조(刑罰思潮)를 중심으로 복수시대 · 위하시대 · 박애시대 · 과학시대 등으로 구분할 수

있다.[5]

(1) 복수시대(원시사회~국가성립 이전)

족장을 중심으로 하는 원시사회에서는 부족의 내부질서를 침해하는 자
에 대해 족장이 추방을 하는 한편 부족의 외부로부터 침해에 대해서는 부족
전체가 복수를 위한 투쟁, 즉 혈수(血讐)가 행하여졌다. 그러나 복수를 위한 부
족 간의 투쟁은 결국 한 부족이 전멸할 때까지 계속되는 폐해가 발생하였다.
이처럼 현대 형벌의 기원을 부족 간의 복수에서 찾는 것이 통설의 입장이
다.[6] 그 후 형벌은 시대의 발달에 따라 점차 완화되고 제한되어 동해보복(同
害報復), 피난처(避難處), 속죄금(贖罪金) 등의 제도로 발전되어 갔다. 또한 강력한
부족이 다른 부족을 합병하여 외부적 제재도 부족 내부의 것으로 전화되고
나아가 국가의 출현에 따른 제재의 주체도 국가로 변화되어 갔다.

(2) 위하시대(국가성립 이후)

근대 국가의 성립으로 복수시대와 같은 사형벌(私刑罰)은 금지되고 형벌
이 국가화되기 시작하였다. 그러나 이 시기(16세기~17세기)의 형법은 집권자인
국왕이 범죄와 형벌을 자의적(恣意的)으로 판단·결정하고 행사하는 죄형전단
주의(罪刑專斷主義) 사상하에 있었기 때문에 그 형벌은 매우 준엄하고 위하(威嚇)
적이었다. 이러한 배경에는 당시의 사회석 불안이 준엄한 형벌과 전단적 절
차를 요구하였다고 볼 수 있다.

(3) 박애시대(18세기 초~19세기 중엽)

18세기 초 유럽은 로크·몽테스키외·루소 등에 의하여 주장된 이성적이
고 자유주의적인 인간관에 기초한 계몽사상(啓蒙思想)의 영향 아래 법치주의의
사상이 강조되었다. 따라서 형벌제도도 개인의 자유와 인권을 존중하기 위한
왕의 통치수단으로서 개선되었다. 즉 범죄와 형벌은 미리 법률로 정해져 있

---

5) 임웅, 12면.
6) 진계호/이존걸, 37면.

지 않으면 안 된다고 하는 죄형법정주의가 형법의 기초원칙으로 확립되었고, 형벌은 현저히 완화되어 인도적으로 되어, 이 시대를 형벌의 박애(博愛)시대 또는 법률화시대라고도 한다.

(4) 과학시대(19세기 말 이후~현대)

19세기 말 유럽대륙에 보급된 산업혁명으로 심각한 경제적·사회적 혼란이 초래되어 실업 등에 기인한 범죄가 급증하였다. 특히 누범 및 소년범의 격증은 종래 자유의사를 전제로 객관주의적 행위에 대한 응보적 처벌을 주장해 온 구파의 형법이론은 그 한계에 도달하였다. 따라서 이 시대에 있어서 범죄는 자유의사에 의한 것이 아니라 일종의 사회적 현상 내지 병리적 현상으로 파악되기 시작하였다. 이러한 범죄에 대한 새로운 인식, 즉 자연과학적이고 실증적인 방법에 의한 연구가 시도되었으며, 이 시기를 형벌의 과학화시대라고 한다.

제2장

형법의 기본원칙

형법의 적용과 해석은 물론 입법에 관한 원리를 형법의 기본원칙이라고 한다. 형법의 기본원칙은 죄형법정주의의 원칙처럼 헌법과 형법에 그 근거를 두고 있는 것과 그 근거는 없지만 형법의 성격상 당연히 인정되는 겸억주의와 책임주의의 원칙이 있다.

제1절 ▶ 죄형법정주의

1. 의의와 연혁

(1) 의 의

「죄형법정주의」는 「죄형전단주의」에 대응하는 개념으로서, 일정한 행위를 범죄로 하고 이 행위에 대해서 형벌을 부과하기 위해서는 행위 이전에 범죄와 형벌이 법률로 규정되어 있지 않으면, 어떠한 행위도 처벌할 수 없다고 하는 근대 형법의 기본원칙을 말한다. 죄형법정주의는 포이에르바하(Feuerbach)가 제창한 「법률 없으면 범죄 없고, 형벌 없다(Nullum crimen, Nulla poena sine lege)」는 표어로 표현되기도 하지만, 그 이론적 기초는 인권보장적 요청과 민주주의 요청에 근거하고 있다.

(2) 연 혁

죄형법정주의의 사상은 1215년 영국의 대헌장 제39조에 '적법한 재판이
나 또는 국가의 법률에 의하지 않으면' 처벌되지 않는다는 취지의 규정으로
부터 유래된 이래 1628년의 권리청원과 1689년의 권리장전에 의해 다시 확인
되었다. 그리고 이 사상은 미국으로 전해져 1788년의 미연방헌법 제1조의 '어
떠한 사후법도 제정할 수 없다'고 하는 「사후법금지(ex post facto law)」와 1791
년의 수정헌법 제5조의 「적정절차의 보장(due process of law)」원칙에 반영되었
다. 이와 같이 죄형법정주의 사상은 영미법계에서는 형사절차면에서 나타난
반면, 유럽대륙에서는 형사실체법상의 원칙으로 나타났다. 즉, 1789년의 프랑
스인권선언 제8조는 '누구든지 범죄 이전에 제정·공포되고 적법하게 적용된
법률에 의하지 않고서는 처벌되지 아니한다'고 선언하여 죄형법정주의는 입
법상의 원칙으로 성문화되었다. 그러나 이것이 형법전에 최초로 명문화된 것
은 1810년의 나폴레옹형법전이며, 그 후 세계의 모든 국가들이 헌법이나 형
법전에 이 원칙을 규정하여 형법의 기본원리로 삼고 있다.

2. 죄형법정주의의 근거

(1) 이론적 근거

죄형법정주의의 성립은, 역사적으로는 몽테스키외(Montesquieu)의 삼권분
립론과 포이에르바하의 심리강제설에 기초하고 있다. 그러나 이 사상들은 연
역적 의미가 있을 뿐 현대에서의 죄형법정주의는 자유주의를 기초로 한 인권
존중의 원리에서 그 근거를 찾는 견해가 일반적이다. 국가권력의 자의적인
행사로부터 개인의 자유를 보장하고 인권을 존중하기 위하여 첫째, 국민자신
이 대표자를 통해서 무엇을 범죄로 하고 그것을 어떻게 처벌할 것인지를 스
스로 민주적으로 결정하지 않으면 안 된다고 하는 「민주주의적 요청」과 둘
째, 기본적 인권 특히 국민의 자유를 보장하기 위하여 범죄와 형벌을 사전에
국민에 대해서 명백히 하여 자기의 어떤 행위가 처벌되는지를 예측할 수 있
도록 하지 않으면 안 된다고 하는 「자유주의적 요청」이 바로 그것이다. 전자

로부터는, 범죄와 형벌은 국민의 대표기관인 국회가 제정한 법률에 따라 규정하지 않으면 안 된다고 하는 「법률주의」를, 후자로부터는 범죄는 국민의 권리와 행동의 자유를 보장하기 위하여 미리 성문법으로 명시되지 않으면 사후에 제정된 법률로는 처벌할 수 없도록 하는 「형벌불소급(사후법금지)의 원칙」을 찾아볼 수 있다.

(2) 법률적 근거

헌법은 제12조 제1항의 후단에 '누구든지 …… 법률과 적법한 절차에 의하지 아니하고는 처벌·보안처분 또는 강제노역을 받지 아니한다'고 하여 죄형법정주의의 파생원칙인 형벌법규의 「법률주의」를, 그리고 동법 제13조 제1항은 '모든 국민은 행위 시의 법률에 의하여 죄를 구성하지 아니하는 행위로 소추되지 않는다'는 「형벌불소급의 원칙」을 규정하여 죄형법정주의의 근거를 명시하고 있다. 이를 근거로 형법 제1조 제1항은 '범죄의 성립과 처벌은 행위 시의 법률에 따른다'고 하는 죄형법정주의의 전제조건인 행위시법주의와 동시에 형벌불소급의 원칙을 다시 규정하고 있다. 이것은 죄형법정주의가 단순히 형법의 해석이나 적용 및 입법상의 원칙에 그치는 것이 아니라 법치국가의 토대가 되는 헌법상의 원칙이라는 점을 확인하고 있다고 할 수 있다.

3. 죄형법정주의의 파생원칙

죄형법정주의의 의미 또는 내용으로부터 논리 필연적으로 주장되는 원칙을 죄형법정주의 파생원칙이라고 한다.

(1) 법률주의

1) 법률주의의 원칙

범죄와 형벌은 국회가 제정한 성문의 법률에 의하여 규정되어야 한다는 원칙을 말하며, 「성문법주의」라고도 한다. 따라서 명령·규칙·조례나 불문법인 관습법에 의하여 범죄와 형벌을 규정할 수 없다. 그러나 백지형법처럼 법률이 처벌근거만을 규정하고 구성요건의 일부 또는 형벌에 관한 구체적 사항을 명령·규칙·조례 등의 하위규범에 위임하는 경우까지 금지하는 것은 아니다. 다만, 이 경우에도 범죄뿐만 아니라 형벌의 종류와 정도가 법률로 명백히 규정되어야 하는 것은 당연하다.

2) 관습형법금지의 원칙

법률주의에 따라 불문법인 관습법(慣習法)은 형법의 직접적 법원(法源)이 될 수 없다는 원칙을 말한다. 만약 관습법도 형법의 법원이 된다고 하면 그 존재와 내용이 불확실한 법에 의해서 처벌되거나, 법관의 자의를 초래할 우려가 있어 죄형법정주의의 근본취지에 어긋나기 때문이다. 그러나 개개의 구성요건을 해석함에 있어서 사회생활상 관습법이나 조리를 고려하지 않을 수 없는 경우가 있다. 예컨대 부진정부작위범의 보증인적 지위, 수리방해죄(제184조)의 방해대상이 되는 수리권(水利權) 등은, 구성요건내용의 해석에 있어서 관습법에 의한 간접적 보충을 인정하지 않을 수 없다. 따라서 관습법도 간접적으로 법원성을 인정하게 된다.

(2) 소급효금지의 원칙

죄형법정주의는 행위 전에 형벌법규의 존재를 요구하고 있어 사후입법에 의한 소급효를 금지하고 있다. 우리 형법 제1조 제1항은 행위시법주의를 규정하여 소급효금지(遡及效禁止)의 원칙을 명백히 하고 있다. 이 원칙은 죄형법정주의의 이론적 근거인 인권보장적 원리에 따라 행위자에게 불이익한 소급효를 금지하고 있지만, 그 적용대상에 형벌 이외의 노역장유치[1] 등 보안처분을 포함하는지 명백하지 않다. 이에 대하여 통설[2]은 보안처분도 범죄에 대한 제재이고 형벌에 못지않은 자유제한의 효과가 있어 적용해야 한다는 소급효 인정설을 따르는 반면, 판례[3]는 이를 부정하고 있다. 또한 형사소송법은 절

---

[1] 노역장유치는 그 실질이 신체의 자유를 박탈하는 것으로서 징역형과 유사한 형벌적 성격을 가지므로 형벌불소급원칙의 적용대상이 된다(대판 2018.2.13. 2017도17809).

[2] 이재상/장영민/강동범, 21면; 오영근, 35면; 배종대, 60면.

[3] 보호관찰은 형벌이 아니라 보안처분의 성격을 갖는 것으로서, 과거의 불법에 대한 책임에 기초하고 있는 제재가 아니라 장래의 위험성으로부터 행위자를 보호하고 사회를 방위하기 위한

차법으로서 형벌권의 존부와 정도에 영향을 주지 않기 때문에 원칙적으로 사후입법금지의 원칙이 적용되지 않아 소급효가 허용된다.[4]

(3) 유추해석금지의 원칙

유추해석(類推解釋)은 법률에 규정되어 있지 않은 사항에 대해서 이것과 유사한 사항의 규정을 준용하여 해석하고 적용하는 것으로서 일반적으로 인정되어온 법해석의 한 방법이다. 그러나 형법은 유추해석을 금지하고 엄격한 해석을 요구하고 있는데 이것은 형벌법규를 벗어나 유추해석을 허용하게 되면 개인의 자유가 침해되기 때문이다.[5] 즉 유추해석은 확장해석과 달리 법문(法文)의 가능한 의미를 벗어난 해석으로, 법의 적정절차에 의하지 않은 법의 창조이며 법관에 의한 사실상의 입법이다. 다만 모든 유추해석을 금지하는 것은 아니고, 피고인의 인권보장을 위한 요청으로서 그에게 유리한 유추해석은 죄형법정주의에 반하지 않기 때문에 허용된다. 따라서 범죄성립을 부정하는 위법조각사유 또는 책임조각사유, 형벌감경이나 면제사유 등에 대한 유추해석은 가능하다.

(4) 명확성의 원칙

1) 의 의

법률주의에 따라 범죄와 형벌이 행위 이전에 규정되었다고 하더라도 그 내용 또한 일반국민이 예측 가능하도록 구체적이고 명확하게 규정하지 않으

합목적적인 조치이므로 그에 관하여 반드시 행위 이전에 규정되어 있어야 하는 것은 아니며, 재판 시의 규정에 의하여 보호관찰을 받을 것을 명할 수 있다고 보아야 할 것이고, 이와 같은 해석이 형벌불소급의 원칙 내지는 죄형법정주의에 위배되는 것이라고 볼 수 없다(대판 1997.6.13. 97도703).

4) 다만 형사소송법에서도 공소시효의 연장이나 친고죄를 비친고죄로 하는 경우 등 형벌권의 존속 여부가 문제가 되는 경우에 한하여 예외적으로 소급효를 인정하고 있다.

5) 성폭력처벌법 제14조 제1항의 촬영의 대상은 '성적 욕망 또는 수치심을 유발할 수 있는 다른 사람의 신체'라고 보아야 함이 문언상 명백하므로 위 규정의 처벌 대상은 '다른 사람의 신체 그 자체'를 카메라 등 기계장치를 이용해서 '직접' 촬영하는 경우에 한정된다고 보는 것이 타당하므로, 다른 사람의 신체 이미지가 담긴 영상도 위 조항의 '다른 사람의 신체'에 포함된다고 해석하는 것은 법률문언의 통상적인 의미를 벗어나는 것이어서 죄형법정주의 원칙상 허용될 수 없다(대판 2018.3.15. 2017도21656).

면 안 된다는 원칙이다. 만약 범죄와 형벌의 내용이 명확하지 않으면, 형법은 어떤 행위를 범죄로 하여 어떻게 처벌하는지 국민에게 예측가능성을 보장할 수 없을 뿐만 아니라, 법관에게 자의적 해석과 운용을 초래하여 법적안정성도 확보할 수 없게 된다. 따라서 명확성의 원칙은 범죄는 물론 형벌에 대해서도 요구되지만 실제 다툼이 있는 것은 범죄이다.

2) 범죄와 형벌의 명확성

범죄와 형벌에 관한 형법은 우선 어떠한 행위를 범죄로 할 것인가에 대한 범죄의 명확성이 요구된다. 그러나 범죄구성요건은 성격상 일반적·추상적으로 유형화되어 있어 그 자체로 일정한 한계를 인정하지 않을 수 없다. 따라서 범죄의 명확성은 구성요건에 범죄를 어느 정도 명확히 하지 않으면 안 되는지 그 정도가 문제가 된다. 이것은 형법의 행위규범으로서 성격을 고려할 때, 범죄구성요건을 통해 무엇을 범죄로 하고 있다는 것을 일반인의 입장에서 예견할 수 없다면, 죄형법정주의의 명확성 원칙에 반한다고 할 수 있다.6) 또한 명확성의 원칙은 범죄의 효과인 형벌 및 보안처분에 대해서도 요구된다. 형벌이나 보안처분 등 그 처벌의 종류 및 기간이 전혀 규정되어 있지 않은「절대적 부정기형」은, 명확성의 원칙은 물론 법률주의에도 반하여 허용되지 않는다. 그러나 형의 장기 또는 단기를 정하여 선고하고 집행기관에게 그 집행의 범위 내에서 재량을 위임하는 것과 같은「상대적 부정기형」은 소년형에 대해서만 인정되는 제도로서 죄형법정주의에 반하지 않는다. 소년법은 자유형에 대한 상대적 부정기형을 인정하고 있다(소년법 제60조).

(5) 적정성의 원칙

형식적으로 범죄와 형벌이 규정되어 있는 것만으로는 부족하고 그 내용에 있어서도 인권보장의 관점으로부터 실질적으로 적정한 것이 아니면 안 된다고 하는 원칙을 말한다. 형식적 의미의 죄형법정주의에 따라 범죄와 형벌

---

6) 사물의 변별능력을 제대로 갖춘 일반인의 이해와 판단으로서 그의 구성요건 요소에 해당하는 행위유형을 정형화하거나 한정할 합리적 해석기준을 찾을 수 있다면 죄형법정주의가 요구하는 형벌법규의 명확성의 원칙에 반하는 것이 아니다(대판 2002.7.26. 2002도1855).

이 법률로 규정되어 있다고 하더라도 그 내용이 형벌로 처벌할 실질적 필요
성과 합리성이 결여되어 있거나, 범죄에 비하여 형벌이 균형을 잃은 정도의
경우에는 인권을 침해할 위험성이 크기 때문에 법률의 실질적 내용도 고려하
지 않으면 안 된다는 것이다. 이처럼 형식적 의미의 죄형법정주의는 물론 실
질적 의미의 죄형법정주의가 보장될 때, 죄형법정주의는 비로소 형법의 보장
적 기능을 다하게 된다. 따라서 「적정성의 원칙」은 범죄와 형벌내용의 적정
성과 죄형의 균형을 그 내용으로 요구한다.

제 2 절 겸억주의

1. 겸억주의의 의의

　형법은 형벌을 수단으로 법이 보호하는 이익, 즉 법익(法益)을 보호하지만
형벌에 의해 모든 법익이 보호되는 것은 아니다. 이것은 형벌이 법익보호를
위한 하나의 유력한 수단이지만, 결정적 수단이 아니라는 것을 의미한다. 따
라서 형법의 적용은 신중하고 겸허하게 행사될 필요가 있으며, 행사되는 경
우에도 법익보호를 위하여 민사적 손해배상이나 행정처분 등 형법 이외의 제
재수단에 의하여 충분하지 않은 경우에 한하여 보충적으로 하지 않으면 안
된다. 이것은 형벌이 강력한 물리적 제재를 동반하기 때문에 그 부작용을 고
려하여 다른 법적인 통제수단이 있을 때에는 이것을 행사해서는 안 된다고
하는 원칙이 그 안에 내재되어 있다. 따라서 형법은 모든 위법행위를 대상으
로 하는 것이 아니라 그것이 필요 불가결한 경우에 한하여 적용되어야 한다
는 원칙을 「겸억주의(謙抑主義)」라고 하며, 그 내용으로 보충성과 단편성을 요
구한다.

2. 겸억주의의 내용

(1) 보충성

형법의 제재수단인 형벌은 사람의 생명, 자유, 재산 등을 강제적으로 박탈하는 강력한 수단이다. 따라서 형벌은 법익보호를 위해 다른 제재수단으로 충분하지 않은 경우에 한하여 최후의 수단으로서 보충적으로 적용되어야 한다. 이것을 「형법의 보충성(補充性)」 또는 형법의 제2차적 성격이라고도 한다.

(2) 단편성

형법의 보충성으로부터 형벌은 모든 위법한 행위를 대상으로 하는 것이 아니라 일부 단편적인 범죄만을 그 대상으로 하고 있다. 민법에서는 고의·과실로 인한 위법행위로 타인에게 손해를 가한 자는 그 손해를 배상하여야 하지만(민법 제750조), 형법은 위법하고 책임 있는 모든 행위를 처벌하지 않는다. 형법이 처벌대상으로 하는 것은 위법하고 책임이 있을 뿐만 아니라, 특별히 처벌해야 하는 행위로서 형법에 규정된 범죄행위에 제한된다.[7] 이것을 「형법의 단편성(斷片性)」이라고 한다.

이처럼 형법은 보충성과 단편성을 내용으로 하는 겸억주의의 원칙에 따라 법익보호를 위한 「최후의 수단(ultima ratio)」으로서 적용되지 않으면 안 된다. 따라서 겸억주의는 형법의 적용은 물론 해석 및 입법에 있어서도 기본원리가 된다.[8]

---

[7] 백화점에서 쇼핑 중에 전시된 꽃병을 과실로 손괴한 경우, 민법상 불법행위로서 손해배상을 하지 않으면 안 되지만, 형법에서는 과실에 의한 기물손괴를 처벌하는 규정이 없기 때문에 범죄로 처벌되지 않는다.

[8] 川端 博, 59頁; 大谷 實, 7頁; 大塚 仁, 7頁.

제 3 절 ▶ 책임주의

1. 책임주의의 의의

범죄를 이유로 사람을 처벌하기 위해서는 그 범죄행위를 한 행위자를 비난할 수 있는 경우가 아니면 형벌을 부과할 수 없다는 것을 「책임주의 원칙」이라고 한다. 이 원칙은 근대형법의 기본원칙으로서 「책임 없으면 형벌 없다(nulla poena sine culpa)」는 것을 내용으로 한다. 따라서 책임주의는 범죄성립을 한정하는 원리로서 「소극적 책임주의(消極的責任主義)」9)라고도 한다.

책임은 행위자의 위법한 행위에 대한 법의 입장으로부터 가해지는 비난 내지는 그 가능성을 의미하지만, 책임주의를 근본원칙으로 하는 근대 형법에서는 특히 개인적 책임과 주관적 책임을 그 내용으로 한다.

2. 책임주의의 내용

(1) 개인적 책임

개인적 책임은 단체 책임에 대응하는 개념으로서 행위자는 자기가 행한 개인적 행위에 대해서만 비난될 뿐 특정한 단체(연대책임, 연좌제의 부정)에 가입되어 있다는 것을 이유로 타인의 범죄에 의하여 처벌되지 않는다는 사상이다. 이와 같이 책임주의는 근대사회의 개인존중사상과 함께 발전하여 근대 형법에 있어서 개인의 자유와 권리에 대한 보장원리의 하나가 되었다고 할 수 있다.

(2) 주관적 책임

주관적 책임은 객관적 책임 내지는 결과적 책임에 대응하는 개념이다. 행위자에게 책임을 묻기 위해서는 객관적인 범죄결과의 발생만으로 부족하

---

9) 적극적 책임주의는 책임이 있으면 반드시 이에 상응하는 형법을 과하여야 하는 사상을 말한다.

고, 행위자에게 책임능력과 고의·과실, 그리고 적법행위에 대한 기대가능성
이라고 하는 주관적 책임이 있는 경우에 한하여 행위자를 비난할 수 있고 처
벌할 수 있다는 사상이다.

〈책임주의의 요소〉

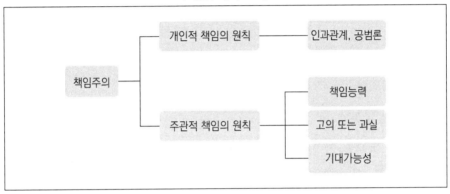

제3장

형법의 적용범위

형법의 효력이 미치는 범위를 「형법의 적용범위」라고 한다. 형법뿐만 아니라 모든 법률은 무제한적으로 효력을 발생하는 것이 아니다. 따라서 현행 형법은 언제, 어디에서, 그리고 누구에게 발생한 범죄사실에 대하여 적용할 것인지가 문제된다. 이처럼 시간, 장소, 그리고 사람에 대한 적용범위를 각각 시간적 적용범위, 장소적 적용범위, 인적 적용범위라고 한다.

제1절 ▶ 시간적 적용범위

1. 의 의

형법을 구체적인 범죄사실에 적용할 때, 어느 때를 기준으로 할 것인지의 문제를 「시간적 적용범위」의 문제라고 한다. 형법은 형벌불소급의 원칙에 따라 그 시행 시부터 폐지될 때까지, 즉 시행기간 내에 발생한 범죄행위에 대해서만 적용된다. 그러나 행위 시와 재판 시 사이에 형벌법규의 변경이 있는 경우에는 어느 때의 형법을 적용시킬 것인지 문제가 된다.

2. 행위시법주의와 재판시법주의

형법 제1조 제1항은 '범죄의 성립과 처벌은 행위 시의 법률에 따른다'고 규정하여, 「행위시법주의」를 원칙으로 선언하고 있다. 여기서 '행위 시'란, 범죄행위의 종료 시를 의미하며, 결과발생이나 객관적 처벌조건까지는 포함하지 않는다.1) 이처럼 형법은 행위 시를 판단기준으로 하여 시간적 적용범위를 결정하기 때문에 행위 후의 사후입법에 의한 재판시법(신법)은 소급되지 않는다. 그러나 형법 제1조 제2항과 제3항에서는 행위자에게 유리한 경우에 예외적으로 「재판시법주의」를 택하고 있다.2) 이것을 나누어 살펴보면 다음과 같다.

(1) 행위 후 처벌법규가 신설된 경우

형법은 행위시법주의의 원칙에 따라 「행위 후 처벌법규가 신설된 경우」에는 신법이 소급되지 않고, 구법인 행위시법이 적용되어 그 행위는 범죄로 되지 않는다. 그러나 실행행위가 신·구 법률의 변경전후에 행하여진 경우에는, 그 실행행위는 신법인 재판시법하에서 종료하여 결국 재판시법도 행위시법에 해당된다. 따라서 행위 시에 존재한 신·구법의 충돌로 「신법우선의 원칙」에 따라 신법이 적용된다.3)

(2) 행위 후 처벌법규가 폐지된 경우

'범죄 후 법률이 변경되어 그 행위가 범죄를 구성하지 아니하게 되거나'(제1조 제2항 전단), '형이 폐지된 경우'에는 형사소송법(형사소송법 제326조 제4호)에 따라 면소판결을 하도록 하여 재판시법인 신법에 따르고 있다.

여기서 '범죄 후'란, 구성요건에 해당하는 실행행위의 종료 후를 의미하며, '법률이 변경'이란, 형식상 법률 이외에 명령·규칙·조례·백지형법에서의

---

1) 범죄의 성립과 처벌은 행위 시의 법률에 의하다고 할 때, 행위 시라 함은 범죄행위의 종료 시를 의미한다. 다만 결과범에 있어서는 결과발생 시를 범죄행위의 종료 시로 보고 있다(대판 1977.11.28. 97도1740; 대판 1994.5.10. 94도563).

2) 대판 1996.7.26. 96도1354.

3) 1995년 개정형법 부칙 제3조는 '1개의 행위가 이 법 시행전후에 걸쳐 이루어진 경우에는 이 법 시행 이후에 행한 것으로 본다'라고 규정되어 있다.

보충규범 등도 포함한 모든 법률의 변경을 의미한다. 따라서 반드시 형법을 요구하는 것도 아니다. 또한 '범죄를 구성하지 아니하게' 된 경우란, 형법각칙이나 특별형법의 구성요건이 폐지된 경우뿐만 아니라, 형법총칙의 위법성 및 책임조각사유 등으로 범죄가 성립되지 않는 경우도 포함한다.

(3) 행위 시 및 재판 시 모두 범죄이나 형의 경중이 있는 경우

형법 제1조 제2항 후단은 '범죄 후 법률이 변경되어 …… 형이 구법보다 가벼워진 경우에는 신법에 따른다'고 규정하여, 행위자에게 유리한 경우에는 예외적으로 재판시법인 신법의 소급효를 인정하고 있다. 여기서 '형이 구법보다 가벼워진 때'의 형은, 법정형을 의미하며 그 경중은 형법 제50조에 의하여 결정된다.

(4) 재판이 확정된 후 법률이 변경되어 범죄를 구성하지 아니한 경우

재판에 의하여 유죄가 된 행위가 형법 제1조 제3항에 의하여 '재판이 확정된 후 법률이 변경되어 그 행위가 범죄를 구성하지 아니하게 된 경우'에는, 역시 행위자에게 유리한 경우에 해당하기 때문에 재판시법이 적용된다. 다만, 형사소송법 제326조 제4호에 해당하여 형의 집행만이 면제된다. 이것은 재판이 확정되지 않는 자와 공평을 유지하기 위한 것이다.

▎법정형, 처단형, 선고형

법정형(法定刑)은 형벌법규가 규정하고 있는 형벌을 의미하고, 처단형(處斷刑)은 법정형에 형법 제51조의 「양형의 조건」에 의하여 가중·감경을 가한 형을 말한다. 예컨대 강도죄의 법정형은 3년 이상 50년 이하이지만(제333조, 제42조), 법률상 감경이 되는 경우에는 1년 6월 이상 25년 이하의 징역이라는 처단형이 된다(제55조 제1항 제3호). 또한 선고형(宣告刑)은 처단형의 범위 내에서 법관이 현실적으로 범인에게 선고하는 형을 말한다.

3. 한시법과 백지형법

(1) 한시법

미리 일정한 유효기간을 명시하여 제정된 법률을 「한시법(限時法)」이라고 한다. 한시법은 재판까지 많은 시간을 필요로 하는 형사사법시스템하에서, 그 유효기간 중에 행하여진 범죄행위를 법률이 폐지된 후에 처벌할 수 있는지, 즉 한시법의 추급효 인정 여부가 문제된다.

통설인 추급효부정설[4]에 따르면, 우리나라는 독일과 같은 규정[5]을 두고 있지 않을 뿐만 아니라, 유효기간의 경과도 형법 제1조 제2항의 '법률이 변경'된 경우로 보아 추급효를 인정하지 않는 것이 죄형법정주의 관점에서 타당하다고 주장한다. 그러나 판례[6]는 한시법은 물론 법률이 폐지된 동기를 분석하여 그 동기에 따라 추급효의 인정 여부를 결정하는 동기설에 따르고 있다. 즉 법률의 폐지가 가벌성에 관한 법적 견해 또는 법률이념의 변경으로 인한 경우에는 과거의 위반행위에 대한 가벌성이 소멸되지만, 단순한 사실관계의 변경으로 인한 경우에는 가벌성이 소멸되지 않는다고 한다.

(2) 백지형법

법률이 일정한 형벌만을 규정하고 그 형벌의 전제가 되는 범죄구성요건의 전부 또는 일부를 다른 법률이나 명령·행정처분·고시 등에 위임하고 있는 법규를 「백지형법(白地刑法)」이라고 한다. 예컨대 형법 제112조의 중립명령위반죄가 여기에 해당한다. 여기서 중립명령이란, 외국 간의 전쟁이 발생하

---

4) 김일수/서보학, 49면; 배종대, 83면; 안동준, 26면; 이형국, 39면; 임웅, 56면; 차용석, 179면. 이에 대하여 추급효인정설은 이재상/장영민/강동범, 49면.

5) 독일 형법 제2조 제4항은 "일정한 기간에 한하여 유효한 법률이 실효된 경우에도 그 유효기간 중에 범한 행위에 대하여는 이를 준용한다. 법률이 달리 규정하고 있는 경우에는 이를 적용하지 아니한다"고 규정하여 명문으로 추급효를 인정하고 있다.

6) "단란주점의 영업시간제한의 해제"는 법률이념의 변천이라기보다는 사회상황의 변화에 따른 식품접객업소의 영업시간제 필요성의 감소와 단속과정에서 발생하는 부작용을 줄이기 위한 정책적 필요 등에 대처하기 위하여 취하여진 조치에 불과하므로 위반행위에 대한 가벌성이 소멸되는 것은 아니라고 하였다. 왜냐하면 영업시간제한의 해제는 가벌성에 대한 법적 견해의 변경이 아니라 단순한 사실관계의 변경에 불과하기 때문이다(대판 2000.6.9, 2000도764).

여 이에 대한 중립명령이 발하여진 때 그 구성요건이 확정된다. 따라서 중립명령은 전쟁발생 전에는 공백상태에 있기 때문에 백지형법이라고 하며, 이 공백을 보충하는 규범을 「보충규범(補充規範)」이라고 한다.

　　이러한 백지형법의 문제는 범죄구성요건을 보충하는 보충규범만 개폐되는 경우에도 형법 제1조 제2항의 '법률이 변경'된 경우에 해당하는지에 있다. 백지형법의 보충규범은 범죄구성요건의 일부에 불과하기 때문에 보충규범의 개폐는 형법 제1조 제2항의 법률이 변경된 경우에 해당한다. 따라서 범죄의 보충규범이 폐지된 경우에는 추급효를 부정하고 면소판결을 해야 한다는 것이 다수설[7])의 입장이다.

제 2 절 ▶ 장소적 적용범위

1. 의 의

　　형법의 효력이 미치는 영역을 「장소적 적용범위」라고 한다. 어떠한 장소에서 발생한 범죄에 대하여 자국의 형법을 적용시킬 것인가의 문제로 재판권(裁判權)의 개념과는 구별되어야 한다. 장소적 적용범위는 내국인의 국외범(제3조)에 대해서도 효력이 발생할 수 있지만, 재판권은 특별한 조약에 의하지 않는 한, 원칙적으로 한 나라의 통치권이 미치는 영역 내에서만 인정된다. 그리하여 국외에 있는 범인에 대해서 재판권을 행사하기 위해서는 소재국으로부터 그 범인을 인도받지 않으면 안 된다.

2. 입법주의

　　장소적 적용범위에 관한 입법주의는 속지주의·속인주의·보호주의·세계

---

7) 김일수/서보학, 50면; 박상기, 46면; 배종대, 127면; 신동운, 56면; 안동준, 27면; 오영근, 48면; 정성근/박광민, 51면.

주의가 있다.

(1) 속지주의

자국의 영토(영공·영해) 내에서 발생한 모든 범죄에 대해서는 범인의 국적을 불문하고 자국의 형법을 적용하는 원칙을 속지주의(屬地主義)라고 한다.

(2) 속인주의

자국민의 범죄에 대해서는 범죄지를 불문하고 자국의 형법을 적용하는 원칙을 속인주의(屬人主義)라고 한다.

(3) 보호주의

자국 또는 자국민의 법익을 침해하는 범죄에 대해서는 범인의 국적과 범죄지를 불문하고 자국의 형법을 적용하는 원칙을 보호주의(保護主義)라고 한다. 보호주의와 세계주의는 범인 또는 범죄지를 불문으로 하는 점에서 같지만, 보호주의는 자국 또는 자국민의 중요한 이익보호를 그 목적으로 하는 점에서 구별된다.

(4) 세계주의

범죄의 국제화 추세에 따라 국제사회가 공통으로 대처하지 않으면 안 되는 반인륜적 범죄행위에 대해서, 범죄지 또는 범인의 국적을 불문하고 각국은 자국의 형법을 적용하는 원칙을 세계주의(世界主義)라고 한다. 선박 및 항공기납치·통화위조·마약밀매·인신매매 등의 범죄가 여기에 해당한다.

3. 형법의 태도

현행 형법은 속지주의를 원칙으로 하고 있으나, 속지주의는 외국에서 발생한 범죄에 대하여 형벌권을 행사할 수 없기 때문에 속인주의와 보호주의 및 세계주의에 의하여 이것을 보충하고 있다.

(1) 원 칙

형법 제2조는 '본법은 대한민국영역 내에서 죄를 범한 내국인과 외국인에게 적용한다'고 하여 속지주의를 원칙으로 하고 있다. 여기서 대한민국의 영토란, '한반도와 그 부속도서'(헌법 제3조)를 의미하므로 북한도 당연히 대한민국의 영역에 속하지만 재판권이 미치지 않을 뿐이다.[8] 또한 여기서 「죄를 범한」이란, 실행행위나 범죄결과 중에서 그 어느 것이라도 대한민국영토 안에서 발생하면 충분하다.[9]

그리고 형법은 제4조에서 '대한민국영역 외에 있는 대한민국의 선박 또는 항공기내에서 죄를 범한 외국인에게 적용한다'고 규정하고 있어 기국주의(旗國主義)에 의한 속지주의를 확장하고 있다.

(2) 보 충

1) 속인주의

형법 제3조는 '본법은 대한민국영역 외에서 죄를 범한 내국인에게 적용한다'고 하여 속인주의에 의해 속지주의를 보충하고 있다. 여기서 내국인이란, 대한민국의 국적을 가진 자를 말하고 범행 당시에 대한민국의 국민임을 요한다.

2) 보호주의

형법 제5조는 '대한민국영역 외에서 내란·외환 및 통화위조죄 등 중요한 범죄를 범한 외국인'에 대하여, 그리고 제6조는 '대한민국영역 외에서 대한민국 또는 대한민국국민에 대하여 제5조에 기재한 이외의 범죄를 범한 외국인'에게 적용하도록 하여 보호주의에 의해 속지주의를 보충하고 있다.

3) 세계주의

우리 형법은 총칙에 장소적 적용범위에 관해서 속지주의(제2조, 제4조), 속

---

8) 대판 1957.9.20. 4290형상228, 그러나 헌법 제3조의 영토에 관한 규정에도 불구하고 북한은 사실적으로 우리 형법이 적용되지 않고, 적용될 가능성도 없기 때문에 우리 형법의 지역적 범위에 포함된다고 할 수 없다고 주장하는 견해로 배종대, 88면.
9) 대판 2000.4.21. 99도3403.

인주의(제3조), 보호주의(제5조, 제6조)를 각각 규정하고 있을 뿐 세계주의를 규정하고 있지 않다. 그러나 2013년 개정형법은 각칙에 「약취·유인 및 인신매매의 죄」에 대하여 세계주의를 명문화하고 있다(제296조의2).

(3) 외국에서 집행된 형의 산입

형법의 적용범위는 국가마다 독자적인 입법주의를 채택하고 있기 때문에 동일한 범죄행위에 두 국가 이상의 형법이 적용되는 사태가 발생하여 이중으로 처벌될 수 있는 문제가 발생한다. 형법 제7조는 이러한 이중처벌의 부담을 완화하기 위하여 본래 외국에서 받은 형의 전부 또는 일부에 대해서 임의적 감면사유로 규정하고 있었다. 그러나 헌법재판소는 이 규정이 이중처벌금지의 원칙에 위배되지는 않지만, 외국에서 받을 형을 전혀 고려하지 않을 가능성이 있어 과잉금지원칙을 위배하였다는 이유로 헌법불합치결정을 하였다.[10] 이에 따라 형법은 '외국에서 형의 전부 또는 일부가 집행된 사람에 대해서는 그 집행된 형의 전부 또는 일부를 선고하는 형에 산입한다'고 규정하여 「필요적 감면사유」로 개정하였다.[11]

(4) 범죄인의 인도

위에서 살펴본 바와 같이 형법의 장소적 적용범위와 재판권이 미치는 범위는 서로 일치하지 않는다. 따라서 외국으로 도피 중인 범인에 대해서 재판권을 실현하기 위해서는 범인을 자국으로 인도받지 않으면 안 된다. 이것이 이른바 국제사법공조(國際司法共助)의 문제일 뿐만 아니라 범인인도조약의 중요한 내용을 이루고 있다. 범인의 인도에 관해서 「범죄인인도조약(犯罪人引渡條約)」

---

10) 헌재 2015.5.28. 2013헌바129

11) 외국에서 형의 전부 또는 일부가 집행된 사람'이란 그 문언과 취지에 비추어 '외국 법원의 유죄판결에 의하여 자유형이나 벌금형 등 형의 전부 또는 일부가 실제로 집행된 사람'을 말한다고 해석하여야 한다. 따라서 형사사건으로 외국 법원에 기소되었다가 무죄판결을 받은 사람은, 설령 그가 무죄판결을 받기까지 상당 기간 미결구금되었더라도 이를 유죄판결에 의하여 형이 실제로 집행된 것으로 볼 수는 없으므로, '외국에서 형의 전부 또는 일부가 집행된 사람'에 해당한다고 볼 수 없고, 그 미결구금 기간은 형법 제7조에 의한 산입의 대상이 될 수 없다(대판 2017.8.24. 2017도5977).

은 그 인도의 대상이 되는 범죄와 절차를 규정하고 있다.

│ 국제사법공조

피의자나 증거가 외국에 있기 때문에 충분한 수사 및 재판을 진행할 수 없을 때에 특히 형사법분야에 있어서 국제적 협력관계를 매우 필요로 하게 된다. 이와 같은 국제사법공조는 범인 인도, 증거의 제공, 서류의 송달 등으로 분류되며, 국제사법공조의 일반적 원칙은 다음과 같다. 즉 ① 정치범 공조금지, ② 순수한 군사범죄 및 조세범죄 등은 자국이 독자적으로 처리해야 하고, 또 처리할 수 있는 범죄에 대해서는 공조가 제한되며, ③ 공조가 허용되는 범죄는 양국 모두 처벌할 수 있는 행위로 제한된다. 또한 ④ 자국에서 처리할 수 없는 내용을 공조상대국에 요청할 수 없다는 것 등이다.

제3절 ▶ 인적 적용범위

1. 의 의

형법이 적용되는 사람의 범위를 「인적 적용범위」라고 한다. 형법은 원칙적으로 시간적·장소적 적용범위 내의 모든 사람에게 미친다. 그러나 일정한 인적사유가 있는 경우에는 예외적으로 형법의 적용이 배제된다. 형법의 적용이 배제되는 경우는 국내법상의 예외와 국제법상의 예외가 있다.

2. 적용상의 예외

(1) 국내법상의 예외

1) 대통령

헌법은 대통령에 대하여 '내란 또는 외환의 죄를 범한 경우를 제외하고는 재직 중 형사상의 소추를 받지 아니한다'(헌법 제84조)고 규정하여 형사상 특권을 인정하고 있다.

2) 국회의원

국회의원은 '국회에서 직무상 행한 발언과 표결에 관하여 국회외에서 책임을 지지 아니한다'(헌법 제45조)고 규정하고 있다. 이것은 국회의원의 신분보장을 위하여 그 특권을 인정하고 있는 것이다.

대통령과 국회의원의 특권은 범죄성립 후에 고려되는 일종의 인적처벌조각사유(人的處罰阻却事由)이기 때문에 이러한 사람과 공범이 성립될 수 있음은 물론 이러한 행위에 대해 정당방위도 가능하다.

(2) 국제법상의 예외

1) 치외법권을 가진 자

국제법상의 치외법권(治外法權)을 가지는 외국의 원수와 외교관, 그 가족 및 내국인이 아닌 종사자에 대해서는 체류국의 형법이 적용되지 않는다.[12]

2) 국내에 주둔하는 외국의 군대

협정에 의하여 주둔하고 있는 외국 군대의 공무집행 중의 범죄에 대해서는 주둔국의 형법이 적용되지 않는다. 그러나 한국과 미국 사이의 주둔군지위협정(Status of Forces Agreement)[13]에 따르면 공무집행과 관련 없이 범한 범죄와 미군가족에 대해서는 우리 형법이 적용된다.

---

12) 1961.4.18., 외교관에 관한 비엔나 협약.
13) Status of Forces Agreement, 1967.3.9. 시행.

제4장

형법이론

제1절 ▶ 형법이론의 근본문제

형법이론은 「어떤 행위를 범죄로 하고 왜 범인을 처벌하는가?」의 문제, 즉 범죄와 형벌에 관한 기초이론을 말한다.[1) 이 가운데 범죄에 관한 것을 「범죄이론」이라고 하고, 형벌에 관한 것을 「형벌이론」이라고 한다. 그러나 종래 형법이론은 주로 범죄가 행하여졌기 때문에 형벌을 부과하는 응보형론(應報刑論)과 범죄가 행하여지지 않도록 부과하는 목적형론(目的刑論)을 중심으로 형벌의 본질과 목석에 관한 논쟁의 형태로 전개되어 왔다. 그러나 이러한 형벌관의 차이는 「어떠한 행위를 범죄로 할 것인가?」라고 하는 범죄이론에 반영되었음은 당연하다. 따라서 형법이론의 근본문제는 결국 「형벌은 무엇을 근거로 하여 어떠한 의미로 부과되는가?」로 표현할 수 있다.

이러한 범죄와 형벌에 관한 기본적 문제를 중심으로 한 논쟁은 특히 계몽사상 이후, 자본주의 발전에 따른 상습범과 누범(累犯)이 격증하는 사회적 배경과 새로운 형법전을 둘러싼 입법운동과 관련하여 시작되었다. 이것은 1890년대부터 1910년에 걸쳐 유럽대륙, 특히 독일에서 빈딩(Binding)과 비르크

---

1) 차용석, 59면.

마이어(Birkmeyer)를 대표로 하는 구파(고전학파)와 리스트(Liszt)를 대표로 하는 신파(근대학파) 사이에 전개된 이론적 투쟁이었다.

1. 구파(고전학파)의 형법이론

(1) 전기구파

18세기 말부터 19세기 초, 근대 시민사회의 성립기에 들어선 유럽은 중세의 비합리주의를 부정함과 동시에, 인간의 이성을 기초로 한 계몽주의 형법사상 아래에서 전기구파의 형법이론이 전개되었다. 중세의 형벌제도의 특색은 ① 법과 종교 및 도덕의 불가분성, ② 죄형전단주의, ③ 신분에 의한 처벌의 불평등성, ④ 사형과 신분형을 중심으로 한 형벌의 가혹성 등에 있다. 이러한 기초에는 왕권신수설과 결부된 속죄응보사상(贖罪應報思想)과 절대왕정의 권위를 나타내는 위하형벌사상(威嚇刑罰思想) 등이 존재하고 있다.

이것에 대해 계몽주의 형법사상은 형벌제도를 종교와 왕권의 권위로부터 해방시켜 인간의 합리적 이성에 기초하고 있다. 또한 국가형벌권의 근거와 한계를 사회계약설에 기초하여, ① 법과 종교 및 도덕과의 구별, ② 죄형법정주의의 확립, ③ 신분에 의한 처벌의 불평등 철폐, ④ 합리적이고 목적론적인 형벌관에 의한 가혹한 형벌의 폐지를 주장하였다.

베카리아(Cesare Beccaria)는 계몽사상을 형법이론에 처음으로 도입하였으나, 이를 이론화하고 체계화한 것은 포이에르바하(Feuerbach)이다.[2] 우선 베카리아는 『범죄와 형벌(Dei delitti e delle pene, 1764)』을 저술하여, 당시 전제군주지배하의 무질서한 형사재판과 잔혹한 형벌제도를 비판하였다. 그는 사회계약의 범위를 벗어난 형벌은 권력을 남용한 것으로 부정되기 때문에 범죄와 형

---

2) 団藤重光, 20頁.

벌 사이에는 균형이 필요하다. 또한 범죄의 경중은 범인의 의사가 아닌 범죄에 의해서 발생한 사회적 손해이라고 주장하여 객관주의적 범죄이론을 기초하였다. 또한 포이에르바하는 칸트의 영향을 받아 법과 도덕을 구별하여 범죄는 법의 위반이고 권리침해이며, 그 처벌의 기초는 과거의 객관적 행위라고 하는 객관주의이론을 체계화하였다. 그리고 범죄의 방지를 위하여 심리강제의 필요성을 강조하였다. 즉 범죄를 통하여 얻는 쾌락보다 그로 인해 가해지는 불쾌가 크다는 것을 알릴 때 범죄방지가 가능하기 때문에 국가는 법률로 범죄와 이것에 대한 형벌을 예고할 필요가 있다고 하는 심리강제설을 주장하였다. 따라서 국가는 법률에 의하여 범죄와 이것에 대응하는 형벌을 예고하여 일반인으로 하여금 범죄로부터 멀어지게 하지 않으면 안 된다고 하는 죄형법정주의의 이론적 기초를 확립하였다.

(2) 후기구파

전기구파의 형법이론은 1840년대 이후 후기구파의 형법이론으로 변화되기 시작하였다. 개인의 자유를 존중하는 자유주의적 입장을 유지하면서, 점차 형이상학적인 도의적 응보사상(道義的應報思想)이 강조되어 갔다. 이러한 배경에는 자유의사를 기초로 한 절대적 응보형론(絕對的應報刑論)을 주장한 칸트와 헤겔의 관념론적 철학 및 초개인적 민족정신을 강조한 역사주의라고 하는 시대사조의 영향이 있었다.

칸트(Kant)는, 범죄란 자유의사를 가진 이성적 존재인 인간에 의해서 행해지는 것이고, 형벌은 범인이 범죄를 범하였다는 이유로 범인에게 부과되는 것이다. 따라서 형벌은 다른 목적을 위한 수단이 되어서는 안 된다고 하는 절대적 응보형론을 주장하였다. 또한 헤겔(Hegel)은 변증법(辨證法)이론에 의해 범죄는 법의 부정이고, 형벌은 법의 부정인 범죄를 재차 부정하여 법을 회복하는 것이라고 하였다. 이 경우 법의 부정으로서 범죄는 일정한 질적, 양적 범위를 갖기 때문에 범죄의 부정으로서 형벌도 그것과 질과 양에 있어서 동일한 것이어야 한다는 절대적·등가적 응보형론을 주장하였다.

구파의 형법이론은 각 견해들 사이에 커다란 차이가 있지만, 계몽사상을

기반으로 한 합리주의적 입장으로부터 인간의 이성을 그 기초로 하고 있다는
점에서 대부분 일치하고 있다. 범죄는 인간의 이성에 의한 산물로서 그 본질
은 외부로 표현된 행위에 있다고 하여 범죄이론을 객관적으로 구성하였다. 또
한 범죄에 대한 응보로서의 형벌은 범죄방지라고 하는 목적성에 대한 견해의
차이는 있지만,3) 범죄와 균형이 필요하다는 응보형론을 기반으로 하고 있다
는 점에서도 공통된 특징이 있다. 이러한 공통된 사상을 기반으로 형성된 구
파의 형법이론은 근대 형법학의 이론적 체계를 확립하는 데 커다란 공헌을
하였다.

2. 신파(근대학파)의 형법이론

19세기 후반에 자본주의의 발달에 따른 사회급변으로 인한 범죄의 증
가, 특히 누범 및 상습범의 현저한 증가는 구파 형법이론의 한계를 가져왔고,
그 결과 신파(근대학파) 형법이론이 등장하였다. 신파는 당시 자연과학의 발전
을 기초로 실증주의적 방법에 의한 범죄, 특히 범죄자를 연구하여 범죄예방
을 통한 사회방위를 주장하는 형법이론과 형사정책을 강조하였다.4)

신파를 대표하는 학파로는 범죄의 생물학적 요인을 중요시하는 이탈리
아의 형사인류학파와 사회적 원인을 중요시하는 독일의 형사사회학파가 있
다. 전자에 속하는 롬브로조(Lombroso)는 범죄자의 두개골 및 체형을 조사하여
그 인류학적 연구를 근거로 「생래적 범죄자(delinquente nato)」의 유형이 존재한
다고 주장하여 신파의 선구자가 되었다. 또한 범죄의 심리학적 연구를 시도
한 가로팔로(Garofalo)는 범죄를 자연범과 법정범으로 구별하고 범죄의 본질은
자연범에 있다고 하여, 그 처벌을 객관적인 행위의 경중보다는 행위자의 위
험성을 고려하지 않으면 안 된다고 하였다.

페리(Ferri)는, 롬브로조가 주장한 범죄인류학적 원인 이외에도 물리적 원

---

3) 전기구파인 베카리아와 포이에르바하는, 형법을 공리주의적 상대주의에 따라 일반예방의 관
   점으로부터 체계화한데 반하여 후기구파의 칸트와 헤겔은 범죄에 대한 응보로서 형벌을 과
   할 때 정의가 실현된다고 하는 절대주의에 따르고 있다.
4) 大塚仁,『刑法における新·舊兩派の理論』日本評論社(1983), 15頁.

인과 사회적 원인이 존재한다는 것을 인정하고 이러한 원인들이 사회에 일정량 존재하면 일정한 양의 범죄가 반드시 발생한다고 하는「범죄포화의 법칙」을 주장하였다. 따라서 형법은 이러한 원인에 의해서 발생하는 범죄로부터 사회를 방위하기 위한 수단이며, 형벌은 그 위험한 성격을 가진 범인에 대한 사회방위처분이다.

리스트(Liszt)는 이탈리아학파의 형법이론을 계승하여, 실증주의적 입장으로부터 구파에 대항하였다. 그는 범죄의 원인을 개인적인 것과 사회적인 것으로 구분하고, 사회적 원인에 대해서는 형벌보다는 사회정책이 필요하다고 하여 사회정책의 중요성을 강조하였다. 한편 구파의 형법이론은 형벌의 대상으로서, 행위자로부터 분리된 행위만을 고찰하였으나「벌을 받아야 하는 것은 행위가 아니라 행위자」라고 하여 범죄의 개인적 원인인 행위자의 사회적 위험성을 강조하였다. 또한 형벌은 일정한 법익보호를 목적으로 부과하는 것으로서 범죄인은 그 반사회성의 강약에 따라 분류(우발적 범죄자·성격적 범죄자·개선불가능한 상태범인)되고, 그에 상응한 처우(위협·개선·격리)를 받게 될 때 사회방위가 실현된다고 주장하였다.

신파의 형법이론들은「벌을 받아야 하는 것은 행위가 아니라 행위자」라고 하여 범죄이론을 주관적으로 구성하고 있다는 점, 그리고 형벌에 대해서는 범죄에 대한 응보가 아니라 행위자의 반사회적 위험성을 교정하기 위한 것으로 교육형론 또는 목적형론을 그 기반으로 하고 있다는 점에서도 공통점이 인정된다. 이와 같은 배경에는 인간의 의사자유를 전제로 하는 후기구파적 도의적 책임은 실증적으로 증명할 수 없는 환상에 불과하다는 것에 있다. 따라서 행위자의 사회적 위험성을 근거로 한「사회적 책임」을 주장함과 동시에, 종래 책임과 형벌의 개념을 배척하고 범죄자의「위험성」과「제재(制裁)」의 개념으로 이것을 대체하려고 하였다.

3. 「학파의 논쟁」과 그 후의 전개

위와 같은 신파의 주장에 대해서 후기구파로부터 재반론이 시도되어, 19

세기 말부터 20세기 초에 걸쳐 양 학파 간의 논쟁이 다시 전개되었다. 특히 구파를 대표하는 비르크마이어와 신파의 대표적 학자인 리스트와의 논쟁은 유명하며 그 대표적인 논쟁의 요점은 다음과 같다.

(1)「학파 논쟁」의 요점

1) 범죄인상

우선 논쟁의 이론적 전제인 범죄인상(犯罪人像)에 관해서, 구파는 인간을 자유의사에 의하여 이성적으로 자신의 행동을 통제할 수 있는「추상적 인간」으로 상정하였다. 이것에 대하여 신파는 구체적으로 유전적인 소질과 그가 처한 환경에 따라 필연적으로 범죄를 범하지 않을 수 없는「숙명적 인간」을 전제로 하여 의사자유를 부정하고 있다.

2) 형벌론

형벌의 본질에 관해서, 구파는「응보형론(應報刑論)」을 주장하여 형벌을 과거에 행한 일정한 악행(惡行)에 대한 반작용으로서 파악하였으나, 신파는「목적형론(目的刑論)」에 따라 형벌을 장래 범죄에 대한 사회의 방위수단으로서 해석하고 있다. 응보형론 가운데 특히 과거의 범죄에 대하여 속죄를 중시하는 것을「속죄형론」이라고 하며, 또한 목적형론을 순화하여 형벌의 목적은 범죄자의 교육 및 개선에 있다고 하는「교육형론」이 있다.

구파는 기본적으로는 응보형론의 관점으로부터 형벌의 목적도 아울러 고려하는 상대주의 입장에 서 있다. 즉 형벌을 규정하고 또 형벌의 현실적인 집행과정을 통해 일반인을 위하(威嚇)하여, 사전에 범죄를 예방한다고 하는 「일반예방론」을 주장하였다. 그러나 신파는 형벌을 부과하여 범죄자를 위하 또는 개선함으로써 다시 범죄를 범하지 않도록 예방한다고 하는「특별예방론」을 주장하였다.

3) 범죄론

구파의 형법이론은 형벌을 도의적 응보로서 이해하여 형벌의 경중은 범죄자가 행한「위법행위」에 상응하여 결정되며(행위주의), 이때 외부에 나타난

객관적 위법행위 자체가 과형의 기초로서 현실적인 의미를 갖는다(현실주의). 따라서 구파의 범죄론은 「객관주의」에 이르게 된다. 이것에 대하여 신파의 형법이론에 따르면 형벌의 경중은 범인의 「사회적 위험성」에 상응하기 때문에(행위자주의), 이때 위법행위는 범죄자의 위험성을 징표(徵憑)하는 것에 불과하다(징표주의). 이러한 신파의 범죄론을 「주관주의」라고 한다.

〈신·구학파의 이론적 대립〉

구 분	사상적 배경	범죄인상	범 죄	책 임	형 벌
구파 (고전학파)	18C말-19C초 계몽주의	자유의사를 가진 추상적 인간 (비결정론)	객관주의 행위주의 현실주의	행위책임 의사책임론 도의적 책임론	응보형론 절대주의 또는 상대주의(일반예방)
신파 (근대학파)	19C말 자연과학에 의한 실증주의	소질과 환경에 규정된 구체적 인간 (결정론)	주관주의 행위자주의 징표주의	성격책임론 사회책임론	목적형론 교육형론 상대주의(특별예방)

(2) 「양 학파의 통합」에 의한 새로운 형법이론

양 학파 사이의 논쟁은 1920년대에 들어와서 그 주장들이 과장되거나 단순화되는 것을 서로 자각하게 되어 결국 완화되기 시작하였다. 이러한 배경에는, 구파의 입장에서도 범죄방지를 위하여 범인의 위험성을 고려하지 않으면 안 된다는 것을 인식한 결과가 반영되었다. 이러한 영향으로 제2차대전 직후에 메츠거(Mezger)와 복켈만(Bockelmann)에 의해서 주장된 인격책임론은 「행위를 인격의 주체적 현실화」라고 파악하여 구파의 행위책임론과 신파의 성격책임론을 절충하려고 시도하였다. 또한 그 후 독일에서 유력하게 전개되었던 벨첼(Welzel) 등의 목적적 행위론도 행위의 본질적 요소로서 목적성을 추구하여 주체적 존재로서 행위자를 고려하고 있기 때문에 양 학파의 주장을 극복하기 위한 이론이었다고 할 수 있다. 나아가 형벌론의 분야에도 프랑스 안셀(Marc Ancel)의 『신사회방위론(La dèfensn sociale nouvelle, 1970)』은, 신파의 사회방위론을 따르는 한편 자유의사도 긍정하여, 책임개념에서 범죄자 처우를 적극적으로 이용하여야 한다고 주장하여 역시 두 학파의 절충이나 통합을 목적으로 하고 있다. 양파의 이러한 통합적 경향은 결국 각국의 형법전 및 그 초안에 일반화되었으며, 이것은 대부분 구파적 형법이론을 근거로 하여 그 위에 신파적 주장의 색체를 가미한 것이다.

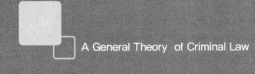

A General Theory of Criminal Law

제2편 범죄론

제1장

범죄의 기본개념과 종류

1. 범죄의 의의

(1) 범죄의 실질적 개념과 형식적 개념

범죄의 개념은 실질적 의미와 형식적 의미로 각각 정의할 수 있다. 실질적 의미의 범죄란, 사회의 공동생활질서를 침해하는 사람의 행위를 의미한다.[1] 이러한 의미에서의 범죄는 심신장애인의 행위나 유아의 행위도 포함되며, 형사학(범죄학)은 이러한 「실질적 범죄개념」에 따른 범죄를 그 대상으로 하고 있다. 그러나 실질적 의미의 범죄라고 하더라도 형법상 범죄는 형벌의 대상이 되는 형식적 의미의 범죄만을 의미하고 있기 때문에 그 행위가 구성요건에 해당하고 위법·유책한 행위가 아니면 안 된다. 따라서 심신장애인이나 유아의 행위는 형법상 범죄에 해당하지 않는다. 이처럼 범죄를 형식적·논리적으로 정리하여 체계화한 것을 「형식적 범죄개념」이라고 한다.

이와 같이 형법상의 범죄는 형식적인 범죄개념을 전제로 하고 있어 그 자체만으로는 범죄가 무엇인지 그 본질을 설명할 수 없다. 따라서 실질적 범

---

1) 大塚 仁, 81頁.

죄개념에 의해서 범죄의 본질을 보충하지 않으면, 형법은 어떤 행위를 범죄로 할 것인지에 대하여 아무런 기준을 제시하지 못한다. 이러한 범죄의 본질에 관한 문제는 형법상의 범죄개념을 명확하게 할 뿐만 아니라 범죄이론의 기초가 되는 중요한 문제이기도 하다.

(2) 범죄의 본질

형벌의 대상이 되는 범죄의 본질적 특성을 「범죄의 본질」이라고 한다. 범죄의 본질에 관해서는 종래 권리침해설, 법익침해설, 의무위반설 등이 제기되었다. 19세기 초반의 계몽주의적 인권사상을 배경으로 범죄의 본질적 특성을 권리의 침해에서 찾는 권리침해설이 유력하였으나, 그 후 19세기 중반에 등장한 법익침해설이 이것을 대신하게 되었다. 이것은 실증주의적 관점으로부터 범죄란, 국가에 의해서 보호되는 법익을 침해하거나 그 침해의 위험성에 있다고 해석하여 종래 다수설이 되었다. 그러나 나치시대의 독일에서는 범죄의 본질을 「법익침해 및 그 침해의 위험성」이라고 하는 결과의 무가치보다는 「의무위반」이라는 행위의 무가치를 중시하는 의무위반설이 주장되었다. 그러나 이러한 기존 견해들은 범죄의 본질을 설명하는 데 한계를 보였다.[2] 따라서 기본적으로는 법익침해설의 입장에서 일정한 법적 의무위반도 동시에 고려하는 법익침해 및 위무위반의 결합설이 주장되고 있다. 이것은 범죄의 본질에 있어서 결과무가치적 측면(법익침해 및 그 위험성)과 행위무가치적 측면(의무위반)을 모두 고려하고 있다는 점에서 타당하다고 생각된다.

2. 범죄의 성립요건

어떤 행위가 형법상 범죄로 성립하기 위하여 필요한 요소를 「범죄의 성립요건」 또는 「범죄구성요소」라고 한다. 형법상 범죄는 구성요건에 해당하고

---

2) 권리침해설은 권리침해를 내용으로 하는 범죄를 설명할 수 없으며(현주건조물방화죄나 일반 물건방화죄 등), 법익침해설은 범죄의 본질을 판단함에 있어서 결과무가치는 물론 행위무가치(행위자의 의도, 행위의 방법 등)도 고려의 대상이 된다고 하는 점을 간과하고 있다. 또한 의무위반설은 모든 의무위반이 범죄가 되는 것은 아니라는 비판이 제기되고 있다.

위법, 유책한 행위를 말한다. 즉 범죄성립요소는 구성요건해당성·위법성·책임(유책성)이라는 세 개의 요소로 구성된다.

(1) 구성요건해당성

범죄가 성립하기 위해서는 우선 행위가 구성요건에 해당하여야 하는데 여기서 「구성요건(構成要件)」이란, 형벌법규에 규정된 개별적 범죄유형(제87조~제372조)을 의미한다. 그리고 현실의 범죄행위가 구성요건에 해당하는 성질을 「구성요건해당성」이라고 한다. 죄형법정주의를 기본원칙으로 하는 형법상 범죄는 단지 반사회적인 행위만으로는 부족하고 성문의 형벌법규가 규정한 구성요건에 해당하여야 한다. 이와 같이 범죄성립에 있어서 구성요건해당성이라는 형식적·유형적 판단을 위법성이나 책임이라는 개별적·구체적 판단에 앞서서 하는 것은, 판단하기가 쉬운 것부터 어려운 것으로 판단하는 방식이 타당할 뿐만 아니라 사고경제적(思考經濟的)이기 때문이다.

(2) 위법성

범죄성립의 제2요소는 「위법성(違法性)」이다. 위법성이란, 행위가 법질서에 위반하는 성질을 말한다. 구성요건은 반사회적인 위법행위를 유형화·정형화하여 규정하고 있기 때문에 구성요건에 해당하는 행위는 일반적으로 위법하다. 그러나 이것은 어디까지나 「원칙적」으로 위법하다는 것을 의미하고, 「예외적」으로 적법한 경우도 있다. 예컨대 정당방위와 같은 위법성조각사유에 의해서 사람을 살해한 것처럼 행위가 구성요건에 해당하지만 위법성이 조각되는 경우, 즉 실질적으로 위법하지 않은 때에는 범죄가 성립되지 않는다. 위법성은 이와 같이 위법성조각사유의 유무라고 하는 형태로 구성요건에 해당하는 행위에 대하여 그 행위가 위법한가 또는 적법한가를 법질서 전체에 비추어 판단하는 구체적이고 실질적인 판단을 말한다.

(3) 책   임

범죄성립의 제3요소는 「책임(責任)」이다. 범죄가 성립하기 위해서는 구성요건에 해당하고 위법한 행위를 한 행위자에게 책임이 있어야 한다. 여기서 책임이란, 위법한 행위를 결의한 것에 대하여 행위자를 법적으로 비난 또는 그 가능성이 있다고 하는 것을 의미한다. 따라서 책임이 없는 행위자의 행위는 구성요건에 해당하고 위법한 행위라고 하더라도 범죄가 되지 않는다. 즉 책임무능력자, 책임조건(책임의 고의·과실, 위법성의 인식, 기대가능성)을 구비하지 않은 자의 행위는 처벌되지 않는다.

이와 같이 형법상 범죄는「구성요건에 해당하는 위법하고 유책한 행위」로 정의된다. 즉, 형법상 범죄는 원칙적으로 구성요건에 해당하는 모든 행위이다. 그러나 어떤 행위가 구성요건에 해당하더라도 범죄가 성립하지 않는 경우도 있다. 그 근거가 되는 사유를「범죄성립조각사유(犯罪成立阻却事由)」라고 하며, 위법성조각사유(제20조~제24조)와 책임조각사유(제9조~제11조)가 있다.

〈범죄성립요건〉

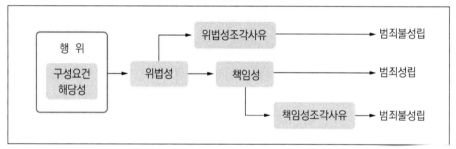

3. 범죄의 처벌조건

일반적으로 형법상 범죄는 그 성립에 필요한 요건을 구비하면 이것에 대하여 국가의 형벌권이 발생한다. 그러나 일정한 범죄는 범죄성립 후 형벌권 발생에 필요한 조건이 요구되는데, 이것을「처벌조건(處罰條件)」이라고 한다. 여기에는 객관적 처벌조건과 인적처벌조각사유가 있다.

(1) 객관적 처벌조건

범죄가 성립한 경우에도 국가가 형벌권을 발동하기 위해서는 일정한 조

건이 필요한데, 이를 「객관적 처벌조건(客觀的處罰條件)」이라고 한다. 사전수뢰
죄에 있어서 '공무원 또는 중재인이 된 사실'(제129조 제2항)이나, 파산선고에 있
어서 '파산선고가 확정된 때'(채무자회생 및 파산에 관한 법률 제650조, 제651조) 등은
범죄성립과 관계없이 단지 형벌권의 발생만을 좌우하는 외부적이고 객관적
인 사유이다.

(2) 인적처벌조각사유

범죄의 성립요건을 구비하면 범죄 자체는 성립한다. 그러나 국가는 일정
한 사유가 존재하면 정책적으로 처벌하지 않는 경우가 있다. 이처럼 국가의
형벌권 발생을 제한하는 사유를 「인적처벌조각사유(人的處罰阻却事由)」라고 한
다. 친족상도례(제328조, 제344조)에 있어서 '직계혈족·배우자·동거친족·동거가
족 또는 그 배우자' 등의 신분관계에 있는 자, 대통령의 재직 중 면책특권(헌
법 제84조), 국회의원의 면책특권(헌법 제45조), 중지범(제26조)에 있어서 형이 면제
가 되는 경우가 그것이다.

4. 범죄의 소추조건

범죄가 성립하고 형벌권이 발생한 경우라도 그 범죄를 소추하기 위하여
소송법상 필요한 조건을 「소추조건(訴追條件)」 또는 「소송조건(訴訟條件)」이라고
한다. 형법이 규정하고 있는 소추조건에는 친고죄와 반의사불벌죄가 있다.
그리고 특별법상에 규정된 고발도 있다.

(1) 친고죄

피해자 또는 일정한 고소권자의 고소가 있어야 비로소 소추 내지 실제
재판을 할 수 있는 범죄를 「친고죄(親告罪)」라고 한다. 친고죄로 하는 이유는
공소제기가 오히려 피해자에게 불이익을 초래하는 경우와 피해법익이 경미
한 경우가 있다. 전자에 속하는 것으로 강간죄(제297조) 등의 성범죄가 있었으
나, 형법일부개정(2012년 12월)에 의하여 폐지되었고, 후자에 해당하는 범죄로

는 사자의 명예훼손죄(제308조)와 모욕죄(제311조) 등이 있다.

(2) 반의사불벌죄

피해자의 명시한 의사에 반하여 공소를 제기할 수 없는 범죄를「반의사불벌죄(反意思不罰罪)」라고 한다. 검사의 공소제기는 피해자 의사와 관계없이 할 수 있으나, 처벌은 그 의사에 반하여 할 수 없는 범죄를 말한다. 이때 피해자가 처벌을 희망하지 않으면, 그 의사표시를 1심판결선고 전까지 해야만 한다. 폭행죄(제260조), 과실치상죄(제266조), 협박죄(제283조), 명예훼손죄(제307조) 등이 여기에 해당한다.

(3) 특별법상의 「고발」

조세범처벌법(동법 제21조), 관세법(동법 제284조 제1항) 등, 특별법상 고발(告發)이 소추요건으로 되어 있는 범죄가 있다. 이러한 범죄는 사건의 대량성·기술성·전문적 특수성을 고려하여 해당 기관(국세청장, 관세청장)의 고발이 있어야 공소를 제기할 수 있도록 하고 있다.

제 2 절 ▶ 범죄의 종류

범죄는 구별기준에 따라 다양하게 분류할 수 있다. ① 행위주체와 관련하여 신분범과 비신분범, ② 행위의 태양(態樣) 및 그 의미에 따라서 결과범과 거동범, 침해범과 위험범 등으로 구별된다. 그리고 이것 이외에도 ③ 구성요건의 실현형태에 따라서 기수범과 미수범, 단독범과 공범으로 구별되며, 또한 ④ 범죄행위의 형태에 따라서 고의범과 과실범, 작위범과 부작위범 등으로도 구별한다. 이 가운데 여기서 설명하지 않는 범죄는 각 해당분야에서 살펴보기로 한다.

1. 결과범과 거동범

범죄는 결과발생의 유무에 따라 결과범(結果犯)과 거동범(擧動犯)으로 분류할 수 있다. 「결과범」은 구성요건의 내용이 일정한 결과의 발생을 필요로 하는 범죄로서 실질범(實質犯)이라고도 한다. 살인죄(제250조), 상해죄(제257조), 강도죄(제333조), 손괴죄(제366조) 등 대부분의 범죄가 해당한다. 이에 대하여 「거동범」은 구성요건의 내용이 결과발생을 필요로 하지 않고, 일정한 행위만을 대상으로 하는 범죄로서 형식범(形式犯)이라고도 한다. 폭행죄(제260조), 주거침입죄(제319조 제1항), 위증죄(제152조 제1항), 무고죄(제156조) 등이 여기에 해당한다.

범죄를 결과범과 거동범으로 구별하는 실익은 결과범이 구성요건요소로서 행위와 결과 사이에 인과관계를 필요로 하지만, 거동범은 구성요건적 행위와 결과 사이의 인과관계를 필요로 하지 않는 것은 물론 법에 규정된 행위를 할 때 범죄가 성립한다는 점에 있다.

〈결과범과 거동범〉

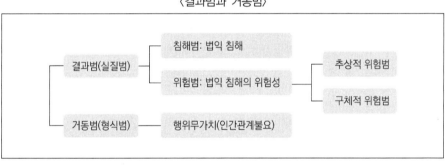

2. 침해범과 위험범

범죄는 법익침해의 정도에 따라 침해범(侵害犯)과 위험범(危險犯)으로 분류할 수 있다. 「침해범」은 구성요건의 내용이 법익의 현실적 침해를 필요로 하는 범죄를 말하며, 살인죄(제250조), 상해죄(제257조), 절도죄(제329조) 등이 여기에 해당한다. 이에 대하여 「위험범」은 구성요건의 내용이 법익의 현실적인 침해까지를 필요로 하는 것이 아니지만, 적어도 법익침해의 위험성이 있어야 성립하는 범죄로서 위태범(危殆犯)이라고도 한다.

위험범은 다시 추상적 위험범과 구체적 위험범으로 구분할 수 있다. 추상적 위험범이란, 법익침해의 일반적 위험성만으로 성립되는 범죄로서 현주건조물방화죄(제164조), 위증죄(제152조), 낙태죄(제269조 제1항) 등이 있고, 구체적 위험범이란, 법익침해의 현실적 위험이 야기된 경우에 비로소 구성요건이 충족되는 범죄로 자기소유일반물건방화죄(제166조 제2항), 일반물건방화죄(제167조 제1항) 등이 여기에 해당한다.

3. 상태범과 계속범

범죄는 결과발생의 형태에 따라서 즉시범·상태범·계속범으로 분류할 수 있다. 우선 일정한 법익침해 및 그 위험의 발생에 의해서 곧바로 범죄가 완성되고, 범죄행위도 종료하는 범죄를 「즉시범(卽時犯)」이라고 한다. 살인죄(제250조) 등이 여기에 해당한다. 이것에 대하여 일정한 법익침해가 발생하면 범죄도 완성되고 동시에 범죄행위도 종료하지만, 그 이후 새로운 범죄사실을 구성하지 않는 법익침해의 상태가 계속되는 범죄를 「상태범(狀態犯)」이라고 하며, 절도죄(제329조)가 그 대표적인 범죄이다. 예컨대 절취한 재물을 손괴한 경우에 절도죄 이외 손괴죄에 의해 별도로 처벌되지 않는다. 이것을 불가벌적 사후행위(不可罰的 事後行爲)라고 한다. 그리고 「계속범(繼續犯)」은 구성요건적 행위가 계속되는 동안 위법행위는 물론 범죄도 계속되는 범죄로 체포·감금죄(제276조), 약취·유인죄(제287조)가 여기에 해당한다.

이와 같이 범죄를 즉시범 또는 상태범과 계속범을 구별하는 것은, 계속범은 범죄가 일정기간 계속되기 때문에 그 기간에 가담(협력)행위를 하면 공범이 성립되며, 공소시효도 진행되지 않는다는 점에서 이들 범죄와 구별할 실익이 있다(형사소송법 제252조 제1항).

4. 일반범·신분범·자수범

범죄는 정범(正犯)이 될 수 있는 행위자의 범위에 따라 일반범·신분범·자수범으로 분류할 수 있다. 「일반범(一般犯)」은 누구나가 정범이 될 수 있는 범죄로서 대부분의 범죄가 이에 해당한다. 이에 대하여 「신분범(身分犯)」은 구성요건에 행위의 주체에 대하여 일정한 제한이 있는 범죄를 말한다. 또한 신분범은 일정한 신분이 있는 자만이 범할 수 있는 진정신분범과 신분으로 인하여 형의 가중 또는 감경이 되는 부진정신분범으로 구분할 수 있다. 전자로는 수뢰죄(제129조), 위증죄(제152조), 횡령죄(제355조 제1항), 배임죄(제355조 제2항) 등이 있고, 후자에 해당하는 범죄는 존속에 대한 범죄, 업무상의 범죄 등이 있다. 또한 범죄 중에서 행위자 자신이 직접 실행해야만 범할 수 있는 범죄를 「자수범(自手犯)」이라고 하며, 위증죄가 이에 해당한다.

제3절 ▶ 범죄론의 체계

1. 범죄론체계의 의의

범죄성립에 관한 일반이론을 「범죄(이)론」이라고 한다. 범죄는 구성요건·위법성 및 책임이라는 세 개의 요소에 의해 구성되며, 이러한 범죄요소를 일정한 원리에 따라 조직화한 것을 「범죄론체계(犯罪論體系)」라고 한다.[3] 형법학에서 범죄론을 체계화하는 궁극적 이유는 형법의 목적과 기능을 실현하기 위한 것이다. 범죄론을 체계화하여 첫째, 범죄와 범죄가 아닌 것을 명확히 구분지어 범죄개념을 명확히 하고, 둘째, 범죄인정에 있어서 통일적 원리를 제공하여 형사사법에 감정이나 사의성이 개입되지 않도록 하여,[4] 형법의 목적인 인권보장과 법익보장적 기능을 하기 위한 것이다.

---

[3] 大谷 實, 103頁.
[4] 平野龍一, 88頁.

2. 범죄론체계의 구성

(1) 범죄론체계의 구성방법

범죄론체계는 어떤 구성요소를 어떠한 순서에 따라 검토할 것인가에 관해서 종래 다양한 학설이 주장되어 왔다.[5] 여기서는 범죄론체계의 구성방법을 크게 세 개로 분류하여 살펴보기로 한다. ① 행위를 범죄론의 기초로 하면서, 구성요건·위법성·책임으로 구성하는 삼분설과 ② 구성요건해당성의 판단은 위법성으로부터 분리할 수 없다고 하는 이유로부터 구성요건을 불법에 포함시켜 행위·불법(위법성)·책임으로 구성하는 삼분설, 그리고 ③ 행위에 독립된 지위를 인정하여, 행위·구성요건·위법성·책임으로 구성하는 사분설[6] 등이 있다. 이와 같이 분류하는 이유는 첫째, 범죄성립의 제1요소를 행위와 구성요건 중 어느 것으로 할 것인가와 둘째, 구성요건과 위법성의 관계를 어떻게 파악할 것인가에 대한 견해의 대립이 있기 때문이다.

(2) 구성요건론과 행위론

구성요건을 범죄성립의 제1요소로 해석하는 ①설은, M·E 마이어(Mayer)가 주장한 이래 많은 학자들의 지지를 받아 독일, 일본은 물론 우리나라에서도 통설적 입장이다. 행위는 범죄성립의 전제일 뿐만 아니라 범죄개념의 핵심적 요소이기 때문에 범죄론체계의 구성에 있어서 행위로부터 출발하여야 한다. 그러나 죄형법정주의를 기본원칙으로 하는 형법에서 범죄는 항상 형벌법규에 규정된 구성요건에 해당하는 행위가 아니면 안 된다. 따라서 구성요건과 관계가 없는 행위는 범죄의 요소 내지는 성립요건이 될 수 없다. 따라서 행위를 독립된 범죄성립의 제1요소로 해석하는, 「행위론」을 지지하는 ②설과 ③설은 타당하지 않다. 또한 구성요건해당성의 판단은 판단자의 자의가 개입

---

5) 범죄론체계에 관한 학설은 객관적 요소와 주관적 요소로 구분하거나 행위와 행위자로 구분 이분설, 구성요건·위법성·책임 또는 행위·불법·책임으로 구분하는 삼분설, 행위·구성요건· 위법성·책임으로 구분하는 사분설 등이 있다.

6) 우리나라에서는 이를 지지하는 학자는 없지만, 일본에서 다수의 학자가 지지하고 있다. 內藤 謙, 『刑法總論講義(上)』, 有斐閣(1985), 137頁; 中山研一, 29頁; 山中敬一, 172頁; 曾根威彦, 46頁.

되지 않도록 하기 위하여 형식적·유형적일 필요가 있어 구성요건을 독립된 범죄요소로 인정하지 않는 ②설도 타당하지 않다. 결과적으로 행위는 형법적 평가의 대상으로서 범죄론의 기초가 될 뿐, 범죄의 구성요소로 파악하지 않는 ①설의 범죄론체계가 기본적으로 타당하다. 다만, 이 설의 내부에서도 구성요건과 위법성의 관계에 따라 다시 견해의 대립이 있다.

(3) 구성요건해당성과 위법성의 관계

앞에서 기술한 범죄론체계의 구성방법은 구성요건해당성과 위법성의 관계에 따라 이 두 요소를 각각 독립된 범죄요소로 보는 ①설 및 ③설과 이것을 불법에 통합하여 파악하는 ②설로 구분할 수 있다.

벨링(Belling)은 범죄성립요건으로서 구성요건개념을 도입하여 현재의 통설인 구성요건·위법성·책임이라고 하는 범죄론체계의 기초를 제공하였지만, 이것을 완성한 것은 M·E 마이어였다. 마이어는 벨링처럼 구성요건과 위법성을 구별하는 한편 구성요건을 위법성의 「인식근거」로 이해하여 양자의 관계를 밀착시켰다. 그리하여 구성요건에 해당하는 행위는 위법성이 추정되어 위법성조각사유가 없는 한 위법하게 된다.

메츠거(Mezger)는 마이어의 구성요건론을 더욱 전진시켜, 구성요건에 해당하는 행위는 위법성조각사유가 존재하지 않는 한 위법하기 때문에 구성요건은 위법성의 「존재근거」로서 위법행위의 유형이라고 주장하였다. 그 결과 메츠거에 있어서 구성요건은 그림 <범죄론체계>에서 보는 것처럼 더 이상 독립된 범죄요소가 아닌 위법성 내부에 매몰된 것으로 파악하고 있다.

이처럼 마이어와 메츠거는 구성요건을 「위법행위의 유형」으로 파악하여 양자의 독자성을 부정하는 점에서는 공통되나, 마이어는 구성요건을 위법행위의 「유형」으로서의 측면을 강조한 반면에 메츠거는 「위법」행위의 유형으로서의 측면을 강조하였다는 점에서 구별된다.

〈범죄론체계〉[7]

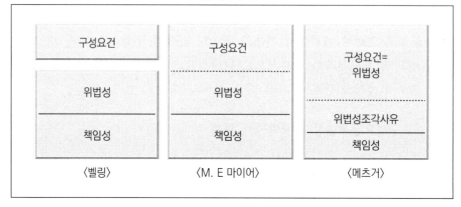

(4) 구성요건과 책임과의 관계

구성요건과 책임의 관계는 위법성의 관계처럼 명백하지 않다. 오늘날 구성요건을 「위법행위의 유형」으로 인정하는 것에 대해서는 대부분의 견해가 일치하지만, 행위자의 책임까지도 유형화할 것인가, 즉 구성요건의 책임추정기능(責任推定機能)[8]을 인정할 것인가에 대해서는 견해가 대립되어 있다. 그러나 현재의 다수설[9]은 구성요건의 위법성추정기능(違法性推定機能)만을 인정하여, 구성요건에 해당하는 행위는 동시에 위법하기 때문에 위법성 단계에서 다시 위법한가를 적극적으로 판단하지 않고, 단지 위법성조각사유의 유무만을 판단하는 것에 불과하다. 따라서 구성요건은 위법행위의 「유형」으로서 파악하는 M·E 마이어의 견해가 타당하다.

7) 前田雅英, 43頁.

8) 우리나라에서는 오영근, 256면; 일본에서는 前田, 37頁, 大塚, 114頁, 大谷, 118頁 등이 주장하고 있다.

9) 김성돈, 243면; 박상기, 81면; 신동운, 260면; 오영근, 256면; 이재상, 208면; 임웅, 112면; 정성근/박광민, 118면.

〈구성요건과 위법성 및 책임과의 관계〉

구 분	구성요건	위법성	책 임
원 리	구성요건론 (죄형법정주의)	객관적 위법성론 실질적 위법성론	책임주의 규범적 책임론
평가요소	① 객관적 구성요건요소 ② 주관적 구성요건요소	① 위법성조각사유 ② 주관적 위법요소	① 책임능력 ② 책임(고의·과실) ③ 위법성의 인식 ④ 기대가능성
평가방법	사실판단 (형식적·추상적· 유형적으로 판단)	가치판단 (구체적·실질적·비유형적으로 판단)	
		행위 자체에 대한 평가	행위를 행위자와 연결하여 판단

제2장

행 위 론

제1절 ▶ 행위론의 의의

범죄를 구성요건에 해당하고 위법·유책한 행위라고 정의하는 것은 오늘날의 지배적인 견해이다. 이러한 범죄개념의 실체인 「행위」가 무엇인지, 그 기능 및 체계적 위치에 관한 논의가 바로 「행위론의 과제」이다.

형법은 범죄성립의 전제가 되어 있는 행위가 무엇인지에 관하여 형법학설사에서 오랜 기간 동안 논쟁을 불러왔고 또 많은 학설들이 주장되고 있다. 그 학설 중에서 어느 학설이 가장 타당한지에 대한 판단기준은 행위가 범죄론체계상에서 갖는 기능에 있다고 할 수 있다. 또한 범죄론체계와 관련하여 행위론을 독립시켜 구성요건론 앞에 위치시켜 논할 것인가(이른바 벌거벗(裸)은 행위론) 아니면 구성요건론의 내부에서 논할 것인가에 대해서도 학설이 대립되어 왔다. 다만, 행위론을 구성요건론과 독립하여 논하는 경우에도 「행위」의 요건을 범죄성립요건의 기초로 인정할 뿐, 범죄론체계를 행위·구성요건·위법성·책임으로 구성하는 사분설[1]을 인정하지 않는 것이 일반적이다. 형법상 행위는 구성요건과 관련 없이 생각할 수 없어 구성요건적 행위로 이해하면

---

1) 앞장의 각주 6) 참조.

충분하기 때문이다. 따라서 행위론 그 자체는 의미 없는 논쟁에 불과하다.[2] 다만, 행위론이 갖는 일정한 역할과 기능을 중시한다면 그것은 범죄론의 기초로서 의미가 있을 뿐이다. 즉, 행위론은 행위가 아닌 것을 범죄의 대상이 되지 않는다고 하여 형법적 판단의 대상에서 배척하는 점에서 그 의미가 있다.

제 2 절 ▶ 행위개념의 기능

범죄는 법에 규정된 금지된 행위를 실행하는 것이기 때문에 우선 모든 범죄는 행위가 아니면 안 된다. 여기서 행위는 범죄개념의 기초가 되는 사실 내지는 기본적 요소가 된다고 하여 이를 「행위주의원칙(行爲主義原則)」이라고 한다. 따라서 사상, 성격, 의견, 인격 등은 그 자체만으로 범죄를 구성할 수 없고 외부적으로 표현된 행위, 즉 신체적 동(動)·정(靜)만이 형법의 대상이 된다.

외부적으로 표현된 행위자의 신체적 동·정에는, 적극적 신체활동인 작위(動)와 그 소극적 활동인 부작위(靜)가 있다. 형법상 작위(作爲)는 물론 일정한 부작위(不作爲)도 범죄가 된다. 또한 행위자의 신체적 동·정은 그의 주관적 태도에 따라 고의 또는 과실로 구분되며, 형법은 이것을 각각 고의범과 과실범으로 처벌하고 있다. 따라서 형법상 행위개념은 적어도 형벌의 대상이 되는 모든 범죄를 포함할 수 있는 것이 아니면 안 된다. 행위개념은 이것 이외에도 형법상 일정한 기능을 하고 있다.

마이호퍼(Werner Maihofer)는 행위개념의 기능으로 「기본요소로서의 기능」, 「결합요소로서의 기능」, 「한계요소로서의 기능」으로 구분[3]한 이래, 다양한 견해가 주장되고 있지만, 일반적으로는 다음과 같은 세 개의 기능으로 고찰할 수 있다.

---

2) 오영근, 75면.
3) 손동권/김재윤, 83면.

1. 통일요소로서의 기능

　　형법상 모든 범죄행위를 행위 안에 포괄하여 통일적으로 파악하려는 기능을 말한다. 작위와 부작위, 고의와 과실 등을 행위개념에 통일하는 논리적 기능(論理的機能)을 행위의 「통일요소로서의 기능」이라고 하며, 「분류기능」[4]이라고도 한다.

2. 결합요소로서의 기능

　　행위는 범죄의 성립요소인 구성요건해당성·위법성·책임을 결합시켜 범죄론체계의 일관성을 유지하는 체계적 기능(體系的機能)을 하는데, 행위의 이러한 기능을 「결합요소로서의 기능」이라고 한다.

3. 한계요소로서의 기능

　　형법상 평가의 대상을 행위에 한정하여 행위가 아닌 수면 중의 동작, 자연현상, 사회현상, 사람의 의사·사상을 처음부터 범죄개념에서 제외하여 처벌범위를 제한하는 실제적 기능(實際的機能)을 행위의 「한계요소로서의 기능」이라고 한다.

제 3 절 ▶ 행위론에 관한 학설

1. 인과적 행위론

　　자연과학적 사고가 지배하던 19세기 후반에 주장된 행위론으로서, 행위란, 「사람의 의사에 의한 신체의 동·정」이라고 하는 설이다. 목적적 행위론

---

4) 배종대, 101면.

에 의해서 인과적 행위론으로 불리기 시작한 이 설은 ① 행위의 요소로서
「의사에 의한다」는 주관적 요소로서의 유의성(有意性)과, ② 물리적으로 지각
할 수 있는 「신체의 동·정」이라고 하는 객관적 요소로서 유체성(有體性) 또는
거동성(擧動性)을 요구하고 있다. 이러한 인과적 행위론은 행위론 차원에서 의
사의 존재 여부가 중요할 뿐, 의사의 내용은 책임론에서 검토되어야 하는 것으
로 이해하여, 의사의 「존재」와 「내용」을 분리한 것에 특징이 있다. 따라서 인
과적 행위론에 의할 경우 유의성이 결여되어 있는 수면 중의 행동, 반사운동,
무의식적인 동작 등은 의사에 의한 것이 아니기 때문에 행위가 아니다. 또한
유체성이 결여되어 있는 사상·인격 그 자체도 행위라고 할 수 없어 형법의 평
가대상이 되지 않는다. 그러나 인과적 행위론에 의하면, 유의성이 결여되어
있는 과실은 의사에 의한 지배가능성이 있다고 하는 점에서 또한 유체성의
관점에서 부작위5)는 단순한 신체의 정지가 아닌 법적 또는 사회적으로 기대
된 행위를 하지 않는다는 사회적 의미에 있어서 행위에 포함된다.

2. 목적적 행위론

목적적 행위론은 1930년대 독일의 벨첼(Hans Wezel)에 의하여 주장된 학
설로서 제2차대전 이후에 유력설이 되었다. 이 설의 가장 큰 특징은 인간의
행위를 존재론(存在論)적으로 파악한 점에 있다. 즉 행위란, 「행위자가 일정한
목적을 설정한 후 그 목적을 달성하기 위하여 필요한 수단을 선택하고, 그 실
현을 위해 인과흐름을 지배하고 조종하는 것」에 행위의 본질이 있다고 파악
하였다. 따라서 행위의 본질은 목적추구활동(目的追求活動)에 있으며 「목적성
(Finalität)」이야말로 행위개념의 중심적 요소라고 주장하였다.

앞에서 기술한 인과적 행위론이 행위를 단지 유의적인 것으로 파악한 결
과, 의사내용(고의·과실)을 행위개념으로부터 분리하여 책임에서 논하는 것에

---

5) 인과적 행위론 가운데 행위를 의사에 의한 외부적으로 야기한 물리적 신체운동이라고 해석
   하는 자연주의적 행위론에 의하면, 부작위를 행위개념에 포함시킬 수 없다. 따라서 부작위를
   자연적 「무」가 아닌 법적으로 기대된 「무엇」을 하지 않는 것으로 이해하여 부작위를 행위
   속에 포함시키는 가치관계적 행위론이 등장하였다.

대하여, 목적적 행위론은 행위개념에 있어서 의사내용을 불가결한 것으로 해석하고 있다. 그리하여 목적적 행위개념은 목적성이라고 하는 주관적 요소와 신체활동이라는 객관적 요소가 결여되어 있는 것은 행위가 아니라고 하였다. 그 결과 과실범에서는 목적성을 인정하기가 곤란하고, 부작위범에서도 인과 흐름을 지배하고 조종한다고 하는 목적적 행위가 있다고 할 수 없기 때문에 행위에서 배제되어 행위개념의 통일요소로서의 기능은 물론 결합요소로서의 기능도 설명할 수 없게 된다.

　　이에 대하여 목적적 행위론자는 과실의 경우에 고의와 다른 의미의 목적성, 즉「구성요건적으로 중요하지 않은 결과」에 대한 목적성이 있다고 주장하였다. 또한 부작위의 행위성에 대해서도 작위와 부작위는,「행위자의 목적에 따라서 그 의사를 통제할 수 있는 능력에 의하여 지배된다」고 하는 점에서 동일하기 때문에 작위와 부작위는 인간의 행태(Verhalten)라고 하는 관념하에 포함시킬 수 있다고 주장하고 있다. 그러나 행위와 비행위(非行爲)라고 하는 상반되는 개념을 하나의 목적적 행위개념에 포함시키는 것은 이론의 포기라고 하지 않을 수 없다.

3. 인격적 행위론

　　인격적 행위론은 독일의 메츠거(Mezger)와 복켈만(Bokelmann)에 의하여 주장되고 일본의 단도우(團藤)에 의하여 발전된 행위론으로서, 행위를「행위자 인격의 주체적 현실화로서 신체의 동·정」이라고 한다.[6] 사람은, 소질과 환경에 의해서 결정되는 한편 구체적인 행위상황하에서 행위자 자신의 자유의사에 의한 인격의 주체적 현실화가 인정될 때 이것을 행위라고 한다. 따라서 반사운동 및 절대적 강제하의 동작은 행위가 아니지만, 무의식적인 동작은 경우에 따라서는 행위가 될 수 있다. 또한 주체적인 인격태도는 부작위 및 과실의 형태로도 실현될 수 있기 때문에 양자 모두 행위개념에 포함시킬 수 있다고 한다. 그러나 이 설은 범죄의 사실적 기초를 이루는 행위개념에「주체적(主體的)」

---

6) 団藤重光, 104頁.

이라는 다의적 개념을 사용하여 그 내용이 명확하지 않을 뿐만 아니라, 비난
할 수 없는 것은 주체적이라고 할 수 없기 때문에 결국 비난가능성(유책성)과
동일한 의미가 될 것이다. 그렇다면 행위개념의 단계에서 책임을 앞당겨 논
하게 되어 결합요소로서의 기능을 만족시킬 수 없다는 비판이 제기된다.[7]

4. 사회적 행위론

사회적 행위론은 행위를 하나의 사회적 현상으로 파악하는 견해로서 슈
미트(Ed. Schmidt)가 주장한 이래 독일의 통설이 되었다. 다만 이 설은 주장자
에 따라 행위를 ①「사회적으로 의미 있는 사람의 태도」로 정의하는 설[8]과,
②「의사에 의하여 지배 가능한 사회적으로 의미 있는 신체의 동·정」으로 정
의하는 설[9] 등 그 내용이 동일하지 않지만, 행위개념을 형법적 가치의 관점
으로부터 분리하여 사회적 의미하에서 구성하였다는 점에서 일치하고 있다.

그러나 ①설은 행위개념으로부터 의사적 요소를 배제하여 형법상 의미
없는 행위(반사적 운동·절대적 강제하의 동작)도 형법적 평가의 대상이 되어 행위개
념의 한계요소로서의 기능을 설명하지 못하는 반면, ②설은 의사지배를 강조
하여 형법적 평가의 대상이 되는 객관적 사실을 한정할 수 있을 뿐만 아니라,
자연현상과도 구별할 수 있어 반사운동이나 절대적 강제하의 동작을 행위로
부터 배제시켜 한계요소로서의 기능도 충실히 할 수 있다. 또한 부작위에 대
해서도 부작위란, 사회생활상 기대(期待)된 일정한 작위를 하지 않는다는 점에
서 사회적 실재성을 갖고 있다고 하여, 부작위와 작위를 「의사에 의하여 지배
가능한 사회적으로 의미 있는 신체의 동·정」이라고 하여 동일하게 평가하고
있다. ②설이 우리나라의 다수설[10]이다.

7) 大谷, 109頁.
8) 佐伯千仭, 145頁.
9) 西原春夫, 75頁.
10) 박상기, 70면; 손동권/김재윤, 89면; 신동운, 93면; 이재상/장영민/강동범, 100면; 임웅, 95면.

〈행위론의 비교〉

	인과적 행위론	목적적 행위론	인격적 행위론	사회적 행위론
행위	유의성(주관) + 유체성(객관) = 통일체			
	유의성<유체성	유의성>유체성	주체성>유체성	유의성 = 유체성
	• 사람의 의사에 의한 신체적 동·정	• 목적추구활동 • 의사에 의하여 지배·조종이 가능한 것만 행위로 파악	• 행위자 인격의 주체적 현실화로서 신체의 동정	• 의사에 의하여 지배 가능한 사회적으로 의미 있는 신체의 동·정
행위의 중심	인과성	목적성	주체성	사회성
문제점	• 의사내용(고의·과실)을 행위요소로부터 분리하여 책임요소로 해석한 결과 미수범을 설명하지 못함.	• 목적성이 결여된 과실과 의사에 의해 조종이 불가능한 부작위를 행위로 파악하지 못함.	• 망각범도 행위개념에 포함하여 행위개념의 한계기능을 철저히 한다고 하나, 결합기능을 설명하는 것이 곤란	• 행위를 사회현상으로 파악하여 고의·과실, 작위·부작위 등을 행위개념에 포괄할 수 있으나, 주장자에 따라 개념이 너무 다양

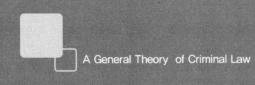

A General Theory of Criminal Law

제3편　구성요건

구성요건이론

제1장

제1절 ▶ 구성요건의 의의

1. 구성요건의 의의

　　형법에 규정되어 있는 범죄의 유형을 「구성요건(構成要件)」이라고 한다. 살인죄의 구성요건이나 절도죄의 구성요건처럼, '사람을 살해한 자'(제250조 제1항) 또는 '타인의 재물을 절취한 자'(제326조)」와 같이 살해한, 절취한 행위 등은 우리 일상생활 속에서 발생하는 실질적으로 위법한 행위의 일부에 지나지 않는다. 국가는 이러한 실질적으로 위법한 행위 가운데 형벌로 처벌해야 할 행위를 선택하여 그 행위를 유형화하고, 법적인 특징을 형법에 규정하고 있는데 이것을 범죄(犯罪)라고 한다. 이처럼 형벌법규에 규정되어 있는 위법한 행위유형을 구성요건이라고 한다.

　　구성요건에는 범죄유형을 구성하는 요소가 구체적으로 표현되어 있기 때문에 그 법적 특징이 명확히 규정되어 있어 다른 범죄의 구성요건과 구별하는 등 일정한 가능을 하고 있다.

2. 구성요건사실과 구성요건해당성

구성요건에 해당하는 범죄사실을 「구성요건사실(構成要件事實)」이라고 한다. 구성요건이 범죄유형으로서 추상적이고 일반적인 성격을 갖는데 대하여, 구성요건사실은 구체적이고 개별적인 성격을 갖는다. 예컨대 살인죄의 구성요건, 즉 '사람을 살해한 자'는 여러 종류의 살해행위를 포함하는 추상적이고 일반적인 성격을 의미하지만, 구성요건사실은 예컨대 「甲이 몇 월, 며칠, 몇 시에, 어느 장소에서 乙의 심장을 칼로 찔러 살해하였다」고 하는 것처럼 구체적이고 개별적인 사실을 의미한다.

그리고 구성요건사실이 구성요건에 해당하는 것을 「구성요건해당성(構成要件該當性)」이라고 한다. 어떤 구성요건사실이 일정한 구성요건에 해당하는가 그 유무를 판단할 때, 우선 해당구성요건의 의미를 명확히 해석하여 구성요건사실(범죄사실)을 확정하지 않으면 안 된다. 그리고 그 후 구성요건사실이 해당구성요건에 충족하는가를 판단하여야 한다. 이 판단은 구체적인 구성요건사실이 범죄유형인 구성요건에 해당하는가에 대한 형식적 판단인 동시에 원칙적으로는 가치판단을 필요로 하지 않는 사실판단의 성격을 갖는다.

3. 구성요건의 이론전개

구성요건은 본래 중세 이탈리아의 규문소송절차에서 그 대상이 된 범죄사실의 전체(copus delicti)라는 개념에서 유래되었지만, 벨링은 이것을 형벌법규에 규정된 범죄유형으로 이해하여 형법의 구성요건(Tatbestand) 개념으로 전용(轉用)하고, 이를 중심으로 현재의 범죄론체계를 기초하였다. 그 후 M·E 마이어, 메츠거 등의 기여로 구성요건이론으로 발전하게 되었다.

벨링은 범죄성립에 있어서 중요한 것은 형벌법규에 해당하는 것이라고 하여 「구성요건해당성이 없으면 형벌 없다」고 주장하고, 구성요건을 통한 죄형법정주의의 엄격한 적용을 모색하였다. 그리하여 구성요건은 모든 국민에게 명확하지 않으면 안 된다고 하는 요청으로부터 법률적·가치적 평가로부터 독립된 객관적·기술적·가치중립적 유형이 아니면 안 된다고 주장하였다.
그 결과 구성요건으로부터 규범적 요소와 주관적 요소는 배제되어 구성요건
과 위법성은 서로 독립된 범죄요소로 인식하게 되었다. 그러나 그 후 구성요
건론은 무엇보다도 구성요건과 위법성의 관계에 관해서 전개되었다.

　　우선 M·E 마이어는, 구성요건해당성과 위법을 구별하는 벨링의 입장을
계승하면서도 구성요건을 위법성의 「인식근거」로 이해하여 양자를 밀착시켰
다. 즉, 구성요건과 위법성을 마치 연기와 불의 관계로 비유하여 어떤 행위가
구성요건에 해당하면 위법성이 추정된다고 하였다. 따라서 구성요건은 기술
적 요소뿐만 아니라 규범적 요소도 포함되어 있다는 것을 시사하였다. 더구
나 메츠거는 구성요건은 단지 위법성의 인식근거가 아닌 「존재근거」라고 이
해하여, 구성요건해당성은 더 이상 범죄요소로서의 독자성을 인정할 수 없게
되었다. 이 설에 따르면, 구성요건에 해당하는 행위는 특별한 위법성조각사
유가 없는 한, 위법하여 규범적 요소는 물론 주관적 요소도 당연히 구성요건
요소가 된다.

제 2 절 ▶ 구성요건의 기능

1. 죄형법정주의적 기능

　　구성요건은 국가가 처벌하는 행위와 처벌하지 않는 행위를 명확히 하고
있어 국민의 일상생활에 있어서 행위의 기준이 된다. 이 기능을 「죄형법정주
의적 기능(罪刑法定主義的機能)」이라고 하며, 이것은 제1차적으로 형법각칙에 규
정된 개별조문이 한다. 따라서 구성요건은 비교적 인식이 용이하고 보다 명
확한 객관적 요소 및 기술적 요소에 의하여 규정되어 있을 때 그 효과가 크
다고 할 수 있다.

2. 범죄개별화 기능

구성요건에 의해서 어떤 범죄를 다른 범죄로부터 구별하는 기능을 「범죄개별화 기능(犯罪個別化機能)」이라고 한다. 예컨대 구성요건에 기술된 여러 가지의 요소에 의하여 살인과 상해치사, 절도와 강도 등의 각 범죄유형을 개별화할 수 있다. 또한 범죄개별화 기능은 고의와 과실을 구성요건요소로서 파악하는 견해에 의하면 더욱 철저히 할 수 있으며, 구성요건해당성만으로도 고의범과 과실범(살인죄와 과실치사죄의 구별)을 구분할 수 있게 된다.

3. 위법성추정 기능

구성요건은 위법행위의 유형으로서 구성요건에 해당하면 원칙적으로 위법성이 추정된다. 즉 행위가 구성요건에 해당하면 예외적으로 위법성조각사유가 존재하지 않는 한 위법하다. 이 기능을 구성요건의 「위법성추정 기능(違法性推定機能)」이라고 한다. 또한 일부 학설은 구성요건을 「위법하고 유책한 행위유형」[1]으로서 이해하는데 이 경우는 구성요건의 위법성추정 기능뿐만 아니라 책임추정기능까지도 인정하게 된다.

4. 고의규제적 기능

고의는 구성요건에 해당하는 범죄사실을 인식하고 인용한 경우에 성립한다. 예컨대 살인죄의 구성요건은 '사람을 살해한 자'로서 행위자에게 살인의 고의를 인정하기 위해서는 사람을 살해한다는 것에 대한 사실의 인식이 있어야 한다. 이처럼 고의를 인정하기 위하여 행위자가 인식할 필요가 있는 사실의 범위를 나타내는 기능을 「고의규제적 기능(故意規制的機能)」이라고 한다.

---

1) 오영근, 256면; 団藤, 98頁; 大塚 仁, 116頁; 大谷, 114頁; 西田典之, 「構成要件の概念」 刑法の爭點, 有斐閣(2000), 15頁.

제3절 ▶ 구성요건의 종류

구성요건은 다양한 관점에서 분류할 수 있다. 여기서는 특히 해석론상 의미가 있는 기본적 구성요건과 수정된 구성요건, 개방적 구성요건과 폐쇄적 구성요건 등으로 나누어 살펴보기로 한다.

1. 기본적 구성요건과 수정된 구성요건

(1) 기본적 구성요건

기본적 구성요건은 '사람을 살해한 자'(제250조 제1항)와 같이 단독의 행위 자가 범죄를 완전히 실현할 수 있도록 규정된 기수범 형태의 구성요건을 말 한다. 이처럼 형법은 단독의 행위자가 범죄를 완전히 실현하는 형태로서 단 독범과 기수범을 기본적 범죄로 규정하고 있다.

(2) 수정된 구성요건

수정된 구성요건은 단독범 및 기수범의 형태로 규정된 기본적 구성요건 을 전제로 하여 이것을 수정·확장한 형태의 범죄유형을 말한다. 수정된 구성 요건이란, 기본적 구성요건을 수정한 형태로 범죄의 성립요건을 규정한 구성 요건을 말한다. 예컨대 예비·음모 및 미수는 기본적 구성요건인 기수범의 수 정형식이고, 교사·방조는 단독범의 기본적 구성요건을 수정한 범죄유형이다.

2. 개방적 구성요건과 폐쇄적 구성요건

(1) 개방적 구성요건

벨첼(Welzel)에 의하여 주장된 개방(開放)적 구성요건은 그 적용에 있어서 법관에 의한 보충이 예정되어 있는 구성요건을 말한다. 따라서 개방적 구성요건은 어떤 행위가 구성요건에 형식적으로 해당하는 것만으로는 부족하고, 법관의 실질적 판단에 의해서 보충될 때 비로소 구성요건해당성이 확정된다. 이러한 개방적 구성요건에 해당되는 범죄유형으로는 과실범과 부진정부작위범이 있다.

과실범은 '과실로 인하여 사람을 사망에 이르게 한 자'(형법 제267조)와 같이 법익침해의 결과(사망)만 규정되어 있고, 법률상 요구되는 주의의무의 내용이 규정되어 있지 않아 법관이 그 내용을 보충하지 않으면 확정할 수 없다. 또한 부진정부작위범에 있어서 작위의무 있는 자가 살인의 고의를 가지고 수유하지 않아 유아를 아사시킨 경우에 이를 처벌하기 위해서도 작위의무의 유무와 범위를 법관이 보충하지 않으면 그 구성요건은 확정되지 않는다.[2)]

(2) 폐쇄적 구성요건

폐쇄적 구성요건은 형벌법규의 구성요건 안에 범죄를 구성하는 요소가 모두 규정되어 있기 때문에 법관에 의한 보충을 필요로 하지 않는 구성요건을 말한다. 대부분의 구성요건은 폐쇄적 구성요건에 해당한다.

제4절 ▶ 구성요건의 요소

구성요건해당성을 판단하기 위한 전제로서 구성요건의 확정이 필요하다. 「구성요건의 확정」이란, 형벌법규에 규정된 개별 구성요건을 해석하여 명백히 하는 것을 말한다. 이때 구성요건을 이루고 있는 개별요소들을 「구성요건요소(構成要件要素)」라고 하며, 원칙적으로 범죄의 주체, 객체 및 행위 등으

---

2) 개방적 구성요건을 인정하는 것은 법관의 가치판단에 의해 구성요건의 보충을 인정하게 되어 죄형법정주의·형벌법규의 명확성원칙의 관점으로부터 의문이다. 다만 그 취지는 수긍할 수 있지만, 실제 문제로서 과실범, 부진정부작위범 등에 대해서는 완결된 구성요건을 규정하는 것이 불가능하기 때문에 구성요건의 보충에 있어서 적정·엄격한 해석태도를 유지하여 그 타당성을 기대할 수밖에 없다(內藤, 198頁).

로 구성되어 있다. 다만 개개의 구성요건요소를 검토하는 것은, 형법각론의 과제이기 때문에 여기서는 모든 구성요건에 공통하는 일반적·공통적 요소를 그 성질에 따라 객관적 구성요건요소와 주관적 구성요건요소, 기술적 구성요건요소와 규범적 구성요건요소로 분류하여 살펴보기로 한다.

1. 객관적 구성요건요소

(1) 행위의 주체

구성요건의 내용을 이루고 있는 행위를 실행행위라고 하며, 이 행위를 실행하는 자를 행위의 주체라고 한다. 형법은 일반적으로「… 한 자(者)」등의 형식으로 규정하고 있어 이 경우에 「자」는 일반적으로 자연인을 의미한다. 원칙적으로 자연인이라면 그 제한이 없지만, 구성요건상 예외적으로 일정한 신분을 필요로 하는 범죄를 신분범이라고 한다. 또한 법인 자체를 처벌하는 형벌법규에 대해서는 법인도 행위의 주체가 될 수 있다.

1) 신분범

구성요건에 특별히 규정된 행위의 주체만이 행위자가 될 수 있는 범죄를 신분범(身分犯)이라고 한다. 여기서 신분이란, 「남녀의 성별, 내·외국인의 구별, 친족관계, 공무원인 자격과 같은 관계뿐만 아니라 널리 일정한 범죄행위와 관련된 범인의 인적 관계의 특수한 지위 또는 상태」[3]를 말한다. 신분범은 수뢰죄(제129조)와 같이 행위자가 일정한 신분이 있는 경우에 범죄가 성립하는 진정신분범과, 존속살인죄(제250조 제2항)와 같이 신분이 없어도 범죄는 성립되나 신분이 있는 경우에는 법정형이 가중(존속살인죄의 직계비속) 또는 감경되는 부진정신분범(영아살해죄의 직계존속)으로 나누어진다.

또한 위증죄(제152조)처럼 구성요건에 특별히 규정된 행위의 주체만이 그 행위를 할 수 있는 범죄를 자수범(自手犯)이라고 한다. 따라서 구성요건에 규정된 '법률에 의하여 선서한 증인'이 아닌 자가 허위의 진술을 한 경우에는

---

3) 대판 1994.12.23. 93도1002.

구성요건해당성이 없어 범죄가 성립되지 않는다.

2) 법인의 범죄능력

(가) 학설의 대립

법률상 「사람」은, 자연인과 법인(法人)을 포함하지만, 법인이 범죄의 주체가 될 수 있는지에 대하여 학설이 대립하고 있다. 통설[4]과 판례[5]는 법인이 포함되지 않는다고 하여 법인의 범죄능력을 부정하고 있다.

법인의 범죄능력을 부정하는 학설은, ① 법인은 의사 및 육체를 갖고 있지 않는 의제적(擬制的) 존재이기 때문에 형법적 평가의 대상이 되는 신체의 동·정으로서 행위를 할 수 없고, ② 법인은 윤리적 자기결정능력이 없기 때문에 법인에게 형벌의 전제가 되는 윤리적 책임비난을 가할 수 없다. 또한 ③ 현행 형법은 생명형·자유형을 중심으로 하는 이상, 법인의 처벌에 적당하지 않을 뿐만 아니라, ④ 법인의 기관을 구성하는 자연인을 처벌하면 충분하기 때문에 「법인에 범죄능력이 없다」(societas delinquere non potest)는 법언(法諺)에 따르고 있다.

이에 대하여 법인의 범죄능력을 긍정하는 학설[6]은, ① 법인은 기관을 통하여 의사를 형성하고 그 기관을 통하여 행동하기 때문에 행위능력이 있고, ② 법인의 행위능력을 인정하는 이상, 법인을 비난하는 것도 가능할 뿐만 아니라 책임의 근거를 반사회적 위험성에서 찾는다고 하면 법인에게도 책임을 물을 수 있다. 또한 ③ 법인에게 적합한 재산형이 있기 때문에 법인의 처벌에도 문제가 발생하지 않으며, ④ 형사정책적 관점에서 법인 자체를 처벌 대상으로 하는 것은 법인의 범죄를 억제하는 데에도 필요하다는 것을 근거로

4) 西原春夫(監譯), イェシェック 『ドイツ刑法總論[第5版]』, 成文堂(1999), 164頁에서 현행 독일법은 법인 및 인적 조직체(Personenvereinigungen)의 가벌성을 인정하지 않고 있다. 박상기, 78면; 배종대, 139면; 안동준, 57면; 오영근, 94면; 이재상/장영민/강동범, 106면; 조준현, 120면; 진계호/이존걸, 128면.
5) 대판 1984.10.10. 82도2595: "배임죄에 있어서 타인의 사무를 처리할 의무의 주체가 법인이 되는 경우라도 법인은 다만 사법상의 의무주체가 될 뿐, 범죄능력이 없는 것이며, … "라고 판시하고 있다.
6) 김일수/서보학, 137면; 정성근/박광민, 87면. 일본은 긍정설이 유력설의 입장이다(前田, 100頁; 大谷, 127頁).

법인의 범죄능력을 인정하고 있다.

(나) 현행법상의 법인의 처벌

현대 사회에서 법인의 사회적 활동이 중요한 비중을 차지하고 있고, 특별형법 중에서도 특히 행정형법의 영역에 있어서 법인의 위법활동에 대한 형법적 규제의 필요성이 증가되고 있다. 이에 따라 종래에는 법인 구성원의 위법행위에 대하여 법인을 처벌하는 대위(代位)책임 또는 전가(轉嫁)책임이 주장되어 왔으나, 최근에는 그 구성원과 법인을 함께 처벌하는 양벌규정(兩罰規定)이 일반화되어 있다.[7] 즉 행정형법과 특별형법 등에는 이와 같은 규정이 산재되어 있는데, 그 예로서 조세범처벌법(동법 제18), 관세법(동법 제279조), 환경범죄 등 단속 및 가중처벌에 관한 법률(동법 제10조), 성폭력방지 및 피해자보호 등에 관한 법률(동법 제37조) 등이 있다.

(2) 행위의 객체

범죄행위가 향하여진 대상으로서 사람 또는 물건을 행위의 객체(客體)라고 한다. 살인죄에 있어서 '사람'(제250조 제1항), 절도죄에 있어서 '타인의 재물'(제329조) 등이 그 예이다. 행위의 객체에 관하여 특히 다음과 같은 두 가지 점을 주의하여야 한다.

첫째, 행위의 객체와 보호의 객체, 즉 보호법익과 구분하지 않으면 안 된다. 보호법익은 형벌법규가 그 구성요건에 의하여 보호하려는 이익, 즉 법익(法益)을 말한다. 예컨대 살인죄의 행위객체는 사람이지만, 보호법익은 사람의 생명이다. 또한 공무집행방해죄(제136조)의 행위객체는 공무원으로서 사람이지만 보호의 객체는 공무이다. 둘째, 법익이 없는 범죄는 없지만, 행위의 객체가 없는 범죄는 존재한다고 하는 점이다. 예컨대 위증죄(제152조)는 국가의 심

---

[7] 일반적으로 자연인이 법인의 기관으로서 범죄행위를 한 경우에도 행위자인 자연인이 그 범죄행위에 대한 형사책임을 지는 것이고, 다만 법률이 그 목적을 달성하기 위하여 특별히 규정하고 있는 경우에만 행위자를 벌하는 외에 법률효과가 귀속되는 법인에 대하여도 벌금형을 과할 수 있는 것인 만큼, …… 양벌규정에 의하여 사용자인 법인을 처벌하는 것은 형벌의 자기책임원칙에 비추어 위반행위가 발생한 그 업무와 관련하여 사용자인 법인이 상당한 주의 또는 관리감독 의무를 게을리한 선임감독상의 과실을 이유로 한다(대판 2018.8.1. 2015도10388).

판작용이라는 보호의 객체는 존재하지만 행위의 객체는 존재하지 않는다.

(3) 행 위

행위는 살인죄에 있어서 '살해한', 절도죄에 있어서 '절취한' 것처럼 구성
요건에 규정되어 있는 행위를 말한다. 이 구성요건에 해당하는 행위를 실행
행위(實行行爲)라고 한다. 형법 제25조가 '범죄의 실행에 착수하여' 라고 규정하
고 있는데 이때의 「실행」이 여기에 해당한다. 형법상 행위를 작위와 부작위
로 구분하고, 이것에 대응하여 실행행위도 작위의 형태와 부작위 형태로 구
분할 수 있다. 전자가 작위범이고 후자가 부작위범이다.

(4) 결 과

구성요건은 일반적으로 일정한 결과의 발생을 그 요소로 규정하고 있다.
이 구성요건요소를 「구성요건적 결과」라고 한다. 여기서 결과란, 살인죄(제250
조)에 있어서 사람의 '사망'이나 절도죄(제329조)에서의 '점유의 이전'과 같이 행
위로부터 발생된 외부세계의 변화를 말한다. 그러나 이러한 결과의 대부분은
행위(살해한, 절취한) 중에 포함되어 있어 결과를 별도로 구성요건에 기술하고
있지 않은 것이 일반적이다.

(5) 인과관계

결과범에 있어서 행위와 결과 사이에 일정한 원인과 결과의 관계, 즉 「인
과관계」가 존재하여야 한다. 예컨대 살인의 고의로 실행행위를 하였다고 하
더라도 그 행위와 사망이라는 결과 사이에 인과관계가 인정되지 않으면 살
인죄의 기수가 성립되지 않는다. 이것에 대해서는 제3장의 인과관계에서 살
펴보기로 한다.

(6) 행위의 상황

구성요건에 따라서는 행위가 일정한 상황하에서 행하여질 것을 요건으
로 하고 있다. 진화방해죄(제169조)는 '화재에 있어서 진화용의 시설 또는 물건

을 은닉 또는 손괴하여 진화를 방해'한 경우에 범죄가 성립한다. 또한 공무집
행방해죄(제136조)는 '직무를 집행하는 공무원에 대하여 폭행 또는 협박'하는
경우에 범죄가 성립한다. 이와 같이 일정한 행위가 '화재에 있어서', '직무를
집행하는' 등과 같이 구성요건에 규정된 일정한 상황하에서 행하여질 때 비
로소 범죄가 성립하는데 이러한 행위의 외부적 상황을 구성요건적 상황이라
고도 한다.

(7) 행위의 조건

행위의 조건은 행위의 상황처럼 행위 시의 외부적 사정이라는 점에서 같
다. 다만 행위의 상황이 행위와 동시적으로 존재하는 사정인데 반하여, 행위
의 조건은 시간적으로 행위 후에 존재하는 사정이라는 점에서 구별된다. 예
컨대 사전수뢰죄(제129조 제2항)에 있어서 '공무원 또는 중재인이 된 때'가 여기
에 해당한다.

(8) 행위의 태양(수단 · 방법)

행위를 사회적으로 의미 있는 신체의 동 · 정이라고 정의할 때, 행위의 태
양(態樣)으로서 중요한 것은 작위와 부작위의 구별이다. 범죄는 대부분 작위의
태양으로 구성되기 때문에 곤란한 문제가 발생하지 않으나, 예외적으로 부작
위에 의해서 범죄를 구성하는 경우에는 구성요건해당성과 위법성에서 특히
문제가 된다. 또한 범죄에 따라서는 구성요건에 특별한 행위의 태양을 규정
하고 있는 경우가 있다. 예컨대 절도와 강도는 타인의 재물을 타인의 의사에
반하여 점유를 이전하는 점에서는 같지만, 강도는 그 행위의 수단이 '폭행'
또는 '협박'에 의한다는 점에서 절도와 구별된다.

2. 주관적 구성요건요소

(1) 의   의

구성요건의 죄형법정주의적 기능을 중시하는 벨링의 범죄론체계에 의하

면, 구성요건은 객관적이고 기술적인 요소에 의해서만 구성된다. 또한 「위법
은 객관적으로, 책임은 주관적으로」라는 명제에 의할 때에도 행위자의 주관
적이고 내심적 태도(고의 또는 과실)는 책임요소로 파악되어, 구성요건은 위법성
의 징표 내지 그 유형으로서 주관적 구성요건요소는 인정될 수 없다.

그러나 범죄성립요소 가운데 일정한 주관적 요소가 행위의 위법성의 존
재 여부 및 그 정도에 영향을 주는 요소가 있으며, 이것이 일반화되어 있는데
이것을 「주관적 위법요소(主觀的 違法要素)」라고 한다. 특히 위법유형(違法類型)으
로서 구성요건을 파악하는 현재의 다수설에 의하면 주관적 위법요소는 「주관
적 구성요건요소」가 되기도 한다. 즉 주관적 구성요건은 범죄행위 시의 행위
자의 내심적 태도로서, 여기에는 일반적·주관적 위법요소로서 고의와 과실
이 있고, 특수적·주관적 위법요소로서 목적범의 목적, 경향범의 주관적 의도,
표현범의 내심의 표현 등이 있다.

(2) 일반적·주관적 요소

구성요건의 「일반적·주관적 요소」란, 모든 범죄구성요건에 필요한 주관
적 요소를 말하며 고의와 과실이 여기에 해당한다.

고의(故意)는 범죄사실, 즉 객관적 구성요건에 해당하는 사실을 인식하고
그 내용을 실현하려는 의사를 말하며, 과실(過失)은 부주의(정상적인 주의를 기울이
지 않아)로 범죄사실을 인식하지 못한 것을 말한다. 형벌의 대상이 되는 범죄
는 비난가능한 행위가 아니면 안 되기 때문에 범죄와 행위자 사이에 주관적
으로 일정한 관계가 있지 않으면 안 된다. 그렇기 때문에 모든 범죄에 있어서
고의 또는 과실은 일반적·주관적 요소가 된다. 그러나 어떤 범죄에 있어서
고의가 인정되면 과실은 인정되지 않기 때문에 양자는 서로 배척관계에 있
다. 형법은 '죄의 성립요소인 사실을 인식하지 못한 행위는 벌하지 아니한다.
다만 법률에 특별한 규정이 있는 경우에는 예외로 한다'(제13조)고 규정하여,
범죄는 원칙적으로 고의범을 처벌하고, 과실범은 '법률에 특별한 규정이 있
는 경우에만' 예외적으로 처벌하고 있다(제14조). 따라서 모든 범죄에 있어서
고의 또는 과실이라는 일반적·주관적 요소가 없는 경우에는 범죄를 구성하

지 않는다.

(3) 특수적·주관적 요소

구성요건의 특수적·주관적 요소는 일반적·주관적 요소인 고의 또는 과실 이외에 행위자의 내심적 태도를 유형화하여 구성요건요소화한 것을 말한다. 여기에 해당하는 것으로는 목적범·경향범·표현범이 있다.

일반적으로 고의범에 있어서는 행위자에게 객관적 구성요건에 해당하는 사실의 인식, 즉 고의가 있으면 범죄가 성립하지만, 목적범·경향범·표현범에 있어서는 고의의 인식 범위를 초과한 행위자의 내심적인 요소가 필요하다. 이와 같은 요소를 「특수적·주관적 요소」 또는 「초과주관적 요소(超過主觀的 要素)」라고 한다. 다만 경향범과 표현범은 이러한 초과주관적 요소를 인정하여야 하는지 여부에 대하여 견해가 대립하고 있다.

1) 목적범

구성요건의 객관적 요소를 초과하는 일정한 목적을 필요로 하는 범죄를 「목적범(目的犯)」이라고 한다. 통화위조죄(제207조) 및 문서위조죄(제225조 이하)에 있어서 '행사의 목적', 약취·유인죄(제288조)에 있어서 '추행 등의 목적'과 같이 일정한 목적이 있어야 성립하는 범죄를 말한다. 예컨대 학교에서 교재로 사용할 목적으로 통화와 유사한 지폐를 만든 경우에는 행사의 목적(위조한 화폐를 진화로 유통시키려는 목적)이 없기 때문에 통화위조죄가 성립하지 않는다. 이처럼 목적(위폐를 유통시키려는 목적)은 행위자의 주관(내심)에 존재할 뿐 그 내용인 객관적 사실이 현실로 존재하지 않는데 반하여, 고의는 객관적으로 존재하는 사실(통화의 작성권한이 없는 자가 위폐를 만든다는 사실)을 인식한다는 점에 그 특색이 있다. 즉 통화위조죄에 있어서 목적의 내용인 「행사」는 현실로 존재하지 않지만, 고의의 대상인 「위조」는 객관적으로 존재할 것이 예정되어 있다.

2) 경향범

「경향범(傾向犯)」은 공연음란죄(제245조)처럼 「성욕을 자극·흥분시킬 성적 의도」와 같이 행위자의 일정한 내심적 의도 및 경향이 표출될 때 성립하는 범죄이다.[8] 따라서 개념상 초과주관적 요소라고 하지 않을 수 없다. 그러나 본죄는 피해자의 성적자유를 침해하는 것을 그 본질로 하기 때문에 행위자에게 자기의 성욕을 흥분·만족시킨다고 하는 등의 성적인 의도가 있어야만 성립하는 것이 아니다.[9] 행위자의 성적 의도가 없어도 피해자의 성적 자유를 침해하는 행위가 있으면 위법성조각사유가 존재하지 않는 한 위법하게 된다.

3) 표현범

행위자의 일정한 심리적 과정 또는 상태의 표현을 구성요건요소로 하는 범죄를 「표현범(表現犯)」이라고 한다. 예컨대 위증죄(제152조 제1항)의 다수설인 주관설[10] 및 판례[11]에 따르면, 선서한 증인이 「자기의 기억에 반하는 허위의 진술」을 한 경우, 즉 증인이 목격한 객관적 사실과 다른 심리상태의 표현을 하였을 때 위증죄가 성립된다. 이러한 증인의 심리적 상태의 표현이 주관적 위법요소가 된다. 그러나 객관설에 의하면 자기의 기억에 일치하는 진술조차도 객관적 사실에 반하면 위증죄가 성립되기 때문에 행위자 내심의 표현을 초과주관적 요소로 인정할 여지가 없게 된다.

---

8) 강제외설죄(일본 형법 제176조)가 성립하기 위해서는 그 행위가 자기의 성욕을 자극·흥분시키거나 만족시키려고 하는 성적 의도하에서 행해질 필요가 있기 때문에, 오로지 보복 또는 모욕이나 학대의 목적으로 부녀를 발가벗겨 사진을 촬영한 경우에는 동죄가 성립하지 않는다고 판시하고 있다(最判昭45年1月19일刑集24卷1号1頁).

9) 대판 2004.3.12. 2003도6514: "형법 제245조 소정의 '음란한 행위'라 함은 일반 보통인의 성욕을 자극하여 성적 흥분을 유발하고 정상적인 성적 수치심을 해하여 성적 도의관념에 반하는 것을 가리킨다고 할 것이고, 위 죄는 주관적으로 성욕의 흥분, 만족 등의 성적인 목적이 있어야 성립하는 것은 아니고 그 행위의 음란성에 대한 의미의 인식이 있으면 족하다."

10) 김성돈, 『형법각론』, 817면; 배종대, 『형법각론』, 896면; 오영근, 『형법각론』, 1006면; 정성근/박광민, 『형법각론』, 901면, 진계호/이존걸, 『형법각론』, 750면.

11) 대판 2009.3.12. 2008도11007; 대판 1989.1.17. 88도580.

〈구성요건요소〉

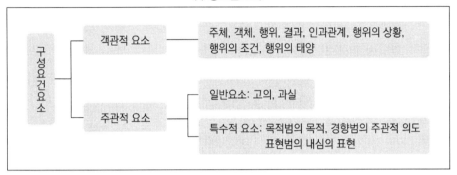

3. 기술적 구성요건요소와 규범적 구성요건요소

구성요건요소 중에는 단순한 사실의 인식만으로 그 의미를 확정할 수 있는 요소가 있는가 하면, 그 확정을 위해서 법관의 가치판단까지도 필요로 하는 요소가 있다. 전자를 기술적 구성요건요소라고 하고, 후자를 규범적 구성요건요소라고 한다.

(1) 기술적 구성요건요소

구성요건요소 가운데 가치판단에 의하지 않고 사실의 인식만으로도 그 의미를 확정할 수 있는 요소를 「기술적 구성요건요소(記述的構成要件要素)」라고 한다. 예컨대 살인죄(제250조 제1항)에 있어서 '사람을 살해한 자'의 「사람」과 「살해」라고 하는 요소는 사실의 인식만으로 그 의미가 확정되는 요소로서 「서술적 구성요건요소」라고도 한다. 이 경우에 사람이란 무엇이며 또 살해의 범위는 어디까지인가 등 한편으로는 명확해 보이는 요소에 대해서도 해석에 의해서 확정할 필요가 있다. 그러나 이러한 것들은 사람의 시기(始期)에 대한 우리나라의 통설12)과 판례13)가 진통설을 취하고 있기 때문에 이 해석을 적용함에 있어서 별도의 가치판단을 필요로 하지 않는다.

---

12) 배종대, 『형법각론』, 39면; 이재상, 『형법각론』, 14면.
13) 대판 1982.10.12. 81도2621.

(2) 규범적 구성요건요소

어떤 행위가 구성요건에 해당하는가를 판단함에 있어서 법관의 평가, 즉 가치적 판단에 의하지 않고서는 그 의미를 확정할 수 없는 요소를 「규범적 구성요건요소(規範的構成要件要素)」라고 한다. 구성요건요소 중에는 공무집행방해죄의 '직무'의 적법성(제136조), 절도죄의 '타인의 재물'(제329조) 등과 같이 「법적 평가」를 필요로 하는 것과, 수뢰죄의 '뇌물', 공연음란죄의 '음란'(제245조), 명예훼손죄의 '명예'(제307조) 등과 같이 「가치평가」를 필요로 하는 요소 등이 있다.

구성요건은 그 기능인 죄형법정주의적 관점에서 가능한 한 기술적이고 사실적인 요소에 의해서 규정되어야 한다. 따라서 가치적 판단을 필요로 하는 규범적 구성요건요소는 구성요건의 명확성이라는 관점에서는 원칙적으로 배제되어야 한다. 다만 복잡한 사회 현상을 적절하게 대응하기 위하여 규범적 요소가 필요한 경우에도 그 최소한의 범위에 그쳐야 하며, 이 경우에도 가능한 한 사실적 요소로 분해하고 환원하여 법관의 자의적인 판단의 개입을 배제하여야 한다.

제2장

부작위범

1. 부작위의 의의

인간의 행위는 신체적 거동에 의한 「작위(作爲)」로 하는 것이 보통이지만, 신체적 거동에 의하지 않은 「부작위(不作爲)」에 의해서도 사회적으로 의미 있는 효과를 초래할 수 있다. 이처럼 인간의 부작위는 작위와 함께 범죄적 결과를 발생시키는 수단이라는 점에서 견해는 일치하고 있다. 다만 형법상 작위와 부작위를 구별하는 것은, 그 가벌성의 요건이 다르다.

작위범은 「… 해서는 안 된다」고 하는 금지규범(禁止規範)에 위반하는 범죄인데 대하여, 부작위범은 「… 하지 않으면 안 된다」고 하는 명령·요구규범(命令·要求規範)에 위반하는 범죄이다. 따라서 부작위범의 실행행위는 일정한 작위의무의 위반을 의미하기 때문에 형법상의 부작위란, 단순한 무(無)가 아니라 법적 또는 사회적으로 요구된 특정한 행위를 하지 않는 것을 의미한다.

2. 부작위범의 종류

부작위범은 구성요건의 규정형식에 따라 진정부작위범과 부진정부작위범으로 구분된다.

(1) 진정부작위범

진정부작위범(眞正不作爲犯)은 구성요건이 부작위의 형식으로 규정되어 있는 범죄를 부작위에 의하여 실현하는 범죄를 말한다. 예컨대 '해산명령을 받고 해산하지 아니한 자'(제116조), '집합명령에 위반한 자'(제145조 제2항), '퇴거의 요구를 받고 응하지 아니한 자'(제319조 제2항)와 같이 구성요건 자체가 부작위의 형식으로 규정되어 있는 범죄를 말한다. 이외에도 현행법에는 진정부작위범으로서 전시군수계약불이행죄(제103조 제1항), 전시공수계약불이행죄(117조 제1항) 등의 규정이 있다.

(2) 부진정부작위범

부진정부작위범(不眞正不作爲犯)은 작위의 형식으로 규정되어 있는 구성요건을 부작위에 의해서 실현하는 범죄를 말하며「부작위에 의한 작위범」이라고도 한다. 예컨대 살해의 고의로 어머니가 유아에게 수유하지 않아 유아를 아사(餓死)시킨 행위는 부작위에 의한 살인죄가 성립한다.

이와 같이 구성요건이 작위의 형식으로 규정되어 있는 구성요건을 부작위에 의해서 실현할 수 있는가 하는 것이 부진정부작위범의 실행행위성의 문제이다. 예컨대 '불을 놓아', '살해'라고 하는 용어는 사람의 동작, 즉 작위의 실행행위를 전제로 한 개념이기 때문에 부진정부작위범의 실행행위성은 그다지 간단한 문제는 아니다. 그러나 거동할 수 없는 노인에게 그의 간호사가 식사를 제공하지 않아 사망시킨 경우는 마치 목을 졸라 사람을 질식사시킨 경우와 같다고 하지 않을 수 없다. 이 경우에 식사를 제공하지 않은 간호사의 부작위를 '살해'라고 하는 개념에 포함시키는 것은 가능하다.[1] 이러한 의미에

---

1) 이에 대하여 松宮孝明, 86頁 이하에서, 만약 작위범 규정에 부작위도 포함한다고 하면, 부작위의 인과관계를 논증할 필요가 없을 뿐만 아니라, 하나의 조문 안에 작위와 부작위의 양쪽

서 구성요건적 행위가 특별히 부작위를 배제하는 취지가 아니라고 한다면, 부진정부작위범의 실행행위성을 인정하는 것도 가능하다고 할 수 있다.

(3) 진정부작위범과 부진정부작위범의 차이

진정부작위범과 부진정부작위범의 실질적인 차이는 위에서 기술한 법률상 규정형식 이외에도 다음과 같은 점에 있다. 진정부작위범은 구성요건에 규정된 일정한 행위를 하지 않는 모든 사람이 행위의 주체가 될 수 있지만, 부진정부작위범에 있어서는 작위의무가 있는 자 또는 보증인적 지위에 있는 자만이 주체가 될 수 있다. 또한 양자는 의무의 내용에 있어서도 차이가 있다. 진정부작위범은 법률상 요구된 일정한 작위의무를 하지 않을 때 성립하지만, 부진정부작위범은 작위의무를 하지 않은 것만으로는 부족하고 이것을 하지 않아 결과가 발생한 때에 비로소 성립한다는 점에서도 차이가 있다.

3. 부진정부작위범의 문제성

부진정부작위범은 진정부작위범처럼 명문의 구성요건을 두고 있지 않고, 작위의 형식으로 규정되어 있는 구성요건에 의해 처벌되는 범죄이다. 따라서 부진정부작위범을 처벌하는 것은 「법정(法定)」되지 않은 범죄를 처벌하는 것은 아닌지 하는 의문이 제기되어 왔다. 즉 작위범은 「… 해서는 안 된다」고 하는 금지규범을 위반하는 범죄인 반면에, 부작위범은 「… 하지 않으면 안 된다」고 하는 명령·요구규범을 위반하는 범죄로서 그 규범구조가 다를 뿐만 아니라 문언상의 이유[2]로부터도 부진정부작위범을 처벌하는 것은 죄형법정주의에 위반된다는 주장이 그것이다.[3]

의 행위태양을 규정(일본 형법 제130조 주거침입죄, 제218조 보호책임자유기 등의 죄)하고 있는 벌조도 필요가 없을 것이다. 그럼에도 불구하고 일부러 이러한 규정을 두고 있는 것은 입법자는 이러한 생각을 가지고 있지 않을 것이다.

2) 진정부작위범은 작위의무가 구성요건에 명시되어 있기 때문에 성립요건에 의문이 없지만, 부진정부작위범은 구성요건이 작위의 형식으로 규정되어 있어 작위의무의 내용은 개개 구성요건의 해석에 의해서만 비로소 확정된다.

3) 大谷, 154頁.

그러나 형법상 범죄를 처벌하는 것은, 행위자가 법익을 침해하였거나 또는 그 위험성이 있는 행위를 하였기 때문이지 그것이 작위범이나 부작위범의 해당규범 위반을 이유로 처벌되는 것은 아니다. 따라서 범죄의 성질상 부작위에 의하여 법익을 침해하는 것이 불가능한 범죄가 아니라면, 부작위에 의한 작위범, 즉 부진정부작위범을 처벌하는 것은 죄형법정주의의 원칙상 아무런 문제가 없다.

제2 절　부진정부작위범의 성립요건

1. 작위의무

(1) 작위의무의 의의

형법은 '위험의 발생을 방지할 의무가 있거나 자기의 행위로 인하여 위험발생의 원인을 야기한 자가 그 위험발생을 방지하지 아니한 때'(제18조)에는 부진정부작위범으로 처벌한다고 규정하고 있다. 이 위험발생을 방지해야 할 법적 의무를 「작위의무(作爲義務)」라고 한다. 또한 부진정부작위범의 작위의무는 결과발생의 방지를 법적으로 보장하여야 할 지위에 있는 자의 의무이기 때문에 이것을 「보증인적 의무(保證人的義務)」라고도 한다.

(2) 작위의무의 체계적 지위

부진정부작위범에 관한 종래의 통설[4]에 따르면, 작위의무는 규범에 관한 것으로 구성요건의 문제가 아니라 위법성의 문제로 파악하고 있다. 이 설에 의하면 구성요건적 결과와 인과관계가 있는 부작위는 모두 구성요건에 해당하고, 그 가운데 작위의무 있는 자의 부작위만이 위법하게 되어 구성요건은 위법유형으로서의 성격을 잃게 된다. 따라서 작위의무를 구성요건의 문제

---

4) 유기천, 120면.

로 파악하여 해당 구성요건이 예정하는 작위의무를 유형화(類型化)하여, 그 작
위의무가 있는 자의 부작위만이 구성요건에 해당한다고 할 필요가 있다. 이
러한 관점으로부터 부작위범의 재구성을 시도한 것이 나글러(Nagler)의 보증
인설이다.5)

(3) 작위의무의 발생근거

형법 제18조에 규정된 작위의무의 발생근거는 선행행위(자기의 행위로 위험
발생을 야기한 자) 이외는 명확하지 않아 그 근거에 관해서 형식설과 실질설이
대립되어 있다. 형식설은 작위의무의 법적 의무를 중시하여 아래와 같이 형
식적으로 파악하고 있다.6) 이에 대하여 실질설은 작위의무를 보호기능의 관
점으로부터 분석하고, 그 근거를 법익보호의무(친족관계·계약·사실상 인수)와 위
험원관리의무(선행행위·위험원관리의무·위험행위감독의무)로 분류하여 그 의무를 실
질적으로 파악하는 설이 대립되어 있다.7)

그러나 이러한 학설의 대립은 방법론상 차이가 있을지 모르지만, 그 내
용상에서는 차이가 있다고 할 수 없다. 왜냐하면 우리나라의 다수설8)은 형식
설을 취하면서도 사회상규나 조리 등을 그 발생근거로 인정하고 있어 실질설
에서 주장하는 다양한 의무의 사회적 의미를 기초9)로 하는 것과 크게 다르

---

5) 임웅, 529면 이하에서, 나글러의 보증인설은 「결과발생을 방지할 의무에 의하여 개인은 일정
   한 법익이 침해되지 않을 것을 보증할 보증인(Garant)이 되는 것이며, 이러한 보증인의 지위
   에 있는 자의 부작위만이 작위에 의한 구성요건실현과 동가치가 될 수 있다」고 주장하였다.
   따라서 보증인의 지위에 있는 자만이 부진정부작위범의 행위의 주체로서 구성요건해당성이
   있게 된다. 이 설은 보증의무도 구성요건요소로 파악하여 구성요건의 위법유형으로서의 기
   능은 설명할 수 있으나, 그 보증의무가 어느 경우에 발생하는지 하는 것은 개별적·구체적으
   로 판단해야 할 문제로서 구성요건해당성과 친숙하지 않다. 즉 보증의무를, 보증인적 의무를
   발생시키는 그 전제가 되는 보증인적 지위와 보증인적 의무로 구별하여 전자를 구성요건요
   소, 후자를 위법요소로 파악하는 이분설이 오늘날 통설적인 지지를 받고 있다.
6) 배종대, 525면.
7) 최근 일본 학자 등은 작위의무의 발생근거를 다원적으로 이해하는 견해가 많다. 실질설 이
   외에도 사실상의 인수행위의 존재를 요건으로 하는 「구체적 의존성설」(堀內捷三, 『不作爲犯
   論』, 靑林書院新社(1978), 58頁), 부작위자가 결과로 향한 인과경과를 구체적·현실적으로
   지배하고 있는 것에서 찾는 「사실상 배타적 지배설」(西田典之, 「不作爲犯論」, 刑法理論の現
   代的展開[總論 I], 日本評論社(1990), 67頁 이하) 등이 그것이다.
8) 김성돈, 528면; 배종대, 525면; 신동운, 126면.
9) 배종대, 525면; 손동권/김재윤, 401면; 西原, 484頁.

지 않기 때문이다.

1) 법 령

작위의무가 법령에 규정되어 있는 경우로서, 그 법령은 공법 또는 사법을 포함한다. 공법상 작위의무로는 경찰관의 보호조치의무(경관찰직무집행법 제4조), 운전자의 구호조치의무(도로교통법 제54조)가 있고, 사법상의 작위의무로는 부부 간의 부양의무(민법 제826조 제1항), 친권자의 보호의무(동법 제913조) 등이 있다.

2) 계약·사무관리

계약에 의한 작위의무의 근거로서는 고용계약에 의한 사용자의 보호의무, 간호사의 환자간호의무 등이 있다. 또한 사무관리란, '의무 없이 타인을 위하여 사무를 관리하는'(민법 제734조) 것으로, 예컨대 노약자를 의무 없이 보호하기 시작한 자는 그 자가 보호를 필요로 하는 한 계속 보호를 해야만 하는 것을 말한다.

3) 선행행위

자기의 행위로 인하여 위험발생의 원인을 야기한 자는 그 위험을 방지하여야 할 작위의무가 있다. 예컨대 자동차를 운전하여 타인에게 상해를 입힌 자는 피해자를 구호해야 할 의무가 있다.

4) 조 리

판례[10]는 법령이나 계약 이외에도 사회상규 또는 조리에 의해서도 작위의무가 발생한다고 한다. 즉 재산상 거래관계에 있어서 거래의 상대방에게 일정한 사정을 고지해야 할 의무와 같은 신의성실의 원칙상 고지의무,[11] 동거하는 고용자에 대한 고용주의 관습상 보호의무 등이 그것이다. 그러나 조리나 관습상의 작위의무를 인정하는 것은 법과 윤리의 구별이라는 요청으로부터 중대한 문제가 포함되어 있다고 생각한다.

---

10) 작위의무는 법령, 법률행위, 선행행위로 인한 경우는 물론 기타 신의성실의 원칙이나 사회상규 혹은 조리상 작위의무가 기대되는 경우에도 인정된다고 판시하고 있다(대판 1992.2.11. 91도2951).

11) 대판 1996.7.30. 96도1081.

2. 작위가능성

부진정부작위범이 성립하기 위해서는 행위자의 부작위가 구성요건에 해당하는 것만으로는 부족하고 그 부작위가 위법하지 않으면 안 된다. 즉 행위자는 보증인적 지위에 있는 것만으로는 충분하지 않고, 현실로 발생한 작위의무(보증인적 의무)를 구체적으로 위반하지 않으면 안 된다. 이 경우에 특히 중요한 것은 작위에 의한 「결과회피가능성(結果回避可能性)」이 있어야 한다는 것이다. 행위자가 결과회피를 위한 보증인적 지위에 있었다고 하더라도 현실적으로 결과회피가 불가능한 경우라면 그 부작위는 위법하지 않기 때문이다. 예컨대 부모가 물에 빠져 있는 자신의 유아를 구조하지 않은(부작위) 경우에도 그 부모가 수영할 수 없을 뿐만 아니라, 다른 구조방법이 없었다고 하면 구조하지 않은 부모의 부작위는 위법하지 않기 때문에 부작위범은 성립하지 않는다. 또한 이 결과회피가능성은 작위의무위반을 전제로 한 객관적 가능성을 의미하기 때문에 행위자의 주관적인 책임능력과는 관계가 없다.

3. 작위와 「동가치성」

부진정부작위범은 작위범의 형식으로 규정되어 있는 구성요건을 부작위에 의해서 실현하는 범죄이다. 따라서 부진정부작위범은 작위범과 달리 결과와 인과관계에 있는 부작위를 하였다고 하더라도 그것만으로는 부족하고, 그 부작위와 작위범의 실행행위가 가치적으로 동일시되는 경우에 한해서 그 성립이 인정된다. 이것을 「동가치성(同價値性)의 원칙」이라고 한다.[12] 예컨대 작위에 의한 살인행위와 부작위에 의한 그것이 가치적으로 동등하게 평가되기 위해서는, 운전자가 운전 중 사고로 인하여 빈사(瀕死)상태에 있는 중상자를 방치한 행위(도로교통법 제54조 제1항에 의하여 운전자에게 구조의무가 있음에도 불구하고 구조하지 않은 부작위)만으로 부족하고, 중상자를 인적이 드문 산길에 버리거나 사고 후 사고차량에 중상자를 싣고 다니던 중 사망한 경우에 구성요건상에서

---

12) 대판 2010.1.14. 2009도12109, 2009감도38.

작위와 동가치성이 인정된다고 할 수 있다. 이처럼 동가치성을 요구하는 것은 법적 의무를 근거로 하여 부진정부작위범의 성립을 인정하는 앞의 형식설에서 그 처벌범위의 한계를 명확히 하기 위한 것이라고 할 수 있다. 그럼에도 불구하고 우리나라는 물론 일본의 판례에서도 부진정부작위범은 살인, 방화, 사기 등 여전히 제한된 범죄에서만 논의되고 있는 실정이다. 이러한 실무의 태도는 부진정부작위범의 처벌에 있어서 비교적 겸억적 태도를 취하고 있다고 평가할 수 있다.[13)]

제 3 절 ▶ 관련문제

1. 인과관계

순수한 거동범적 성격을 갖는 진정부작위범에 있어서는 인과관계의 문제가 거론될 여지가 없으나, 부진정부작위범은 결과범으로서 결과가 발생하지 않으면 기수가 성립될 수 없다. 즉, 부작위와 결과 사이의 인과관계가 필요하다.

종래 부진정부작위범은 부작위 자체를 단순한「무(無)」로 파악하여, 무에서는 유(有)가 발생할 수 없다는 이유로부터 인과관계를 부정하였다. 그러나 형법상 부작위는 단순한 무가 아니라 법적 또는 사회적으로 기대된 행위를 하지 않는 것으로서, 만일 이때에 기대된 행위를 하였더라면 그 결과를 방지할 수 있는 경우에만 부작위는 발생한 결과와 인과관계가 인정된다. 다만 작위범의 인과관계는 그 행위를 하지 않았다면 그 결과도 발생하지 않은 경우에 인정되기 때문에 작위(그 행위를 하지 않았다면)를「제거(-)」하여 판단하는데 대하여, 부작위범의 경우는 작위(그 기대된 행위를 하였더라면)[14)]를「부가(+)」하여

---

13) 山口 厚, 78頁.
14) 각성제주사에 의하여 착란상태에 빠진 소녀를 호텔의 객실에 방치하여 그녀가 사망한 사안에서 "곧바로 피고인이 구급의료를 요청하였더라면(작위), 그녀가 젊고(당시 13세), 생명력

판단하는 점에서 차이가 있을 뿐이다.

2. 부작위의 미수

진정부작위범은 거동범으로서 성격상 미수가 불가능하지만, 부진정부작
위범은 결과발생을 필요로 하므로 결과가 발생하지 아니한 경우나, 부작위와
결과 사이에 인과관계가 인정되지 아니한 경우에는 미수범으로 처벌된다. 그
러나 현행 형법상 집합명령위반죄(제145조 제2항), 퇴거불응죄(제319조 제2항)는 진
정부작위범이면서 그 미수를 처벌하는 규정을 두고 있다.

3. 부작위와 공범

부작위범의 공범문제는 부작위범에 대한 공범과 부작위에 의한 공범으
로 구분하여 살펴볼 수 있다. 우선 부작위범에 대하여 적극적인 작위로 교사
또는 방조하는 것을 「부작위범에 대한 공범」이라고 한다. 부작위범에게 구성
요건적 상황을 인식하면서 부작위로 나아갈 것을 결의하게 하는 교사는 물론
부작위범에게 그 결의를 강화시키는 방조도 가능하다.

이에 대하여 부작위에 의한 교사 또는 방조를 「부작위에 의한 공범」이라
고 한다. 교사는 정범에게 적극적으로 범행을 결의하게 하는 것으로 소극적
인 부작위로는 그 성질상 교사의 수단이 될 수 없다. 그러나 부작위에 의한
방조는 종범에게 작위의무가 있는 한 가능하다. 즉, 미성년자인 아들의 절도
행위를 방지할 수 있었음에도 불구하고 범죄행위를 용이하게 한 부모의 경우
는 부작위에 의한 방조로 처벌된다.

이 왕성하여 특단의 질병이 없었던 점으로 미루어 십중팔구 그녀의 구명이 가능하였다"고 하
여, "그녀의 구명은 합리적인 의심을 허용하지 않을 정도로 확실하였다고 인정될 수 있었기
때문에", 피고인이 그녀를 호텔에 방치한 행위와 결과 사이에 형법상 인과관계가 있다고 하
였다(最決平元年12月15日刑集43卷13号879頁).

제3장

인과관계

제1절 ▶ 인과관계의 개념

1. 인과관계의 의의 및 기능

범죄의 대부분은 결과범이다. 결과범이 구성요건에 해당하기 위해서는 실행행위에 의해 일정한 구성요건적 결과가 발생해야 한다. 즉, 실행행위와 구성요건적 결과 사이에 원인과 결과라는 관계가 존재하여야 한다. 이러한 관계를 「인과관계(因果關係)」라고 하며, 결과범은 인과관계가 인정되지 않을 경우 그 범죄의 미수범이 된다. 이처럼 인과관계는 발생한 구성요건적 결과를 객관적으로 행위자의 행위에 귀책(歸責)시키는 역할을 한다. 만약 결과가 발생하였더라도 인과관계가 인정되지 않으면, 그 결과를 행위에 귀책 시킬 수 없기 때문에 범죄는 미수가 된다. 따라서 인과관계는 결과를 필요로 하는 결과범에 있어서 기수와 미수를 구별하는 기능을 한다.

2. 인과관계의 성격과 범죄론체계상의 지위

인과관계는 어떠한 행위로부터 발생한 결과를 그 행위에 환원(還元)시킨
다고 하는 의미에서「객관적」귀책으로서의 성격을 가지고 있다. 이 점에서
행위를 행위자의 내부적 주관에 환원시키는「주관적」귀책으로서 책임과 구
별된다. 또한 인과관계는 구성요건론에서 객관적 귀책의 수단으로서 형법적
평가의 대상이 되는 반면, 조건관계는 전형법적(前刑法的)인 순수한 사실개념
으로서 행위론에 속하는 것과도 구별된다. 더구나 인과관계는 발생한 결과가
구성요건적 결과라고 하기 위해서는, 그 구성요소인 실행행위와 결과 사이의
일정한 관계를 필요로 하기 때문에 그 의미에서도「구성요건해당성의 문제」
이다.

제 2 절 ▶ 인과관계의 이론

1. 조건설

행위와 결과 사이에 조건관계가 인정되면 형법상 인과관계가 있다고 하
는 견해이다. 즉「그 행위가 없었더라면, 그 결과도 발생하지 않았을 것」이라
는 논리적 조건관계(conditio sine qua non)가 인정되면 항상 형법상 인과관계가
있다고 하는 점에 이 설의 특징이 있다. 또한 결과에 영향은 준 모든 조건에
대하여 동등하게 평가하여 인과관계를 인정하기 때문에 등가설(等價說)이라고
도 한다. 그러나 이 설은 행위와 결과 사이에 조건관계만 인정되면, 예컨대
甲이 乙에게 1주간의 상해를 입혀 구급차로 병원에 이송하는 도중 교통사고
로 사망한 경우에도 인과관계를 인정하게 된다. 따라서 조건설은 인과관계의
범위가 무제한으로 확대되어 그 기능인 귀책범위를 객관적으로 한정할 수 없
게 된다.

2. 원인설

원인설은 결과에 대한 모든 조건 가운데 일정한 기준에 따라 원인과 조건을 구별하고, 원인에 대해서만 형법상 인과관계를 인정한다고 하여 「개별화설」이라고도 한다. 이 설은 원인과 조건을 구별하는 기준에 따라 ① 우월적 조건설(Binding), ② 최유력조건설(Birkmeyer), ③ 최후조건설(Ortmann) 등이 주장되었으며, 이러한 원인에 대해서만 인과관계를 인정하여 귀책범위를 한정하려고 하였다는 점에서 학설사적 의의가 있다. 그러나 원인설은 무엇이 조건에 비하여 우월하고, 최유력하게 작용하는지, 그리고 최후조건인가를 객관적으로 명확히 할 수 없다는 점에 문제가 있다.

3. 인과관계중단설

인과관계중단설은 행위와 결과발생 사이에 인과관계 진행 중 타인의 고의·과실행위 및 자연력이 개입하거나, 또는 행위자가 예상할 수 없었던 이상(異常)한 사실이 개입된 경우에는 인과관계가 중단된다는 이론이다. 그러나 인과관계는 존재하든가 또는 존재하지 않든가 택일적인 것이어야 하지 본래 존재하던 인과관계가 중단한다고 해석하는 것은 이론적으로 타당하지 않다는 비판이 있다.

4. 합법칙적 조건설

합법칙적 조건설은 행위와 결과 사이를 논리적 조건관계가 아닌 사실적·자연과학적 관계로 한정하여 조건설의 문제점을 극복하려는 견해이다. 즉, 「어떤 행위가 외부세계에 변화를 일으키고 그것이 구성요건적 결과와 합법칙적으로 연결되어 있을 때」 그 행위와 결과 사이에 인과관계를 인정한다.[1] 이처럼 시간적으로 전후하는 선행행위와 후행결과 사이에 「법칙적」 관련이 있

---

1) 오영근, 107면.

을 때 인과관계를 인정하는 점에 특징이 있다. 그 결과 조건설에서는 인과성
이 부정되었던 이중적 인과관계, 추월적 인과관계(조건관계의 단절), 가정적 인
과관계, 부작위범에 있어서 부작위와 결과발생 사이에도 합법칙적 연관을 인
정하여 우리나라와 독일의 다수설[2]이 되었다.

　　합법칙적 조건설은, 행위와 결과 사이의 자연과학적 연관을 명확히 한
점은 인정되지만, 그 내용이 명확하지 않아 대부분 결론에 있어서 조건설과
커다란 차이가 없다는 비판을 받고 있다.[3] 따라서 합법칙적 조건설에 의해
서 합법칙적 인과관계가 확정되어도 그것만으로는 형사책임을 제한할 수 없
어 별도의 객관적 귀속론에 의하지 않을 수 없다.

5. 객관적 귀속(책)이론

　　객관적 귀속이론은 인과관계의 문제와 귀책의 문제를 구분하여, 전자는
조건설을 따르고, 후자는 객관적 귀속이론에 의해 책임범위를 한정하려는 이
론이다. 여기서 「객관적 귀속(歸屬)」이란, ① 결과와 조건관계에 있는 행위가
② 법적으로 허용되지 않는 위험을 발생시키고(위험의 창출), ③ 그 위험이 구성
요건에 해당하는 결과를 실현한 경우(위험의 실현)에 귀책이 가능하다고 하는
견해이다. 예컨대 甲이 A에게 상해를 입혀 병원에 입원한 경우에 A가 병원의
화재로 사망하였다면, 甲의 행위에 의해서 위험은 창출되었으나, A의 사망결
과에 대한 위험을 실현하였다고 볼 수 없기 때문에 A의 사망결과를 甲의 행
위에 귀속시킬 수 없게 된다. 다만, 객관적 귀속이론은 그 귀속기준에 따라
아래와 같은 다양한 이론이 주장되고 있다.

　　우선 행위가 결과발생의 위험을 증가시켰을 경우에 대해서만 객관적 귀
속을 인정하는 「위험증가이론(危險增加理論)」,[4] 행위가 구성요건상 규범의 보호

---

2) 박상기, 114면; 이재상, 150면; 이형국, 106면; 진계호, 212면; 임웅, 129면.

3) 배종대, 149면.

4) 자살하려는 甲이 다리 위에서 강으로 뛰어내리는 순간, 옆에 있던 乙이 그를 잡아 교각 위로
　끌어올리는 과정에서 乙에게 상해를 입힌 경우에 사망이라는 위험을 증가시킨 것이 아니라
　위험을 감소시켰다. 乙의 행위는 상해의 결과와 상당인과관계가 인정되지만 乙에게 귀속시
　킬 수 없다는 이론이다.

목적에 해당하는 위험창출이나 위험을 실현한 경우에 귀속을 인정하는 「규범
보호목적이론(規範保護目的理論)」,[5] 행위자가 결과발생의 여부를 지배할 수 있었
던 경우에만 객관적 귀속을 인정하는 「지배가능성이론(支配可能性理論)」[6] 등, 그
이론들이 너무 다양하여 어느 경우에 어떤 귀속기준에 따를 것인지 분명하지
않다.[7]

　　더구나 객관적 귀속이론은 인과관계를 객관적 귀책의 관점에서 파악하
고 있지만, 위험증가이론에서의 위험창출이나 위험증가의 개념은 실질적으
로 위험성판단과 유사한 개념으로서 구성요건해당성의 문제로 논하는 것이
타당한지 의문이 든다. 또한 규범보호목적이론은 규범보호목적이라고 하는는
매우 막연한 개념으로 인하여 불명확한 경우가 많아, 형식적이고 유형적 판
단을 해야 하는 구성요건해당성의 문제를 파악하는 것은 부적당하다는 비판
이 제기된다.[8]

6. 상당인과관계설

　　상당인과관계설은 행위와 결과 사이에 조건관계의 존재만으로는 부족하
고 일반인의 사회생활상 경험에 비추어 통상 그 행위로부터 그 결과가 발생
하는 것이 「상당(相當)」하다고 인정되는 경우에 한하여, 형법상 인과관계를 인
정하는 견해이다. 이 설은 행위와 결과 사이의 모든 조건관계로부터 상당하
지 않은 경우(우연히 발생한 결과나 일반인이 예상할 수 없었던 인과과정을 거쳐 발생한 결과)
를 배제하여 형법상 인과관계를 한정하려고 한 점에 그 특색이 있다. 다만,
언제 그리고 어떠한 사정을 기초로 결과발생에 대한 상당성을 판단하는가에
따라 다음과 같은 학설이 대립되어 있다.

---

5) 甲이 방화한 집에 乙이 가재도구를 꺼내려고 들어갔다가 불길에 휩싸여 사망한 경우, 甲의
　방화행위에 의한 구성요건의 보호범위를 벗어났기 때문에 乙의 사망은 甲의 행위에 귀속되
　지 않는다.
6) 甲이 乙에게 독약을 주었는데 乙이 그 독약으로 炳을 살해한 경우에 甲은 乙의 행위를 지배
　할 수 없으므로 병의 사망을 갑의 행위에 귀속시킬 수 없다.
7) 오영근, 116면; 西原, 215頁.
8) 前田, 178頁.

(1) 객관적 상당인과관계설

객관적 상당인과관계설은, 재판 시를 기준으로 행위 당시에 존재한 모든 객관적 사정과 행위 후 발생한 사정이라도 예측 가능한 사정이라면 상당성 판단의 기초로 한다. 따라서 행위 당시에 이미 객관적으로 존재한 사정은 행위 당시에 행위자가 그 사실을 인식하지 못한 경우라도 상당성 판단의 기초가 된다.[9) 예컨대 외부에서 인식할 수 없는 특이체질을 가진 자를 가볍게 구타하였으나 사망한 경우에도 그 특이체질은 행위 당시에 존재한 사정이기 때문에 행위자의 인식 여부에 관계없이 상당성의 판단자료가 된다. 또한 행위 후에 발생한 사정에 대해서도, 예컨대 상해의 피해자가 의사의 의료과오로 사망한 경우에 그 의료과오가 법관이 볼 때 예견 가능한 경우라면 역시 판단자료가 되어 상당인과관계가 인정된다.

(2) 주관적 상당인과관계설

주관적 상당인과관계설은, 행위 당시에 행위자가 인식한 사정과 인식할 수 있었던 사정만을 기초로 상당성을 판단한다. 따라서 앞의 사례에서 행위자가 그 특이체질을 인식하였거나 인식할 수 있었던 경우에 한하여 상당인과관계가 인정될 뿐이다.

(3) 절충적 상당인과관계설

절충적 상당인과관계설은, 행위 시에 일반인이 인식 또는 인식할 수 있었던 사정 및 행위자가 특히 인식 또는 인식할 수 있었던 사정을 기초로 상당성을 판단한다. 앞의 사례에서 행위자가 피해자의 주치의거나 친구로서 그가 특이체질이라는 것을 알고 있었던 경우에는 이것들은 상당성판단의 기초가 되어 상당인과관계가 인정된다.

---

9) 배종대, 150면에서 (주관적 상당인과관계설과 절충적 상당인과관계설에서 주장하는) 행위자의 주관적 인식과 예견가능성은 책임문제이기 때문에, 인과관계는 어디까지나 객관적 구성요건해당성의 문제라는 이유로 객관적 상당인과관계설을 지지하고 있다.

〈상당인과관계설에 관한 비교〉

구 분	판단자료(기초)	판단기준	기준시기
객관적 상당인과관계설	객관적 사정	판 사	재판 시
주관적 상당인과관계설	본 인	본 인	행위 시
절충적 상당인과관계설	일반인 + 본인	일반인	행위 시

(4) 상당인과관계설의 문제점

객관적 상당인과관계설은 가능한 한 인과관계를 객관적으로 판단하려고 하는 점에 그 의의가 있으나, 행위 당시에 존재한 사정이라면 행위자는 물론 일반인조차 알 수 없는 특수한 사정도 상당성의 판단기초가 되어 인과관계의 범위가 너무 넓어진다. 또한 주관적 상당인과관계설은 행위자가 인식하지 못하면, 일반인이 인식한 사정이라도 상당성 판단에서 배제되어 인과관계의 범위가 너무 좁아지는 등, 행위자의 인식 정도에 따라 인과관계의 범위가 결정되는 점에 문제가 있다. 이에 대하여 양자의 견해를 절충한 절충적 상당인과관계설은 행위 당시에 일반인이 인식할 수 있었던 사정과 행위자가 특히 인식했던 사정을 고려하여 위와 같은 문제점을 해결한다는 점에서 타당하며 우리나라의 판례[10]입장이다.

제 3 절 ▶ 인과관계의 판단

형법상 인과관계에 관한 모든 학설은 「조건설」을 기초로 하여 그 문제인 귀책범위를 합리적으로 제한하기 위한 방법상 차이가 있을 뿐이다. 다수설인 합법칙적 조건설과 같이 인과관계를 「인과관계의 확정」과 「귀책의 문제」로 분리하여 제한하는 방식과 판례의 입장인 상당인과관계설처럼 「상당성」을 요

---

10) 대판 2012.11.15. 2012도7407; 2014.7.24. 2014도6206.

건으로 두 요소를 통합하여 제한하는 방식으로 크게 구별할 수 있다. 그러나 이러한 제한에 관한 방법적 논의는 독일과 달리 인과관계에 관한 명문의 규정을 두고 있는 우리나라에서는 실익이 없어 보인다. 왜냐하면, 형법 제17조에 규정된 형법상 「인과관계」의 개념 자체가 형법적 평가의 대상이 되는 인과의 계열을 찾아 그 범위를 객관적으로 제한하기 위한 법적 개념이기 때문이다. 그렇다면 귀책의 문제도 그 안에서 당연히 포함되어 있어야 하기 때문에 자연적·사실적 관계를 전제로 하는 합법칙적 조건설을 따라야 할 당위성이나 필요성이 전혀 없다.11) 이 점에서 상당인과관계설은 행위론에서 전개된 조건관계를 구성요건론에서 제한하는 인과관계의 이론으로서 기본적으로 타당할 뿐만 아니라, 본래 객관적·사실적 문제인 인과관계를 「상당성」이라는 가치판단을 통해 결과를 행위에 객관적으로 귀책시키기 위한 형법상의 인과관계론이다. 이러한 관점에서 인과관계의 존재 여부를 판단할 때 문제가 되는 사항들을 검토하기로 한다.

1. 조건관계

형법상 문제가 되는 조건관계는 일정한 행위가 없으면 그 구성요건적 결과도 발생하지 않는다고 하는 관계를 말한다. 이 조건관계의 인정을 위하여 다음과 같은 점을 주의하지 않으면 안 된다.

(1) 구체적·개별적 조건관계

그 행위가 없었다면 그 결과도 발생하지 않았을 것이라는 경우에, 그 행위와 결과 사이의 관계를 구체적이고 개별적으로 파악하지 않으면 안 된다. 예컨대 甲은 乙에게 독약을 마시게 하여 살해하였지만, 甲이 독살하지 않더라도 乙이 몇 시간 후에 확실히 사망하였을 경우, 추상적으로는 甲의 행위가 없었다고 하더라도 乙은 사망하였기 때문에 조건관계의 공식이 적용되지 않는다고 할 수 있다. 합법칙적 조건설은 이 경우에 조건관계의 공식을 포기

---

11) 배종대, 149면; 오영근, 116면.

하고 후행사실인 결과가 선행사실인 행위로부터「자연법칙」에 따라 발생하면 조건관계가 있다고 한다. 그러나 甲의 행위가 없으면 乙은 그 시점에서 사망하지 않았기 때문에 조건관계공식은 그대로 타당하다. 조건관계는 그 행위가 없었다고 하면, 그 결과도 발생하지 않았을 것이라고 하는「구체적 사실관계」를 의미하기 때문에 이 공식이 적용되는 것은 甲의 독살행위라는 개별적 행위이고, 이 행위를 대신할 어떠한 행위나 사실을 부가(附加)하여 가정적으로 판단하는 것은 허용되지 않는다. 따라서 현재 어떠한 행위가 결과를 발생한 경우에 만약 그 행위가 없었음에도 불구하고 다른 사정에 의하여 같은 결과가 발생하였다고 말할 수 있는 경우에도 조건관계는 인정된다.

(2) 택일적 인과관계

택일적 경합관계는, 복수의 독립된 행위가 경합하여 결과를 발생시킨 경우를 말하고 이를「이중적 인과관계」라고도 한다. 예컨대 甲과 乙이 독립하여 치사량의 독을 丙이 마실 위스키에 넣어, 丙이 그 전부 또는 일부를 마시고 사망한 경우이다. 이 두 사람이 넣은 독이 동시에 효과가 나타나 丙이 사망한 경우, 어느 일방의 행위를 제거하여 판단하여도 결과가 발생하기 때문에 추상적으로 보면 조건관계의 공식은 성립하지 않는다. 그러나 甲과 乙이 넣은 독은 한사람이 단독으로 독을 넣은 경우보다도 사망의 시기를 앞당긴 경우에는 구체적으로 丙의 사망에 대하여 조건관계를 인정할 수 있다. 이것은 甲과 乙의 두 사람 중 어느 한 사람의 행위(예컨대 甲이 독을 넣는 행위)를 제거하여 판단하더라도 그 시점에서 사망의 결과는 발생하지 않기 때문이다.

(3) 중첩적 인과관계

단독으로는 결과를 발생할 수 없는 두 개 이상의 행위가 중첩(重疊)하여 결과를 발생시킨 경우를「중첩적 인과관계」라고 한다. 예컨대 甲과 乙이 丙을 살해할 의사로 의사연락 없이 각각 치사량에 미달하는 독약을 丙의 커피잔에 넣었으나, 두 사람의 독약이 합쳐져 결국 치사량에 달해 丙이 사망한 경우를 말한다. 이 경우에 두 사람의 행위 중 어느 한 쪽의 행위가 없었더라면

결과가 발생하지 않았을 것이기 때문에 甲과 乙의 각각의 행위와 丙의 사망
에 대한 조건관계가 인정된다. 이처럼 우연하게 행위가 중첩된 경우에 조건
관계는 인정되지만, 상당인과관계는 부정(우연히 치사량 미달의 독약이 합쳐져진 경우)
되어 甲과 乙은 각각 살인미수죄가 성립하게 된다. 그러나 甲과 乙 사이에 의
사연락이 있었다면 조건관계는 물론 상당인과관계도 인정되어 甲과 乙은 살
인기수죄의 공동정범이 된다.

(4) 가정적 인과관계

어느 행위로부터 결과가 발생한 경우에 만약 그 행위가 없었다고 하더라
도 다른 사정에 의해 동일한 결과가 발생한 경우를 「가정적 인과관계」라고
한다. 예컨대 甲이 만취하여 자동차를 운전하던 중 도로상에서 자고 있는 사
람을 치어 사망시켰지만, 만약 甲의 자동차가 아니더라도 반대차선에서 달려
오던 乙의 자동차에 의해서 사망한 경우를 말한다. 가정적 인과관계는 그 행
위가 없었다고 하더라도 그 결과는 발생하기 때문에 조건관계가 존재하지 않
는다고 하는 견해도 있지만, 현재 甲의 자동차 사고에 의하여 乙이 사망한 이
상, 그 사이에 당연히 조건관계는 인정되어야 한다.

(5) 역학적 인과관계

조건관계는 자연법칙 등의 경험적 지식을 기초로 판단하지만, 공해 또는
의료과실처럼 행위로부터 결과에 이르는 인과경과가 과학적으로 모두 증명
되지 않는 경우에도, 일반적인 경험법칙에 비추어 「A가 없으면 B도 없을 것」
이라고 하는 결합관계가 인정되는 한 조건관계를 인정한다. 따라서 행위와
결과 사이에 인과경과가 자연과학적으로 입증되지 않더라도 역학적 증명에
의해서 「합리적인 의심을 갖지 않을 정도」로 인정된 때에는 조건관계의 존재
를 인정하여야 한다는 설이 「역학적 인과관계」이다.

(6) 조건관계의 단절

동일한 결과를 향한 선행조건이 그 효과가 발생하기 이전에 그것과는 관

계없는 후행조건에 의해서 결과가 발생한 경우에 선행조건과 결과 사이의 관
계를 「조건관계의 단절(斷切)」 또는 「추월적 인과관계」라고도 한다. 예컨대 甲
이 丙에게 치사량의 독을 마시게 하였으나, 그 독의 효과가 발생하기 전에 甲
과 관계없는 乙이 총으로 丙을 살해한 경우에 甲의 행위와 丙의 사망 사이의
조건관계를 말한다. 그러나 이 경우에는 선행조건(甲의 독약)이 없었더라도 결
과(丙의 사망)가 발생하기 때문에 조건관계가 인정되지 않는다.

2. 상당인과관계의 판단

상당인과관계의 판단은 앞에서 살펴본 「조건관계」를 전제로 하여 행위
당시에 어떠한 사정을 기초로 그 결과가 발생하는 것이 「상당성」이 있는지를
판단함에 있어서 그 내부적으로 객관설·주관설·절충설이 대립하고 있지만,
결과의 귀속에 있어서 모두 「상당성」을 요건으로 하고 있다.

(1) 상당성의 내용

행위와 결과 사이에 상당인과관계가 있다고 하기 위해서는 ① 행위의 상
당성」(폭행행위 자체가 피해자를 사망시킬 위험성이 있는지)과, ② 행위로부터 구성요
건적 결과가 발생하기까지의 「인과경과의 상당성」(폭행행위로 인해 상해를 입은 자
가 구급차로 병원에 이송 도중에 교통사고로 사망할 가능성)이 있어야 한다.[12] 우선 행위
(또는 행위 자체)의 상당성은, 행위에 의하여 결과가 발생할 가능성, 즉 결과발생
의 상당성을 의미한다(광의의 상당성). 그리고 인과경과의 상당성은 행위의 상당
성이 있는 행위가 구체적인 인과경과를 통하여 구성요건적 결과로 실현될 수
있는지에 대한 결과발생과정의 상당성을 의미한다(협의의 상당성). 다만 행위 당
시에 존재한 사정만으로도 인과관계의 존재 여부를 인정할 수 있는 경우는
행위의 상당성만으로도 상당인과관계가 인정되지만, 행위 후 다른 사정이 개
입하고 이것이 인과 흐름에 영향을 주는 경우에서는 인과관계의 확정을 위해
서는 결과발생과정(인과경과)의 상당성, 즉 협의의 상당성이 문제가 된다.

---

12) 井上祐司, 『行爲無價値と過失犯論』, 成文堂(1973), 165頁 이하.

(2) 상당성의 정도

상당인과관계설은 상당성의 내용인 행위의 상당성과 인과경과의 상당성을 근거로 우연한 결과는 물론 결과발생과정이 통상적이지 않은 경우를 형법상 인과관계로부터 배제하고 있다. 다만 상당성의 정도에 관해서는 경험칙상「어느 정도의 가능성」만 있으면 충분하고, 「고도의 개연성」까지는 필요로 하지 않는다는 것이 일반적인 견해이다.

제4장

고 의

1. 고의의 의의

형법은 '죄의 성립요소인 사실을 인식하지 못한 행위는 벌하지 아니한 다. 다만,\ 법률에 특별한 규정이 있는 경우에는 예외로 한다'(제13조)고 규정하 여, '죄의 성립요소인 사실을 인식한 행위'를 「고의(故意)」로 규정함과 동시에 고의범을 원칙적으로 처벌하고 있다. 그리고 과실범은 '법률에 특별한 규정 이 있는 경우에만' 예외적으로 처벌하고 있다'(제14조). 이것은 형법각칙에 규 정된 일반적인 규정에 의해서도 명백하다.

그러나 고의의 본질론과 관련하여 종래의 학설은 구성요건의 어느 부분 을 어느 정도 인식하고, 어떠한 주관적 사정이 있을 때 고의를 인정하고 또 처 벌할 수 있는가에 대하여 견해의 대립을 보이고 있다. 또한 고의의 범죄론체계 상의 지위에 대해서도 종래의 학설은 「위법은 객관적으로 책임은 주관적으로」 라는 명제에 따라 범죄의 주관적 요소인 고의는 책임요소로 파악하는 것이 일반적인 견해였다. 그러나 제2차대전 이후 목적적 행위론의 영향과 앞에서 기술한 바와 같이 주관적 위법요소이론의 발전에 의하여 고의는 일반적·주관적 구성요건요소로서 구성요건에 위치하게 되었다.

2. 고의의 본질

고의가 성립하기 위해서는 단순히 구성요건에 해당하는 사실(범죄사실)의 인식으로 충분한지 아니면 구성요건에 해당하는 사실의 인식만으로는 부족하고 이것을 적극적으로 실현하려는 의사가 있어야 하는지에 관한 논의가 「고의의 본질론」이다. 이에 관한 학설의 대립은 형법 제13조가 고의의 성립요소로서 '죄의 성립요소인 사실의 인식'이라는 「지적 요소(知的要素)」만을 명백히 하고 있을 뿐, 「의사적 요소(意思的要素)」에 관해서는 언급이 없기 때문이다. 따라서 고의의 성립에 어떠한 요소가 필요한지는 해석론에 맡겨져 있다고 할 수 있다.

| 고의의 본질에 관한 학설

(1) 인식설(표상설)

구성요건적 사실(죄의 성립요소인 사실)의 인식만 있으면 고의가 성립된다고 보는 설로서 고의의 지적 요소를 중시하는 견해이다. 이 견해는 「인식 있는 과실」조차도 고의로 보게 되어 고의의 범위가 부당하게 확대된다.

(2) 의사설

고의가 성립하기 위해서는 구성요건적 사실의 인식만으로는 부족하고, 이것을 「적극적」으로 실현하려는 의사가 있어야 한다는 견해이다. 이 견해는 고의의 의사적 요소를 강조하여, 이것을 소극적으로 실현하려는 의사인 「미필적 고의」는 고의에 포함시킬 수 없어 고의의 범위가 지나치게 축소된다.

(3) 인용설

고의가 성립하기 위해서는 구성요건적 사실에 대한 인식만으로는 부족하고, 적어도 그 결과의 발생을 적극적 또는 소극적으로 인용하는 것이 필요하다. 따라서 범죄사실의 인식이라는 지적 요소와 그 결과발생의 인용이라는 의사적 요소 모두 필요하다고 하는 견해이며, 현재 통설과 판례의 입장이다.

그러나 고의가 지적 요소 및 의사적 요소를 모두 포함하고 있다는 점에서 학설[1]과 판례[2]는 일치하고 있어, 형법 제13조도 의사적 요소를 전제하고 있다고 해석하여야 한다. 따라서 고의는 행위자가 특정한 구성요건에 해당하는 객관적 사실을 인식하고 그 내용을 실현하려는 의사가 있을 때 성립한다. 이러한 의미의 고의를 「구성요건적 고의(Tatbestandsvorsatz)」라고 한다. 또한 고의는 자기의 행위가 법률상 허용되지 않는다는 사실, 즉 금지의 사실을 행위자가 인식하고 이를 실현하려는 의사를 「책임고의(Vorsatz)」라고 한다.

<구성요건적 고의와 책임고의의 구별>

구 분	고 의	
	구성요건적 고의 (범죄사실의 인식)	책임고의 (금지사실의 인식)
사람을 고의로 살해한 자	○	○
정당방위로 사람을 살해한 자	○	X

3. 고의의 범죄론체계상 지위

범죄론체계상에서 고의가 구성요건요소인지 또는 책임요소인지에 관하여 견해가 대립하고 있다. 이것은 행위론 및 구성요건개념을 어떻게 파악할 것인가의 대립에서 유래하는 것이지만, 그 결정적인 기준은 고의가 「위법성의 유무 및 정도」에 영향을 주는지의 여부(행위자가 피해자를 향하여 권총을 겨누는 경우, 만약 협박의 고의로 하였다면 생명의 위험성은 없으나, 살해할 고의로 하였다면 살인미수의 고의가 인정되어 위법성의 유무를 결정하게 된다), 즉 고의의 내용을 어떻게 파악하는지에 따라서 다음과 같이 구별된다.

---

1) 김성돈, 199면; 박상기, 115면; 배종대, 160면; 신동운, 178면; 이재상/장영민/강동범, 176면.
2) 대판 2004.5.11. 2004도74: "범죄구성요건의 주관적 요소로서 미필적 고의라 함은 범죄사실의 발생 가능성을 불확실한 것으로 표상하면서 이를 용인하고 있는 경우를 말하고, 미필적 고의가 있었다고 하려면 범죄사실의 발생 가능성에 대한 인식이 있음은 물론 나아가 범죄사실이 발생할 위험을 용인하는 내심의 의사가 있어야 한다."

(1) 책임요소설

종래 인과적 행위론은 「위법은 객관적으로, 책임은 주관적으로」라는 명제에 따라 주관적 요소인 고의와 과실을 책임요소로 파악하여, 그 결과 구성요건적 고의의 범죄개별화기능(犯罪個別化機能)을 인정할 수 없게 된다. 또한 위법성의 평가대상도 객관적인 것에 한정되어 주관적 요소인 고의는 위법성의 유무 및 그 정도에 영향을 줄 수 없다.

(2) 구성요건요소설

목적적 행위론은 구성요건적 결과를 실현하려고 하는 목적이야말로 행위의 본질적 요소이므로 그 행위의 내용인 고의는 구성요건요소이다.3) 또한 구성요건은 위법행위를 유형화한 것이기 때문에 구성요건요소인 고의는 위법요소이기도 하다. 따라서 이 설에 의하면, 고의범은 과실범이나 무과실행위와 비교하여 사회적 상당성을 일탈하는 정도가 클 뿐만 아니라, 결과발생가능성은 물론 법익침해의 위험성도 크기 때문에 고의에 위법성 가중기능(違法性加重機能)을 인정하게 된다.

(3) 구성요건요소설 및 책임요소설

사회적 행위론의 입장에서 고의를 구성요건요소와 책임요소로서 이중적 지위(二重的地位)와 그 이중적 기능을 인정하는 설이다.4) 구성요건적 고의란, 범죄사실(구성요건적 사실)의 인식을 의미하며, 책임고의는 범죄사실의 인식 이외에 위법성을 기초하는 금지사실의 인식을 포함한다. 이를 기능면에서 보면, 구성요건적 고의는 「범죄개별화기능」을 하지만, 책임고의는 행위자에게 위법성의 인식을 환기시키기는 「제소기능(提訴機能)」을 한다. 즉, 행위자가 위법성을 기초하는 금지사실을 인식(책임고의)했을 때 비로소 범죄행위를 포기하고 적법행위에 대한 반대동기가 형성된다.

---

3) 김성돈, 210면.
4) 박상기, 117면; 배종대, 161면; 손동권/김재윤, 134면; 오영근, 122면; 이재상/장영민/강동범, 175면; 임웅, 139면.

〈고의의 이중체계적 기능〉

구 분	고의의 이중체계적 지위와 기능	
	고의의 내용	고의의 기능
구성요건적 고의	범죄사실의 인식 (구성요건에 해당하는 사실의 인식)	범죄개별화기능
책임고의	금지사실의 인식 (자기의 행위가 법률상 허용되지 않는다는 사실의 인식)	위법성 제소기능 또는 환기기능

제 2 절 ▶ 고의의 성립요건

일반적으로 고의가 성립하기 위해서는 행위자가 특정한 구성요건에 해당하는 객관적 사실의 인식(지적 요소)과 그 내용을 실현하려고 하는 의사(의사적 요소)가 있어야 한다.

1. 고의의 지적 요소

고의의 인식대상은 객관적 구성요건요소, 즉 기술적 구성요긴요소와 규범적 구성요건요소의 전부이다. 따라서 고의의 지적 요소도 사실의 인식과 의미의 인식으로 구별하여야 한다.

(1) 사실의 인식

1) 구성요건적 사실의 인식

고의가 성립하기 위해서는 객관적 구성요건에 해당하는 사실의 전부를 인식하여야 한다.5) 행위의 주체·객체·행위·결과·행위의 태양(기망·위조) 등

---

5) 주관적 구성요소로서 고의는 "사람의 사회적 평가를 저하시키는 데 충분한 구체적 사실을 적시하는 행위를 할 것이 요구된다. 따라서 불미스러운 소문의 진위를 확인하고자 질문을 하는

과 구성요건요소로 규정되어 있는 형의 가중 및 감경사유(존속살해죄에 있어서 「자기 또는 배우자의 직계존속」) 등도 인식의 대상이 된다.

　　그러나 주관적 구성요건요소인 목적범의 목적, 상습범의 상습, 그리고 구성요건요소가 아닌 책임능력, 객관적 처벌조건, 소추조건 등은 고의의 인식대상이 아니다. 또한 다수설[6]인 책임설에 의하면 위법성의 인식(금지규범에 대한 인식)은 고의와는 별개의 책임요소이기 때문에 고의의 인식대상이 아니다.

2) 인과관계의 인식

　　결과범은 구성요건의 내용으로서 결과발생을 요건으로 하기 때문에 고의가 성립하기 위해서는 인과관계의 인식도 필요하다. 예컨대 아이가 물에 빠져 있다는 소식을 듣고 현장에 달려간 부모가 이미 아이가 사망하였다고 생각하고 구조하지 않은 경우, 만약 그로 인하여 아이가 사망하였다고 하더라도 인과관계가 인정되지 않기 때문에 부작위에 의한 살인죄는 성립되지 않는다. 또한 인과관계의 인식정도는 대체적인 인식(문외한으로서 소박한 인식)으로 충분하다. 구체적 인과경과의 인식을 필요로 하는 것이 아니라 자기의 행위로부터 그러한 결과가 발생할 수 있다고 하는 인식, 즉 아이가 사망할 수 있다는 일반적인 인식 정도로 족하다.

(2) 의미의 인식

　　규범적 구성요건요소가 갖는 문화적 또는 가치적 의미를 이해하는 것을 「의미의 인식」이라고 한다. 예컨대 고의의 음란물반포죄(제243조)가 성립하기 위해서는 객체인 음란문서가 존재한다는 사실의 인식만으로는 부족하고, 그 문서가 갖는 의미와 성질을 이해하여야 한다. 즉, 객관적으로 음란한 성질을 갖는 문서 자체에 대한 인식과 그 문서가 갖는 음란성에 대한 의미(문서성질의 인식)에 대한 인식까지도 필요로 한다. 다만, 그 인식 정도에 관해서는 일반인

　　과정에서 타인의 명예를 훼손하는 발언을 하였다면 이러한 경우에는 그 동기에 비추어 명예 훼손의 고의를 인정하기 어렵다(대판 2018.6.15. 2018도4200).

　6) 김성돈, 386면; 손동권/김재윤, 317면; 신동운, 412면; 배종대, 164면; 임웅, 299면; 정성근/박광민, 334면.

에게 법률상 정확한 의미의 인식을 요구하는 것은 사실상 불가능하기 때문에
「음란한 것」(또는 「타인의 재물」이라고 하기 위해서 반드시 소유·점유에 대한 법적 의미를 인
식할 것을 요구하는 것이 아니라, 타인의 물건이라는 인식만으로도 충분하다)이라고 행위자가
주관적으로 인식하고 있으면 의미의 인식이 있다고 할 수 있다. 음란이라는
「사회적 의미」로 충분하고 그것에 대한 법적 의미를 인식할 필요는 없다.[7]

　　이처럼 규범적 구성요건요소에 해당하여 의미의 인식까지도 요구되는
것으로는 유가증권위조죄에 있어서 유가증권(제214조), 문서위조죄의 문서성
(제225조), 절도죄에 있어서 타인의 재물성(제329조) 등이 있다.

의미의 인식 정도

　　고의의 의미인식과 관련하여 문제가 된 사건으로, 일본의 약물사범에 있어서 약물을 수입
한 자가 「마약류 불법거래방지에 관한 특별법」상 인체에 유해한 약물로서는 인식하였지만, 마
약(痲藥)이라는 명칭에 대한 인식이 없는 경우에 고의를 인정할 수 있는지 문제가 되었다.
　　이에 대한 일본 최고재판소는 그 약물이 「엄격한 법적 규제의 대상이 되어 있을 뿐만 아니
라 약리작용을 하는 것으로 신체에 유해한 약물」이라는 인식으로 족하다고 판시하고 있다.[8]
즉 의미에 대한 정확한 법적 평가나 이 사건에 있어서 약품의 명칭이나 화학식 등의 인식까지
요구하게 되면, 마약류의 소지 및 수입죄의 대부분을 처벌할 수 없게 되기 때문에 그 「사회적
의미」의 인식만으로도 고의가 성립한다.

2. 고의의 의사적 요소(고의의 종류)

　　고의는 구성요건적 사실(범죄사실)을 인식하고 이것을 실현하기 위하여 행
위에 나아가려는 의사이기 때문에 고의가 성립하기 위해서는 구성요건적 사
실의 인식뿐만 아니라 그 내용을 실현하려는 의사도 필요하다. 이때 인식내
용을 실현하려는 의사의 태도에 따라 고의는 확정적 고의와 불확정적 고의로
구별된다. 이러한 의미에서 고의의 의사적 요소는 「고의의 종류」라고도 한다.

---

7) 김성돈, 212면; 배종대, 163면; 대판 2006.4.28. 2003도4128.
8) 最決平2年2月9日判時1341号157頁.

(1) 확정적 고의와 불확정적 고의

확정적 고의는 행위자가 구성요건적 결과의 발생을 확정적으로 인식하고 인용한 경우를 말하며, 일반적으로 고의는 확정적 고의를 의미한다. 이에 대하여 불확정적 고의는 행위자가 구성요건적 결과의 발생에 대한 인식 또는 예견이 불확정적인 것을 말한다. 여기에는 개괄적 고의, 택일적 고의, 미필적 고의 등이 있다.

1) 개괄적 고의

군중을 향하여 살해의 의사로 발포하는 경우처럼, 결과발생은 확실하지만 객체가 다수이기 누구에게 결과가 발생할지 불확정적인 경우를 개괄적 고의라고 한다.

2) 택일적 고의

결과발생은 확실하지만 객체가 택일적인 경우를 택일적 고의라고 한다. 예컨대 甲 또는 乙 가운데 어느 하나를 살해할 의사로 발포하여 그중 1명을 살해한 경우를 말한다.

3) 미필적 고의

결과발생가능성은 인식하였으나 그 결과발생 자체가 불확정적인 경우를 미필적 고의(未必的故意)라고 한다. 예컨대 사람에게 상해를 입힐지도 모른다고 생각하면서 사람이 혼잡한 곳을 자전거로 질주한 경우를 말한다.

미필적 고의와 인식 있는 과실은 결과발생의 가능성을 인식하였다는 점에서 같으나, 그 결과의 인용 여부에 따라 구별된다. 통설[9]과 판례[10]에 따르면, 결과발생의 가능성을 인식하고 이것을 인용한 것이 「미필적 고의」이고, 결과발생의 가능성을 인식하였으나 자기능력 등을 믿고 이것을 부인하는 것이 「인식 있는 과실」이다.

---

9) 배종대, 166면; 신동운, 196면; 안동준, 81면; 이재상/장영민/강동범, 182면; 임웅, 146면; 정성근/박광민, 175면.
10) 대판 2004.2.27. 2003도7507; 1987.2.10. 86도2338.

〈고의와 과실의 구별〉

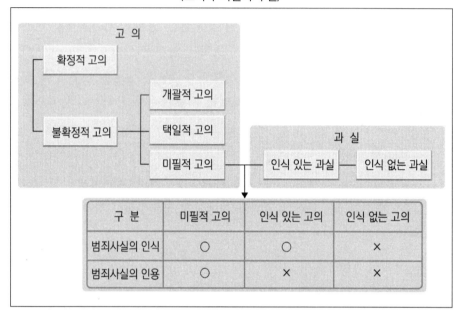

(2) 사전고의와 사후고의

고의는 구성요건적 행위를 구성하는 요소로서 행위 시, 즉 범죄실행의 착수부터 그 실행행위가 종료하기까지 존재하지 않으면 안 된다. 이 경우에 고의는 그 행위 시를 기준으로 하여 사전고의와 사후고의로 구분할 수가 있다.

사전고의(事前故意)는 행위자가 실행행위 이전에는 고의를 가지고 있었으나 행위 당시에는 그 의사가 결여된 경우를 말한다. 이것은 형법상 고의에 속하지 않으며 과실이 문제될 수 있을 뿐이다. 이에 대하여 사후고의(事後故意)는 의사가 수술을 개시한 후, 환자를 살해할 고의로 수술을 중지하여 사망하게 한 경우처럼, 일정한 사건이 발생한 뒤에 생긴 고의라는 의미에서 사후고의라고 하며, 이것은 부작위범이 문제가 될 뿐이다.

제5장

착 오

1. 착오의 의의

　행위자가 주관적으로 인식한 사실과 객관적으로 발생한 사실이 일치하지 않는 것을 넓은 의미의「착오(錯誤)」라고 한다. 현실 생활에 있어서 행위자가 인식한 사실과 발생한 사실이 완전히 일치하는 경우는 그리 흔하지 않을 뿐만 아니라, 일치하지 않는 모든 사례를 형법상의 착오로 다루는 것도 아니기 때문에 다음과 같은 유형과 형법상의 착오를 구별하지 않으면 안 된다.

2. 착오의 종류

(1) 적극적 착오

　행위자가 인식한 사실은 구성요건적 사실(범죄사실)이나 발생한 사실은 범죄사실이 아닌 경우를 적극적 착오라고 한다. 예컨대 곰을 사람이라고 오인하여 사살한 경우이다. 이 경우에는 형법 제27조의「불능범」이 문제된다.

(2) 소극적 착오

행위자가 인식한 사실은 범죄사실이 아니지만, 현실로 발생한 사실은 범죄사실인 경우를 소극적 착오라고 한다. 예컨대 사람을 곰이라고 오인하여 발포한 경우이다. 이 경우에는 형법 제14조의 「과실범」이 문제된다.

(3) 협의의 착오

행위자가 인식한 사실은 물론 발생한 사실도 범죄사실인 경우를 협의의 착오라고 한다. 예컨대 사람을 향하여 발포하였는데 옆에 있던 개가 죽은 경우이며, 이것이 형법상 본래의 착오이다.

(4) 형법상의 착오론

형법상 착오는 구성요건적 착오와 그리고 제5편의 책임론에서 살펴볼 위법성의 착오가 있다. 협의의 착오는 행위자가 인식한 사실과 발생한 사실이 모두 구성요건적 사실이지만, 이것이 일치하지 않는 경우를 말하며, 이를 「구성요건적 착오」 또는 「사실의 착오」라고도 한다. 이러한 구성요건적 착오에 대하여 형법 제15조 제1항은 '특별히 무거운 죄가 되는 사실을 인식하지 못한 행위는 무거운 죄로 벌하지 아니한다'고만 규정하고 있어 그 해결은 학설에 맡기고 있다.

제 2 절 ▶ 구성요건적 착오

1. 구성요건적 착오의 의의

「구성요건적 착오(構成要件的錯誤)」는 행위자가 주관적으로 인식한 구성요건적 사실과 객관적으로 발생한 구성요건적 사실(결과)이 일치하지 않는 경우를 말한다. 고의가 성립하기 위해서는 구성요건사실, 즉 범죄사실의 인식이 필요하기 때문에 이 범죄사실의 인식에 대한 착오가 있는 경우에는 고의가 조각된다. 그러나 미세한 부분까지 완전한 일치를 주장하는 것은 현실적으로 불가능하기 때문에 인식한 사실과 발생한 결과가 어느 정도 불일치할 때 고의를 조각하는지가 구성요건적 착오의 본질문제이다.

2. 구성요건적 착오의 종류

구성요건적 착오는 구성요건의 범위와 그 요소에 따라 다음과 같이 분류할 수 있다.

(1) 구성요건의 「범위」에 의한 분류

구성요건적 착오는 구성요건의 범위에 따라 구체적 사실의 착오와 추상적 사실의 착오로 구분할 수 있다.

(가) 구체적 사실의 착오

행위자가 인식한 사실과 객관적으로 발생한 결과가 동일한 구성요건에 해당한다고 하여 「동일한 구성요건 간의 착오」라고도 한다. 예컨대 甲을 살해할 고의로 권총을 발사하여 乙을 사망시킨 경우와 같이 동일한 구성요건 사이에 사실의 오인이 있는 경우를 말하다.

(나) 추상적 사실의 착오

행위자가 인식한 사실과 객관적으로 발생한 사실이 모두 구성요건에 해당하지만, 이것이 서로 다른 구성요건에 해당한다고 하여 「이종(異種)의 구성요건 간의 착오」라고도 한다. 예컨대 재물을 손괴할 고의로 사람을 살해한 경우나, 보통살인의 고의로 존속을 살해한 경우와 같이 서로 다른 구성요건에 해당하는 사실 사이에 오인이 있는 경우를 말한다.

(2) 구성요건의 「요소」에 의한 분류

구성요건요소는 고의의 인식대상이 되기 때문에 그 요소에 따라 객체의 착오, 방법의 착오, 인과관계의 착오로 분류할 수 있다.

(가) 객체의 착오

객체의 착오는, 甲을 乙로 오인하여 살해한 경우처럼 침해행위는 본래 인식한 객체에 향하여졌으나 그 대상을 잘못 인식하여 다른 객체에 결과가 발생한 경우를 말한다.

(나) 방법의 착오

방법의 착오는, 甲을 살해하려고 발포하였는데 잘못하여 옆에 있던 乙이 사망한 경우처럼, 행위의 수단 또는 방법이 잘못되어 의도하지 않은 대상에 결과가 발생한 경우를 말하며, 타격(打擊)의 착오라고도 한다.

(다) 인과관계의 착오

인과관계의 착오는, 행위자가 인식한 사실과 객관적으로 발생한 사실은 일치하지만 행위자가 예견하지 않은 인과경과(과정)를 따라 결과가 발생한 경우를 말한다. 예컨대 甲은 乙을 익사시키기 위하여 다리 위에서 甲의 등을 떠밀었으나, 乙은 강으로 떨어지면서 다리의 교각에 머리를 부딪쳐 사망한 경우를 말한다. 다만 인과관계의 착오에 관한 통설[1]과 판례[2]는, 고의가 성립하기 위한 인과관계의 인식은 상세하고 구체적인 인식을 필요로 하지 않는다는 점에서 일치하고 있다. 따라서 행위자가 인식한 인과과정과 현실로 발생한 인과과정의 불일치가 「중대한 경우」에 한하여 고의를 조각할 뿐이다. 이 경우에 중대성의 판단기준은 결국 상당인과관계의 상당성의 내용인 협의의 상당성(인과경과의 상당성)의 여부에 따라 결정되기 때문에, 이것은 결국 착오의 문제가 아니라 「인과관계의 상당성문제」로 취급되어야 한다.

이와 같이 구체적 사실의 착오와 추상적 사실의 착오, 그리고 객체의 착오·방법의 착오·인과관계의 착오 등은 서로 다른 관점에서 구성요건적 착오를 분류한 것이다. 그리고 구체적 사실의 착오와 추상적 사실의 착오는 각각 객체의 착오·방법의 착오·인과관계의 착오가 발생할 수 있다. 그러나 추상적 사실의 착오의 경우에는 구성요건상 서로 다른 객체가 존재하여야 하기 때문에 인과관계의 착오는 발생할 수 없다.

---

1) 배종대, 189면; 이재상/장영민/강동범, 198면; 오영근, 148, 156면.
2) 대판 1988.6.28. 88도650.

3. 구성요건적 착오를 해결하기 위한 학설

(1) 구체적 사실의 착오

구체적 사실의 착오에 관해서「구체적 부합설」과「법정적 부합설」이 대립하고 있다. ① 구체적 부합설은, 독일의 통설 및 우리나라의 다수설[3])로서 행위자가 인식한 사실과 객관적으로 발생한 사실이「구체적」으로 일치할 때 고의가 성립한다고 한다. 따라서 행위자가 인식한 대로 결과가 발생한 객체의 착오는 고의가 조각되지 않지만, 인식한 사실과 다른 결과가 발생한 방법의 착오는 고의가 조각된다. 이에 대하여 ② 법정적 부합설은 행위자가 인식한 사실과 객관적으로 발생한 사실이「구성요건」이나「죄질(罪質)」이 동일한 경우에는 고의가 조각되지 않는다. 따라서 구체적 사실의 착오는 추상적 사실의 착오와 달리 행위자가 인식한 사실과 객관적으로 발생한 사실이 모두 동일한 구성요건에 속하므로 객체의 착오는 물론 방법의 착오도 고의·기수가 성립하게 된다. 우리나라 판례[4])의 입장이다.

또한 ③ 추상적 부합설(抽象的符合說)은 행위자가 인식한 사실과 객관적으로 발생한 사실이 모두 범죄사실인 이상, 즉 양자가「추상적(양자 모두가 범죄사실)」으로 일치하는 범위 내에서 고의·기수를 인정하기 때문에 법정적 부합설보다 고의의 성립범위가 매우 넓어진다. 따라서 객체의 착오나 방법의 착오는 항상 고의·기수가 성립한다.

---

3) 김일수/서보학, 229면; 김성돈, 222면; 박상기, 145면; 배종대, 180면; 손동권/김재윤, 148면; 차용석, 932면.
4) 대판 1975.4.22. 75도727; 이재상/장영민/강동범, 197면; 임웅, 162면; 정성근/박광민, 188면.

〈구체적 부합설과 법정적 부합설의 비교〉

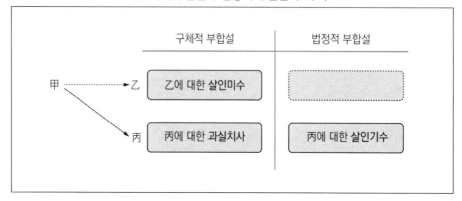

(2) 추상적 사실의 착오

추상적 사실의 착오에 있어서는 어느 범위 내에서 고의를 인정할 것인가에 대하여 「법정적 부합설」과 「추상적 부합설」이 대립하고 있다. ① 「법정적 부합설」은, 행위자가 인식한 사실과 객관적으로 발생한 사실이 동일한 구성요건에 해당하는 경우에만 고의가 성립되기 때문에 구성요건이 서로 다른 추상적 사실의 착오에서는 원칙적으로 발생한 사실의 고의가 성립되지 않는다. 따라서 행위자가 인식한 사실에 대한 미수와 객관적으로 발생한 사실에 대한 과실을 논하여 양자 사이에 상상적 경합(제40조)관계를 인정할 수 있을 뿐이다. 이에 대하여 ② 「추상적 부합설」은, 인식한 사실과 발생한 사실의 양자가 추상적으로 일치하면, 즉 양자 모두가 범죄사실에 해당하면 고의를 인정할 수 있지만, 이 경우에 형법은 '특별히 무거운 죄가 되는 사실을 인식하지 못한 행위는 무거운 죄로 벌하지 아니한다(제15조 제1항)'고 규정하고 있어 ⓐ 가벼운 사실의 인식으로 무거운 결과가 발생한 경우에는 이 규정이 적용되지만, 그 반대인 ⓑ 무거운 사실의 인식으로 가벼운 결과가 발생한 경우에는 적용할 수 없어 학설에 의하지 않을 수 없다. 결국 추상적 부합설은, ⓐ 와 ⓑ의 경우에 모두 가벼운 사실에 대한 고의·기수를 인정하고, 무거운 사실에 대하여 과실을 인정하게 된다. 이러한 추상적 부합설은 행위자의 반사회적 위험성을 범죄의 성립근거로 이해하는 주관주의적 범죄이론으로서 현재 이를 지지하는 견해는 존재하지 않는다.

〈구성요건적 착오〉

유형 학설	구체적 사실의 착오		추상적 사실의 착오	
	인식 ⇒ 甲에 대한 살인 결과 ⇒ 乙에 대한 살인	인식 ⇒ A에 대한 손괴 결과 ⇒ B에 대한 손괴	인식 ⇒ 살인 결과 ⇒ 기물손괴	인식 ⇒ 기물손괴 결과 ⇒ 살인
구체적 부합설	갑에 대한 살인미수 을에 대한 과실치사	A의 손괴미수 B의 과실손괴 (불가벌)	살인미수 과실손괴 (불가벌)	손괴미수 과실치사의 경합
법정적 부합설	을에 대한 살인	B의 손괴	살인미수 과실손괴 (불가벌)	손괴미수 과실치사의 경합
추상적 부합설			살인미수 기물손괴의 경합	손괴죄 과실치사의 경합

제 1 절 ▶ 과실의 의의와 체계상의 지위

1. 과실과 과실범의 의의

　　형법은 '정상적으로 기울여야 할 주의를 게을리하여 죄의 성립요소인 사실을 인식하지 못한 행위'를 「과실」로 규정하고, '특별한 규정이 있는 경우에만' 예외적으로 처벌하고 있다(제14조). 따라서 행위자가 정상적인 주의를 다하였더라면 자기의 행위가 구성요건을 실현할 수 있다는 것을 인식할 수 있음에도 불구하고, 부주의로 인하여 그 가능성을 인식하지 못하여 구성요건적 결과를 실현한 범죄를 「과실범(過失犯)」이라고 한다. 이러한 과실범은 고의범이 구성요건적 결과를 인식하고 인용한 범죄라는 점에서 본질적으로 구별된다.

2. 과실범의 구조와 범죄론체계상의 지위

(1) 과실범의 구조

　　과실범의 구조를 객관면에서 보면 고의범의 경우와 다르지 않다. 우선 구성요건단계에서 과실행위는 구성요건적 결과 사이에 인과관계가 필요할 뿐만 아니라 위법성에서도 그 행위가 일반적으로 결과발생에 대한 현실적 위험성이 있는 행위가 아니면 안 된다는 점에서도 고의행위와 같다. 다만 과실행위는 범죄사실을 인식하면서 이것을 실현하는 고의행위와 달리 부주의로 범죄사실을 야기한 것에 불과하기 때문에 고의행위와 외형적으로는 동일하다고 하더라도 일반인이 느끼는 위험의 정도는 다를 수밖에 없다. 또한 과실범의 주관면은 일반인의 주의능력을 기초로 하는 일반적 구성요소로서의 과실과 행위자 본인의 주의능력을 기초로 하는 책임요소로서의 과실로 구성된다. 과실범의 구조상 특색은 이 주관면에서 나타난다.

(2) 범죄론체계상의 지위

1) 책임요소설

인과적 행위론은 범죄를 객관면과 주관면으로 구분하여 객관적이고 외부적인 요소는 위법성으로, 주관적이고 내부적인 요소는 책임에 속한다고 하여 「위법은 객관적으로 책임은 주관적으로」라는 명제로 표현된다. 위법과 책임을 이와 같은 기준에 따라 구분할 때 행위자의 주관적 사정인 고의가 책임에 속한다고 하는 것에는 의심의 여지가 없다.

그러나 문제가 되는 과실은 부작위범처럼 행위자에게 기대된 일정한 행위를 하지 않는 신체적 해태(懈怠)가 아니라 정신적 해태, 즉 정상적인 주의를 다하였더라면 결과발생을 예견할 수 있었음에도 불구하고(결과예견의무), 「부주의로 그것을 예견하지 못하여 결과를 발생시킨 내심적 태도」에 있다고 하여, 과실을 고의와 나란히 책임의 종류 또는 형식으로 파악하였다.[1] 이를 구과실론(舊過失論)이라고 한다. 즉 행위자가 범죄사실을 예견할 수 있었고, 또한 예견이 가능하였음에도 불구하고 부주의로 그것을 예견하지 못하여 결과가 발생되었다면 형법상 비난의 대상이 된다. 이때 결과예견가능성은 과실의 전제

---

1) 대판 1984.2.28. 83도3007: "과실범에 있어서의 비난가능성의 지적 요소란 결과발생의 가능성에 대한 인식으로서 인식 있는 과실에는 이와 같은 인식이 있고, 인식 없는 과실에는 이에 대한 인식자체도 없는 경우이나, 전자에 있어서 책임이 발생함은 물론, 후자에 있어서도 그 결과발생을 인식하지 못하였다는 데에 대한 부주의 즉 규범적 실재로서의 과실책임이 있다고 할 것이다."

가 되고 나아가 이것에 근거한 「결과예견의무」의 위반을 과실범의 본질로 파악하고 있다.

2) 구성요건요소설

주관적 위법요소의 발견과 개개 행위자의 행위사정을 기초로 한 기대가능성개념의 출현은 고의와 과실을 책임요소로부터 구성요건 내지는 위법성으로 위치시켰다.[2] 이와 같은 범죄론체계의 구조상 변화와 과학기술의 발달에 따른 현대 사회생활의 변화는 이른바 신과실론의 등장을 재촉하였다.

신과실론(新過失論)은, 과실의 내용인 주의의무위반을 단지 내심(內心)의 주의의무(예견의무)에 그치지 않고 일정한 행위와 관계된 「의무위반」으로 이해하였다. 즉 현대사회의 교통기관의 발달과 의료행위 등은 결과발생이 어느 정도 예견되더라도 사회생활상 필요불가결한 행위이기 때문에 오히려 더욱 장려되어야 한다. 따라서 이 경우에 비록 결과가 발생하더라도 행위자가 결과발생을 회피하기 위하여 사회생활상 필요로 하는 일정한 기준행위, 즉 결과회피의무를 다하였다면 과실은 없고 위법하지도 않다고 한다. 따라서 「결과회피의무」의 위반이 과실범의 실행행위이며 그 본질이다. 이러한 의미에서 과실은 위법요소 내지는 구성요건요소로 파악되고 있다.

3) 구성요건요소설 및 책임요소설

과실도 고의와 마찬가지로 구성요건요소인 동시에 책임요소로서 이중적 지위를 가진다고 하는 설이다.[3] 이 설은 과실의 내용인 주의의무위반을 객관적 주의의무위반과 주관적 주의의무위반으로 나누어, 전자는 사회생활상 누구에게나 요구되는 「객관적 주의의무」로서 주관적 구성요건요소인데 반하여, 후자는 행위자 본인의 주의능력을 기준으로 하는 「주관적 주의의무」로서 책임요소가 된다고 한다.

---

2) 김성돈, 475면.
3) 박상기, 292면; 배종대, 483면; 손동권/김재윤, 350면; 안동준, 269면; 오영근, 128면; 이재상/장영민/강동범, 205면; 조준현, 360면.

〈구과실론과 신과실론의 비교〉

구 분	구과실론	신과실론
체계론	책임	구성요건, 위법성, 책임
과실행위	—	기준행위의 일탈
주의의무	결과예견가능성중심 (부주의로 결과를 예견하지 못한 내심적 태도)	결과회피가능성중심
예견가능성	구체적	—
처벌범위	확대(예견가능성이 있으면 모두 처벌가능하기 때문에 처벌)	한정(예견가능성이 있었어도 결과회피의무를 다하면 과실범불성립)

제2절 ▶ 과실의 성립요건

1. 범죄사실의 불인식

과실이 성립하기 위해서는 고의가 존재하지 않을 것을 필요로 한다. 구성요건적 사실(범죄사실)을 인식하고 이것을 인용한 경우에는 고의범이 성립되고 과실범은 논할 여지가 없기 때문이다. 따라서 과실은 구성요건적 사실의 인식이 없는 경우와 인식은 있으나 그 행위를 인용하지 않은 경우에 과실이 성립한다. 전자를 「인식 없는 과실」이라 하고, 후자를 「인식 있는 과실」이라고 한다.

2. 정상적으로 기울여야 할 주의를 게을리할 것(주의의무위반)

(1) 주의의무위반의 의의

과실범이 성립하기 위해서는 행위자가 정상적으로 기울여야 할 주의를 다하지 않은 부주의가 필요하다. 여기서 부주의(不注意)란, 법률상 필요로 하는 주의의무를 다하지 않은 「주의의무위반」를 말한다. 형법이 고의 이외에 과실

을 처벌하는 것은 일반국민에게 사회생활상 필요로 하는 주의의무를 다하여,
구성요건적 결과가 발생하지 않도록 주의할 것을 요구하고 있다는 것을 의미
한다.

(2) 주의의무의 내용

과실범은 행위자가 정상적으로 기울여야 할 주의를 다하였더라면 자기
의 부주의한 행위로 인하여 결과가 발생할 수 있다는 것을 예견(결과예견)할
수 있고, 또 그 예견으로부터 적절한 조치(결과회피)를 취할 수 있는 경우에 한
하여 성립한다. 따라서 주의의무는 일정한 범죄적 결과의 발생을 예견해야
할 「결과예견의무」와 그 결과예견의무를 전제로 하여 결과를 회피해야 할
「결과회피의무」를 그 내용으로 한다. 여기서 결과예견의무는 논리적으로 결
과회피의무를 선행하게 된다.

(3) 주의의무의 기준

주의의무의 내용은, 어떠한 사람의 주의능력을 표준으로 하여 정할 것인
가에 대하여 학설이 대립되어 있다. ① 주관설 또는 행위자표준설은 행위자
본인의 주의능력을 기준으로 하여 부주의 유무를 판단하는 견해이다. 이에
대하여 ② 객관설인 통설4) 및 판례5)의 입장은 사회일반인의 주의능력을 기
준으로 부주의의 유무를 판단한다고 하여 평균인표준설이라고도 한다. 이 설
에 의하면 주의의무가 평균인보다 미달하거나 초과하는 행위자 개인의 특별
한 능력은 책임단계에서 판단하게 된다.

고의범과 마찬가지로 과실범도 그 구조에 따라 주의의무를 구성요건단
계에서 판단하는 객관적 주의의무, 즉 사회생활상 누구에게나 필요로 하는
객관적 주의의무와 책임단계에서 고려되는 행위자 개인의 특별한 능력인 주
관적 주의의무로 구분하여 이중체계적 지위를 인정하는 객관설이 타당하다.

---

4) 김일수/서보학, 446면; 박상기, 296면; 배종대, 487면; 안동준, 274면; 오영근, 133면; 이재상/장
영민/강동범, 206면; 임웅, 495면; 조준현, 277면.
5) 대판 1971.5.24. 71도623: "자동차전용의 고속도로의 주행선상에 아무런 위험표시 없이 노면보
수를 위한 모래더미가 있으리라는 것은 일반적으로 예견할 수 있는 사정이 아니다."

3. 결과의 발생

과실범은 미수를 처벌하지 않기 때문에 가령 주의의무의 위반행위가 있음에도 결과가 발생하지 않으면 과실범을 논할 실익이 없다. 과실범은 결과범으로 과실행위에 의하여 법익침해라는 구성요건적 결과가 발생하여야 한다. 이 경우에 구성요건적 결과의 발생과 과실행위(주의의무위반) 사이에는 인과관계가 있어야 한다.

제 3 절 ▶ 과실의 종류

1. 인식 있는 과실과 인식 없는 과실

「인식 있는 과실」은, 행위자가 구성요건적 결과의 발생은 인식하였으나 주의의무를 위반하여 자신에게는 그러한 결과가 발생하지 않을 것으로 신뢰한 경우를 말한다. 이에 대하여 「인식 없는 과실」은, 주의의무를 위반하여 구성요건적 결과의 발생에 대한 인식조차 없는 경우이다. 양자는 이론상 구별에 불과하며, 모두 주의의무를 위반하여 결과를 회피하지 않은 점에서 법률상 동일하게 취급된다.

2. 업무상과실과 중과실

「업무상과실」은, 일정한 업무에 종사하는 자가 업무상 일반적으로 요구되는 주의의무를 게을리한 경우를 말한다. 여기서 「업무(業務)」란, 사람이 사회생활상의 지위에 기하여 계속·반복적으로 하는 사무를 말한다. 형법은 업무상실화죄(제171조), 업무상과실폭발성물건파열죄(제173조의2 제2항), 업무상교통방해죄(제189조 제2항), 업무상과실치사상죄(제268조) 등에서 일반과실보다 업무상과실범의 형을 가중하고 있고, 또한 일반과실은 처벌하지 않으나 업무상과실만을 처벌하는 것으로 업무상과실장물취득죄(제346조)도 있다. 그러나 업무상 범죄를 가중 처벌하는 근거에 대해서는 학설이 대립되어 있다. 다수설[6]에 의하면, 업무자나 일반인은 주의의무는 동일하나, 일반적으로 업무자는 일반인보다 풍부한 지식과 경험을 가지고 있어 결과발생에 대한 예견가능성이 크기 때문에 비난가능성도 크다고 한다.

또한 형법은 「중과실」을 특별히 규정하여 업무상과실과 같은 법정형으로 가중 처벌하고 있다. 경과실(輕過失)은 중과실에 대응하는 개념으로서 중과실이 아닌 모든 과실을 의미하며, 중과실은 약간의 주의만 기울였더라도 결과발생을 방지할 수 있었던 경우의 과실을 말한다. 이때 중과실의 여부는 사회통념에 따라 결정되며, 동일한 행위에 있어서 업무상과실과 중과실이 경합하는 경우에 양자는 택일관계에 있다고 본다.

3. 감독과실

결과를 직접 발생하게 한 자뿐만 아니라, 그 배후에 있는 감독자 또는 관리자에게도 과실범을 인정하는 경우를 「감독과실(監督過失)」이라고 한다. 예컨대 화학공장에서 근무하는 직원의 과실로 유독가스를 배출시켜 인근 주민들을 사망시킨 경우에, 그 직원을 감독하는 입장에 있는 공장장에게도 예방조치를 취하지 않았다면 과실범이 성립된다.

감독과실은 「협의의 감독과실」과 「관리과실」로 구분할 수 있다. 전자는 특별한 과실을 의미하는 것이 아니라 특정한 상황에 있는 감독자의 과실을 의미하며, 그 성립요건도 일반과실과 동일하다. 이에 대하여 후자인 관리과실은 관리자의 관리하에 있는 설비자체가 과실을 구성하는 것을 말한다. 예

[6] 이에 관해서는 크게 3개의 학설이 대립하고 있다. 첫째, 업무자와 일반인의 주의의무는 동일하지만 업무자는 일반인보다 풍부한 지식과 경험을 가지고 있기 때문에 결과발생에 대한 예견가능성이 높고 따라서 비난가능성도 크다는 다수설의 견해(박상기, 296면; 이재상, 184면; 정성근/박광민, 423면), 둘째, 일반인과 업무자는 주의의무면에서는 동일하지만, 업무자에게 보다 높은 주의능력이 요구되므로 위법성이 크다고 하는 견해(배종대, 485면; 오영근, 127면), 셋째, 행위의 주체가 업무자이기 때문에 일반인보다 높은 주의의무가 요구된다고 하는 견해(임웅, 486면)가 그것이다.

컨대 호텔 및 백화점 등에 설치한 자동화재경보기를 정상적으로 작동하도록 관리해야 할 의무가 있는 자가 이를 게을리하여 화재로 사람들에게 사상을 입힌 경우를 말한다.

제4절	과실범의 처벌을 제한하는 원리(객관적 주의의무의 제한원리)

1. 허용된 위험의 원칙

현대와 같이 고도로 발달된 사회에 있어서는 사회생활상 불가피하게 법 익침해의 위험성을 가진 행위가 항상 존재하게 된다. 행위자가 이러한 행위 를 함에 있어서 사회생활상 필요한 주의의무를 준수하였지만, 법익침해의 결 과가 발생한 경우라도 일정한 범위 내에서 그 행위자를 벌할 수 없다는 이론 이「허용된 위험의 원칙(erlaubtes Risiko)」이다. 의료행위·고속교통기관·대규모 의 토목건설사업 등에서 볼 수 있는 것처럼 불가피하게 사람의 생명·신체 등 에 법익침해의 위험을 동반한 행위가 여기에 해당한다.

허용된 위험하의 행위가 과실범으로서 처벌되지 않는 근거에 대해서 학 설이 대립되어 있다. 허용된 위험하의 행위는 사회적으로 상당한 행위로서 위법성이 조각된다고 하는 설7)과 그 행위는 객관적 주의의무를 위반하지 않 는 행위로써 구성요건해당성이 없다고 하는 설8)이 대립되어 있다. 그러나 허 용된 위험의 원칙은 객관적 주의의무를 한정하는 기능을 한다고 하는 점에서 구성요건해당성배제설이 통설의 입장이다.

---

7) 大塚, 202頁.

8) 오영근, 130면; 이재상/장영민/강동범, 208면; 임웅, 496면. 이에 대하여 허용된 위험의 원칙은 너무 추상적이어서 독자성을 인정하기에는 미흡하기 때문에 정당방위, 긴급피난, 과실범이론 등에 의하여 해결하여야 한다고 주장하는 견해로는 박상기, 304면; 배종대, 490면.

2. 신뢰의 원칙

「신뢰의 원칙(Vertreuensgrundsatz)」은 1935년 이후 독일의 교통사고판례에서 확립된 원칙으로서 허용된 위험의 원칙을 보다 구체화한 것이다. 즉 행위자가 자신이 주의의무를 준수하는 것처럼 다른 행위자도 그렇게 준수할 것이라고 신뢰하는 것이 상당한 경우에, 가령 그 피해자 또는 제3자의 부적절한 행위에 의하여 결과가 발생하더라도 그로 인하여 처벌되지 않는다는 원칙을 말한다.

종래 우리나라의 교통사고판례에서 행위자는 모든 사태를 예견하고 그에 상응하는 적절한 조치를 취해야 한다고 하는 결과책임을 인정하는 경향에 있었으나, 1957년 대법원 판례[9]가 이 원칙을 받아들인 이래 학설도 인정하고 있다. 그러나 학설은 신뢰의 원칙의 법적 성격에 대하여, 결과회피의무를 제한한다는 설과 결과예견가능성을 한정한다는 견해가 대립되어 있으나, 이것은 과실범의 성립요건에 관한 신과실론(결과회피의무제한)과 구과실론(결과예견가능성)의 차이에 불과하다.

---

9) 대판 1957.2.22. 4289형상330.

제7장

결과적 가중범

제 1 절 결과적 가중범의 의의와 가중근거

1. 결과적 가중범의 의의

고의의 기본행위로부터 행위자가 예견하지 못한 무거운 결과가 발생한 범죄를 「결과적 가중범(結果的加重犯)」[1]이라고 한다. 이때 무거운 결과로 인하여 형벌이 가중되나, 아무리 무거운 결과가 발생하더라도 행위자가 발생한 결과에 대하여 예견가능성이 없으면 중한 결과로 처벌할 수 없다. 이것은 「책임 없으면 형벌 없다」는 책임주의(責任主義)의 당연한 귀결이다.

형법은 '결과 때문에 형이 무거워지는 죄의 경우에 그 결과의 발생을 예견할 수 없었을 때에는 무거운 죄로 벌하지 아니한다'고 규정하여(제15조 제2항), 무거운 죄의 결과발생에 대한 과실을 결과적 가중범의 성립요건으로 하고 있다. 즉, 결과적 가중범은 고의의 기본범죄와 과실에 의한 무거운 죄의

---

1) 현행법상 결과적 가중범에는 상해치사죄(제259조), 중상해죄(제258조), 폭행치사죄(제262조), 낙태치사상죄(제269조 제3항, 제270조 제3항), 유기치사상죄(제275조), 체포·감금치사상죄(제281조), 강간치사상죄(제301조, 제301조의2), 강도치사상죄(제337조, 제338조), 인질치사상죄(제324조의 3·4), 현주건조물방화치사상죄(제164조 제2항), 연소죄(제168조), 교통방해치사상죄(제188조), 특수공무방해치사상죄(제144조 제2항) 등이 있다.

결과발생을 그 요건으로 하기 때문에 「고의와 과실의 결합범죄」라고 할 수
있다. 이러한 결과적 가중범은 행위자에게 무거운 죄의 결과에 대한 고의가
없음에도 형을 가중하기 때문에 그 가중의 근거와 요건을 명확히 하지 않으
면 안 된다.

| 상해의 고의로 사람을 살해한 경우

> 상해의 고의로 인하여 사망의 결과가 발생한 경우에는 행위자에게 살해의 고의가 없기 때
> 문에 살인죄는 성립하지 않고, 단지 주관면에서 상해의 고의와 객관면에서 사망의 결과에 대
> 한 과실치사죄가 고려될 뿐이다. 그러나 상해의 기본범죄에 의하여 무거운 사망의 결과가 발
> 생한 경우에 형법은 상해죄(제257조)나 과실치사죄(제267조)보다 형을 무겁게 처벌하는 상
> 해치사죄(제259조)를 규정하여 처벌하고 있고, 이것을 결과적 가중범이라고 한다.

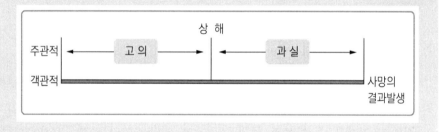

2. 결과적 가중범의 가중근거

결과적 가중범은 과실로 동일한 결과를 실현한 범죄보다 무겁게 처벌하
는 것은, 기본범인 고의행위가 과실행위보다도 무거운 결과를 실현할 잠재적
위험성이 내포되어 있기 때문이다.[2] 예컨대 상해의 고의행위로 무거운 결과
인 사망이 발생한 경우(상해치사: 3년 이상의 징역)에는, 과실에 의하여 동일한 사
망의 결과가 발생한 경우(과실치사: 2년 이하의 금고)보다도 상해의 고의행위에 내
포된 행위반가치성(行爲反價値性)이 크기 때문이다.

---

2) 박상기, 312면.

제 2 절 ▶ 결과적 가중범의 종류

1. 진정결과적 가중범과 부진정결과적 가중범

결과적 가중범은 무거운 결과의 발생원인에 따라 「진정결과적 가중범」
과 「부진정결과적 가중범」으로 구분할 수 있다. 우선 진정결과적 가중범은
고의의 기본범죄에 의하여 무거운 결과가 과실로 발생한 범죄를 말한다. 상
해치사죄(제259조 제1항), 폭행치사상죄(제262조) 등이 여기에 해당된다. 또한 부
진정결과적 가중범은 무거운 결과를 과실로 야기한 경우뿐만 아니라, 고의에
의하여 발생한 경우에도 성립하는 결과적 가중범을 말하며, 중상해죄(제258조
제2항·제3항), 중유기죄(제271조 제3항·제4항) 등이 있다.

이에 대하여 진정 또는 부진정결과적 가중범의 구별을 부인하여 부진정
결과적 가중범을 부정하는 견해3)도 있으나, 처벌의 균형을 위하여 필요하다
는 견해가 다수설4)과 판례5)의 입장이다. 이것은 중상해죄(제258조)에 있어서
무거운 결과인 중상해를 과실로 발생시킨 경우는 물론 처음부터 중상해의 고
의로 중상해의 결과를 발생시킨 경우를 제외할 이유가 없기 때문이다. 현주
건조물방화치사상죄(제164조 제2항), 특수공무방해치사상죄(제144조 제2항) 등이
여기에 해당한다.6)

---

3) 정성근/박광민, 446면.
4) 박상기, 311면; 배종대, 504면; 손동권/김재윤, 372면; 안동준, 285면; 오영근, 136면; 이재상/장
   영민/강동범, 221면.
5) 현주건조물방화치사상죄(대판 1996.4.26. 96도485), 특수공무방해치사상죄(대판 1990.6.26. 90
   도765) 등이 있으며, "특수공무방해치사상과 같은 이른바 부진정결과적 가중범은, 예견 가능
   한 결과를 예견하지 못한 경우뿐만 아니라, 그 결과를 예견하거나 고의가 있는 경우까지도
   포함하는 것으로 공무집행을 방해하는 집단행위의 과정에서 일부 집단원이 고의행위로 사살
   한 경우에도 다른 집단원에게 … 그 책임을 면할 수 없다"라고 판시하고 있다.
6) 이외에도 폭발물건파열치상죄(제172조 제2항), 가스·전기등방류치상죄(제172조의2 제2항), 가
   스·전기등공급방해치상죄(제173조 제3항), 현주건조물일수치상죄(제177조 제2항), 교통방해
   치상죄(제188조), 음용수혼독치상죄(제194조), 체포·감금치상죄(제281조 제1항) 등이 있다.

2. 고의의 결과적 가중범과 과실의 결과적 가중범

기본범죄가 고의에 의한 것인지 또는 과실에 의한 것인지에 따라 고의의 결과적 가중범과 과실의 결과적 가중범으로 분류할 수 있다. 우리 형법은 독일 형법[7])과 달리 과실의 결과적 가중범을 인정하고 있지 않으므로 그 구별은 실익이 없다.

제3절 ▶ 결과적 가중범의 성립요건

1. 고의의 기본범죄

결과적 가중범의 본질적 구성요소는 「고의의 기본범죄」이다. 고의의 기본범죄에 의해 결과가 발생할 것을 원칙으로 하고 있으나, 고의의 기본범죄가 미수에 그친 경우에도 성립에는 영향이 없다. 다만, 이 경우는 미수범의 처벌규정이 있는 경우에 제한된다.[8]) 예컨대 강도가 미수에 그쳐 재물의 강탈에 실패한 때에도 이로 인하여 피해자가 상해를 입은 경우에는 결과적 가중범인 강도치상죄(제337조)가 성립한다.

2. 기본범죄의 고의를 초과한 무거운 결과의 발생

기본범죄인 고의를 초과하여 「무거운 결과가 발생」하여야 한다. 여기서 무거운 결과는 이미 기본범죄의 고의행위에 내포된 객관적 위험이 무거운 결과에 실현된 경우로서 그 결과는 결과적 가중범의 본질적인 불법내용을 이루기 때문이다.

---

7) 독일 형법은 과실에 의한 결과적 가중범으로 종래의 실화치사죄와 과실일수치사죄를 삭제(1998.1.26)하고, 제306조d 제2항(중실화치상죄)과 제312조 제6항 제2호(과실핵공업시설의 부실시공죄)를 신설하였다.

8) 김성돈, 516면; 신동운, 546면; 오영근, 137면; 이재상, 375면; 정성근/박광민, 293면.

3. 기본범죄와 무거운 결과발생과의 인과관계

기본범죄를 실현하기 위한 행위와 무거운 결과 사이에 「인과관계」가 있어야 한다. 형법 제15조 제2항이 결과발생에 대한 예견가능성을 규정하고 있으므로 인과관계를 논할 필요가 없다는 견해[9]도 있으나, 대법원 판례[10]는 기본적으로 상당인과관계가 필요하다고 판시하고 있다.

4. 무거운 결과발생에 대한 과실

형법 제15조 제2항은 무거운 결과에 대한 예견가능성이 없을 때에는 무거운 죄로 벌하지 아니한다고 규정하고 있어, 「과실」을 결과적 가중범의 성립요건으로 하고 있다는 점에서 학설[11]은 일치하고 있다. 이 경우에 예견가능성의 판단기준에 대하여 학설이 대립되어 있으나, 무거운 결과에 대하여 일반인의 관점에서 그것을 인식하고 예견할 수 있는 경우에 성립을 인정하는 객관설[12]이 타당하다.

---

9) 황산덕, 139면.

10) 교통방해치상죄(형법 제188조)에 있어서 대법원 판례는, 교통방해 행위와 사상의 결과 사이에 상당인과관계가 있어야 하고 행위 시에 결과의 발생을 예견할 수 있어야 한다고 판시하여, 결과적 가중범의 성립요건으로서 기본범의 고의와 중한 결과 사이의 상당인과관계를 요구하고 있다(대판 2014.7.24. 2014도6206). 학설은 판례처럼 상당인과관계를 필요로 하는 설(배종대, 507면; 오영근, 138면)과 합법칙적 조건설을 주장하는 설(이재상, 203면; 성성근/박광민, 288면)로 대립되어 있다.

11) 우리나라와 일본의 학설은 중한 결과에 대한 과실을 필요로 한다는 점에서 일치하고 있으나, 우리나라의 일부 판례(대판 2010.5.27. 2010도2680)와 일본 판례에서는 과실(最判昭26年9月20日刑集5卷10号1937頁)도 필요로 하지 않는다고 하는 입장을 취하고 있다.

12) 박상기, 313면; 오영근, 139면; 이재상, 205면; 임웅, 516면.

제 4 절 ▶ 관련문제

1. 결과적 가중범과 미수

결과적 가중범은 앞에서 본 것처럼 고의범과 과실범이라는 두 개의 범죄가 결합된 형태이지만, 그 범죄의 전체적인 성격을 과실범으로 취급하여 미수범의 처벌규정을 두고 있지 않은 것으로 보인다. 그러나 1995년 형법개정은 인질치사상죄(제324조의5)와 강도치사상죄(제342조)의 미수범의 처벌규정을 두고 있다.

2. 결과적 가중범의 공범

결과적 가중범의 공동정범은 과실범의 공동정범을 인정하는지 여부에 따라 그 결론을 달리한다. 공동정범에 관한 범죄공동설의 입장에서는 이를 부정하고 있으나, 판례[13]와 행위공동설의 입장[14]에서는 이를 긍정하고 있기 때문에 결과적 가중범의 공동정범도 인정하지 않을 수 없다. 다만, 이 때에도 공범자가 무거운 결과에 대한 공동의 과실이 있는 경우에 한하여 공동정범의 성립을 인정하고 있다.

또한 결과적 가중범의 교사범과 종범이 성립되기 위해서는 역시 기본범죄에 대한 교사 또는 방조 이외에 교사범 또는 종범에게도 무거운 결과발생에 대한 과실이 있어야 성립한다.

---

13) 대판 1991.11.12. 91도2156: "강도의 공범자 중 1인이 강도의 기회에 피해자에게 폭행 또는 상해를 가하여 살해한 경우, 다른 공모자가 살인의 공모를 하지 아니하였다고 하여도 그 살인행위나 치사의 결과를 예견할 수 없었던 경우가 아니면 강도치사죄의 죄책을 면할 수 없다고 할 것이다."

14) 손동권/김재윤, 387면; 이재상/장영민/강동범, 226면; 정성근/박광민, 453면.

A General Theory of Criminal Law

제4편 위법성

제1장

위법성의 개념

제1장

제1장

제1절 ▶ 위법성의 의의 및 본질

1. 위법성의 의의

「위법성(違法性)」은, 범죄성립요건의 하나로서 행위가 법에 위반하는 것, 즉 행위가 법적으로 허용되지 않는다는 것을 의미한다. 따라서 위법성은 법질서 전체의 관점에서 행위에 대하여 내려지는 부정적인 가치판단인데 반하여, 구성요건해당성은 개개의 형벌법규위반이라는 점에서 구별된다. 또한 위법성은 행위에 대한 부정적인 가치판단이라는 점에서, 행위자에 대한 부정적 가치판단인 책임과도 구별된다.

문제는 형법전은 위법한 행위를 구성요건처럼 적극적으로 규정하지 아니하고, 다만 위법성이 조각되는 행위(제20조~제24조)를 소극적으로 규정하고 있어, 「위법성의 본질」이 무엇인가에 대하여 고찰하지 않으면 안 된다.

2. 위법성의 본질

앞에서 기술한 것처럼 위법성이란, 법질서 전체의 관점에서 행위에 대한

부정적인 가치판단이다. 이때 법질서는 무엇을 금지하고 요구하는가? 즉, 위
법성은 무엇을 대상으로 그리고 이것을 어떻게 평가할 것인가에 대하여 종래
극심한 견해의 대립을 보여 왔다. 이것을 「위법성의 본질」에 관한 문제라고
한다. 여기에는 위법성의 「평가대상(評價對象)」을 기준으로 형식적 위법성론과
실질적 위법성론, 그리고 위법성의 「평가방법(評價方法)」을 기준으로 주관적 위
법성론과 객관적 위법성론이 대립되어 있다.

(1) 형식적 위법성론과 실질적 위법성론

「형식적 위법성론」은 위법성을 형식적인 법률에 위반한 것으로 이해하
여, 행위가 아무리 반윤리적인 행위라고 하더라도 법률에 위반하지 않는 한
위법하지 않다고 한다. 이에 대하여 「실질적 위법성론」은 형식적인 법률을
떠나 법의 실질적인 내용에 따라 위법성을 평가하기 때문에 행위가 형식적인
법률에 위반하더라도 실질적으로 위법하지 않는 한 위법하지 않다고 한다.
다만, 실질적 위법성론은 위법성의 본질을 무엇에서 찾는가에 따라서 다시
규범위반설과 법익침해설로 구분된다.

1) 규범위반설

위법성의 본질을 사회의 윤리규범위반에 있다고 하는 설이다. 형법의 임
무를 사회윤리 또는 도덕의 유지라는 점을 강조하여 이러한 윤리 · 도덕에 반
하는 것이 위법의 본질이라고 해석한다. 따라서 규범위반설은 범죄에 대한
행위자의 의도 및 동기, 그리고 행위태양과 같은 법익침해 이외의 요소도 위
법평가의 대상이 된다. 이러한 규범위반설의 내부에는 순수하게 규범위반만
을 고려하는 입장과 법익론적 입장을 가미하여 「사회적 상당성을 이탈한 법
익침해」[1]를 위법의 본질로 파악하는 입장이 있다.

법이 사회규범으로서 기능하는 이상, 위법성의 규범적 측면을 부정할 수
없지만 규범위반만을 위법이라고 하는 설은 위법의 본질에 대하여 공허하다
는 비판이 제기되고 있다.

---

1) 福田, 143頁.

2) 법익침해설

위법성의 본질을 법익의 침해 및 그 위험에 있다고 하는 설이다. 형법의 임무는 법익보호에 있기 때문에 형법은 법익의 침해 및 위험이 발생했을 때 비로소 개입하게 된다. 법익침해설은 그 출발점인 포이에르바하의 권리침해설의 「권리」개념을 수정·확장하여, 권리라고 할 수 없는 「생활이익」의 침해 및 그 위험도 위법성의 본질로 해석하고 있다. 이러한 법익침해설은 애매하고 형식적인 범죄개념에 실질적 내용을 부여하여, 범죄개념의 부당한 확장을 방지함은 물론 국가권력으로부터 시민적 자유를 확보하는 기능도 한다.[2) 또한 법익침해설은 규범위반설과 달리, 위법평가의 대상을 법익의 침해 또는 그 위험이라고 하는 객관적 사정을 기초로 하여 판단하기 때문에 위법평가의 객관성을 담보할 수 있는 장점도 있다. 이러한 점에서 법익침해설이 타당하며 판례[3)의 입장이기도 하다.

〈규범위반설과 법익침해설의 대립〉

구분 학설	위법의 본질	형법의 임무	사상적 배경	위법의 평가대상	위법의 평가시기
규범 위반설	규범위반	사회윤리의 보호 (행위규범)	빈딩의 규범설, 마이어의 문화 규범설	행위자의 의도, 동기 등의 행위태양(행위의 주관적 요소)	행위 시
법익 침해설	법익침해 및 그 위험성	법익보호 (재판규범)	포이에르바하의 권리침해설	법익침해 및 그 위험성(행위의 객관적 요소)	재판 시

3) 형법의 태도

위법성을 판단하는 기준은 기본적으로 실정법규이다. 따라서 위법의 본

---

2) 內藤 謙, 『刑法講義總論(中)』, 有斐閣(1986), 301頁.

3) 대판 2001.10.23. 2001도2991: "사기죄의 객체가 되는 재산상의 이익이 반드시 사법상 보호되는 경제적 이익만을 의미하지 아니하고, 부녀가 금품 등을 받을 것을 전제로 성행위를 하는 경우 그 행위의 대가는 사기죄의 객체인 경제적 이익에 해당하므로, 부녀를 기망하여 성행위 대가의 지급을 면하는 경우 사기죄가 성립한다."

질은 형법각칙에 규정된 개별범죄의 「법익을 침해하였거나 그 위험성이 있는
행위」라고 할 수 있다. 그러나 이러한 행위라도 실질적으로 사회상규에 위반
하지 않으면 그 행위는 위법하지 않다. 이것은 우리 형법 제20조가 사회상규
를 위법성조각사유의 일반적 원리(기준)로 삼고 있기 때문이다. 따라서 위법의
본질은, 「사회상규에 위배한 법익침해 및 그 위험성」에 있다고 하지 않을 수
없다. 즉, 형식적으로 법익을 침해하여 위법하더라도 실질적으로 사회상규에
위배되지 않는 행위는 형법상 처벌대상이 될 수 없다. 그렇다면 이것은 위법
성의 본질을 형식적 위법성론과 실질적 위법성론을 서로 대립시켜 파악하는
것이 아니라, 양자를 상호 보완적으로 파악할 때 비로소 가능하다는 것을 의
미한다.

(2) 객관적 위법성론과 주관적 위법성론

1) 객관적 위법성론

「객관적 위법성론」은 법을 평가규범과 의사결정규범으로 구분하여, 평
가규범에 객관적으로 위반하는 것이 위법이고, 의사결정규범에 주관적으로
위반하는 것이 책임이라고 한다.[4] 따라서 행위의 위법성은 행위자의 고의·
과실, 책임능력의 유무와 관계없이 객관적으로 법질서에 반하는 모든 행위가
위법하게 된다. 그리하여 자연재해나 동물에 의한 침해와 같은 위법상태도
위법하게 된다.[5]

---

4) 佐伯千仞, 『刑法における違法性の理論』, 有斐閣(1974), 55頁 참조.
5) 이에 대하여 객관적 위법성의 내부에서 법규범은, 인간의 행위만을 대상으로(인적 위법론—
   자연침해나 동물에 의한 침해와 같은 위법상태도 포함하는 물적 위법론에 대해) 하고 있어,
   법규범의 평가기능과 의사결정기능을 위법과 책임의 두 영역에서 각각 이중적으로 기능하고
   있다고 주장하여, 이것을 수정된 객관적 위법성론 또는 주관적 위법성론이라고 한다. 이 견
   해에 따르면 위법과 책임의 구별은, 추상적 일반인을 기준으로 하는 「당위」의 판단과 구체적
   행위자를 기준으로 하는 「가능」의 판단이라는 차이로 표현된다. 이 입장에서의 객관적 위법
   이란, 위법 판단대상의 객관성을 의미하는 것이 아니라, 판단기준의 객관성을 의미하는 데
   그치기 때문에 주관적 요소도 일반인을 기준으로 하여 당위의 문제에 관계하는 한 위법요소
   가 된다고 한다(曾根, 83頁; 大谷, 239頁).

〈평가규범과 의사결정규범〉

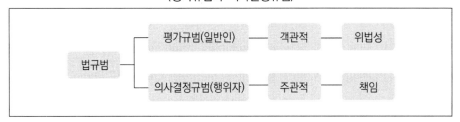

2) 주관적 위법성론

「주관적 위법성론」은 법규범을 사람의 의사에 대한 명령·금지라고 이해하는 명령설의 입장에서 주장된 이론이다. 이 이론에 따르면 행위자는 법규범이 명령하고 금지한 행위를 이해할 수 있고 또 그 행위를 할 수 있음에도 불구하고 이에 위반한 행위가 위법하다고 하는 견해이다. 즉, 법규범이 명령·금지한 의미를 이해할 수 없는 책임무능력자의 행위는 자연현상과 마찬가지로 위법평가의 대상이 될 수 없다. 따라서 책임무능력자의 침해행위에 대하여 정당방위는 할 수 없지만, 긴급피난은 가능하게 된다. 또한 위법성단계에서 책임요소를 논하는 결과, 위법과 책임의 구분을 부정하여 범죄론체계를 무시하게 된다는 비판을 받고 있다.

주관적 위법성론처럼 법규범을 일정한 행위에 대한 명령·금지로 이해하는 이론에 따르면 의사결정규범으로서의 기능도 무시할 수 없다. 다만 법규범이 사람의 의사에 대한 명령·금지를 하기 위해서는, 우선 무엇을 허용하고 무엇을 허용하지 않는가에 대한 평가가 전제되어 있어야 하기 때문에 평가규범은 의사결정규범에 논리적으로 선행하게 된다. 따라서 법규범을 의사결정규범으로만 파악하는 주관적 위법성론은 타당하지 않다.

3) 검   토

통설인 객관적 위법성론에 의하면 평가규범이 의사결정규범에 선행하기 때문에 책임에 앞서서 위법성의 유무를 판단하지 않으면 안 된다고 하여, 위법과 책임의 구별을 주장하고 있다. 그리고 위법성은 행위자의 의사 및 인격을 떠나 객관적으로 법질서에 위반한 행위로 파악(평가대상의 객관성)하고, 이때 위법성의 평가기준은 행위자가 아닌 일반인의 입장에서 평가(평가방법의 객관성)하기 때문에 책임무능력자의 행위도 위법하게 된다. 즉, 객관적 위법성론은 위법성을 「평가대상의 객관성」과 「평가방법의 객관성」으로 명확히 구분하고 있다.

그러나 주관적 위법요소의 발견으로 통설에 대하여 새로운 문제가 제기되고 있다. 주관적 위법요소와 같이 위법성을 결정하는 주관적 요소가 존재한다고 하는 것은 위법성에서도 주관적인 사실을 대상으로 평가하지 않을 수 없다는 것을 의미한다. 따라서 평가대상에 의한 위법과 책임을 구별하는 것은 불가능하게 되고, 이것은 결국 객관적 위법성론의 주장과 모순하게 된다. 그렇다고 하여 객관적 위법성론을 부정할 수 없다는 것은 명백하다. 여기서 이 주관적 위법요소를 객관적 위법성론 안에 어떻게 위치시킬 것인지가 문제가 된다. 이 점에 관해서 행위무가치론(行爲無價値論)과 결과무가치론(結果無價値論)이라는 두 개의 견해가 주장되고 있다.

(3) 행위무가치론과 결과무가치론

벨첼(Welzel)이 주장한 행위무가치론은, 위법성에서 법익침해라고 하는 결과무가치를 중요시하지 않고 행위자의 주관에 절대적 우위(優位)를 인정한 것으로부터 그 대립이 시작되었다고 볼 수 있다. 벨첼은 법익침해나 그 위험성이 없어도 행위무가치(행위의 동기, 목적 등)가 존재하는 것만으로도 처벌할 수 있다고 하여 이를 「행위무가치론」이라고 하였다. 그러나 이러한 학설대립의 핵심은 위법성의 본질파악에 있어서 인적 요소인 「행위자의 주관」을 어느 정도 중요시하는가와 관계하고 있다. 이때 인적 요소인 행위자의 의사를 중요시하는 입장을 행위무가치론이라고 하고, 이것을 위법판단에서 배제하고 법익침해 내지는 그 위험성만을 고려하는 입장을 「결과무가치론」[6]이라고 한다.

오늘날 통설[7]은 위법성 판단에 있어서 행위자의 주관은 물론 법익침해

---

6) 차용석, 400면 이하.

7) 김일수/서보학, 247면; 박상기, 84면; 배종대, 132면; 손동권/김재윤, 166면; 안동준, 97면; 오영근, 101면; 이재상/장영민/강동범, 127면; 임웅, 181면; 정성근/박광민, 140면.

및 그 위험성이라는 두 가지 요소를 모두 고려하는 「이원적 불법론」을 따르고 있다. 다만 그 내부에서도 행위무가치에 중점을 두는지 또는 결과무가치에 중점을 두는지에 따라 아래와 같이 학설상 미묘한 차이가 있다.[8]

1) 행위무가치론

위법성의 본질을 「의무위반(사회생활상 필요로 하는 일정한 기준행위의 위반)」에서 찾는 이 견해에 의하면, 위법성의 판단은 법익의 침해라고 하는 결과(결과무가치)뿐만 아니라, 그 침해의 의도와 목적, 방법이나 태양(행위무가치)과 같은 「행위자의 주관」도 당연히 그 대상이 된다. 따라서 주관적 위법요소는 항상 위법성을 결정하는 중요한 요소가 된다. 다만 그 판단을 일반인을 기준으로 한다는 점에서 「객관적」인데 대하여, 책임은 행위자를 기준으로 하는 점에서 「주관적」이다.

2) 결과무가치론

위법성의 본질을 「법익침해의 결과 및 그 침해의 위험성」에서 찾는 이 견해에 의하면, 주관적 위법요소는 위법성을 판단하는 기준의 하나에 불과하기 때문에 그 판단에 있어서 필요불가결한 경우에 한하여 인정될 뿐이라고 한다. 그리하여 위법성은 행위자의 의사나 인격으로부터 분리되어 그 행위가 객관적인 법질서에 저촉되었는지의 여부를 판단한다는 점에서 「객관적」인데 대하여, 책임은 위법한 행위와 연결된 행위자에 대한 부정적 가치판단이라는 점에서 「주관적」이라고 한다.

위에 기술한 두 이론은 위법성조각사유의 해석뿐만 아니라, 과실범론이나 미수범론에서도 그 결론을 달리하고 있으며, 나아가 형법의 임무가 윤리보호에 있는지 또는 법익보호에 있는지에 대해서도 극심한 대립을 보이고 있다.

---

8) 김성돈, 252면.

〈행위무가치론과 결과무가치론의 비교〉

구 분	행위무가치론	결과무가치론
보호의 대상	도덕·윤리	법익(생활이익을 포함)
위법평가의 기준	객관적	객관적
위법평가의 대상	「행위」를 중심으로 한 「주관면」을 포함	「결과」를 중심으로 「객관면」에 한함
위법평가의 시점	행위 시	결과발생 시
형벌법규의 기능	행위규범	재판규범

제 2 절 ▶ 위법성조각사유

1. 위법성조각사유의 의의

구성요건에 해당하는 행위는 원칙적으로 위법하기 때문(구성요건의 위법성추정기능)에 그 행위에 대해서는 위법성의 유무를 판단하지 않고, 단지 위법성조각사유가 존재하는지의 여부를 판단할 뿐이다. 따라서 구성요건에 해당하는 행위라고 하더라도 특수한 사정이 존재하면 그 행위는 적법하게 된다. 이러한 특수한 사정을 「위법성조각사유」 또는 「정당화사유(正當化事由)」라고도 한다.

형법전은 위법성의 요건에 대해서 적극적으로 규정하지 않고, 오히려 소극적으로 위법성조각사유를 규정하고 있을 뿐이다. 정당행위(제20조), 정당방위(제21조), 긴급피난(제22조), 자구행위(제23조), 피해자의 승낙(제24조) 등이 그것이다. 그리고 각칙에 명예훼손죄(제310조)에 대한 특별한 위법성조각사유를 규정하고 있다.

또한 위법성조각사유는 일정한 요건하에서 항상 허용되는 「일반적 위법성조각사유」와 법익의 침해가 절박한 경우에만 인정되는 「긴급적 위법성조각사유」로 구분할 수 있다. 전자에 해당하는 것으로서 정당행위(제20조), 피해자의 승낙(제24조)이 있고, 후자에 해당하는 것으로서 정당방위(제21조), 긴급피난(제22조), 자구행위(제23조) 등이 있다.

2. 위법성조각사유의 일반원리

위법성조각사유에 해당하는 행위는 형식적으로 구성요건에 해당하고 법익을 침해하였음에도 불구하고 위법성이 조각된다. 이때 어떠한 이유로 위법성이 조각되어 적법하게 되는지 그 근거 및 기준에 관한 원리를 「위법성조각사유의 일반원리」라고 하며, 일원설과 다원설이 있다. 일원설은 위법성조각사유의 근거를 하나의 공통된 일반원리에 따라 설명하는데 반하여, 다원설은 개개의 위법성조각사유마다 그 근거를 달리한다는 점에서 구별된다.

(1) 일원설

일원설은 목적설, 법익교량설, 우월적 이익설 등이 있다. 우선 ① 목적설(目的說)은 법익침해의 행위가 국가에 의하여 승인되고, 또 그 행위가 공동생활의 목적을 달성하기 위한 상당한 수단인 경우에는 위법하지 않다고 하는 견해이다. 이는 슈미트(Eb. Schmidt)에 의하여 주장된 학설로서 「정당한 목적을 위한 상당한 수단」이 정당화의 일반원리라고 한다. 이에 대하여 ② 법익교량설(法益較量說)은 복수의 법익이 충돌하는 경우에 경미한 법익을 희생하고 보다 큰 이익을 보호하는 것은 적법하다는 견해로서 이익교량설이라고도 한다. 또한 ③ 우월적 이익설은 법익교량은 물론 개별적이고 구체적인 경우에 모든 사정을 고려하여 이익을 비교교량하여 보다 큰 법익을 보호하는 경우에는 위법성이 조각된다고 하는 견해이다.

(2) 다원설

다원설은 위법성조각사유의 근거와 기준을 개별 위법성조각사유마다 달리하는 설로, ① 피해자의 승낙과 추정적 승낙에 의한 행위는 보호할 법익이 없기 때문에 이익흠결의 원칙이, 그 이외의 위법성조각사유에 대해서는 우월

적 이익설이 위법성조각사유의 일반원리가 된다는 이분설9)과 ② 위법성조각
사유를 형태별로 분류하여, 정당방위는 긴급성, 긴급피난과 자구행위는 긴급
성과 우월적 이익설, 법령에 의한 행위와 업무로 인한 행위는 그 근거법령
등을 근거로 개별화한다고 하여 개별화설이라고 한다.

(3) 형법의 입장

목적설은 그 내용이 너무 추상적이고 불명확할 뿐만 아니라, 위법성의
본질에 관한 행위무가치적인 요소만을 고려하는 점에서, 법익교량설과 우월
적 이익설은 그 반대로 결과무가치적인 측면만을 강조한 나머지 위법성조각
사유의 일반적 원리로 타당하지 않다고 한다. 따라서 기본적으로 다원설이
타당하다.

그러나 우리 형법 제20조는 위법성조각사유의 일반적 원리로서 「사회상
규」를 규정하여 이를 입법적으로 해결하고 있으므로 이러한 학설대립은 우리
나라에서는 필요하지 않다고 생각된다.10)

---

9) 배종대, 204면.
10) 오영근, 184면.

개별 위법성조각사유

제 2 장

제1절 ▶ 정당행위

1. 정당행위의 의의

형법은 '법령에 의한 행위 또는 업무로 인한 행위 기타 사회상규에 위배되지 아니하는 행위'를 「정당행위」로 규정하고 있다(제20조). 정당행위는 사회상규에 위배되지 아니하는 행위로서 법령에 의한 행위와 업무로 인한 행위를 그 예시(例示)로 규정하고 있다. 여기서 사회상규(社會常規)란, 법질서 전체의 정신이나 그 배후에 있는 사회윤리 내지는 사회통념을 의미하기 때문에 이것은 위법성조각사유의 일반 판단기준으로서 그 기본적 원리가 된다.

2. 법령에 의한 행위

법령이나 명령 및 기타 성문법규에 의하여 권리 또는 의무로서 인정된 행위를 「법령에 의한 행위」라고 한다. 이러한 행위는 그 행위가 타인의 법익을 침해하여 구성요건에 해당하더라도 법질서를 실현시키기 위한 행위로서 위법성이 조각된다.

법령에 의한 행위는 그 종류가 매우 많으나 대표적인 것으로 공무원의 직무집행행위, 징계행위, 사인(私人)의 현행범 체포행위, 노동쟁의행위 등이 있다.

(1) 공무원의 직무집행행위

1) 법령에 의한 행위

공무원이 「법령」에 따라 직무를 수행한 행위는 타인의 법익을 침해하였더라도 정당행위로서 위법성이 조각된다. 이와 관련하여 형사소송법은 수사기관에게 피의자 또는 피고인의 구속(동법 제70조, 제201조), 압수·수색·검증(동법 제106조~제112조, 제139조, 제215조) 등의 행위를 인정하고 있다. 또한 민사집행법에 규정된 집행관의 강제집행행위(동법 제5조)와 경찰관직무집행법의 불심검문(동법 제3조) 등도 여기에 해당된다. 그 이외에도 모자보건법에 따른 인공임신중절수술(동법 제14조), 의사 및 한의사의 전염병신고의무(전염병의 예방 및 관리에 관한 법률 제11조 제1항), 법률상 인정된 복표의 발권행위 등이 있다.

2) 상관의 명령에 의한 행위

상관의 정당한 「명령」에 의한 직무집행행위는 적법한 행위이지만, 명령이 위법한 행위는 위법성이 조각되지 않는다. 그러나 거역할 수 없는 명령을 집행한 행위는 책임이 조각된다고 하는 것이 통설[1]과 판례[2]의 입장이다.

(2) 징계행위

징계권한이 있는 자의 징계행위가 위법성이 조각되기 위해서는 주관적으로 교육의 목적을 가지고, 또한 객관적으로는 징계의 목적달성을 위해 필요하고, 적정한 범위 내에서 행해져야 한다. 특히 징계행위가 문제가 되는 것

---

1) 배종대, 209면; 손동권/김재윤, 256면; 이재상, 277면; 임웅, 200면; 정성근/박광민, 211면.
2) 하관은 소속상관의 적법한 명령에 복종할 의무는 있으나 그 명령이 대통령 선거를 앞두고 특정후보에 대하여 반대하는 여론을 조성할 목적으로 확인되지도 않은 허위의 사실을 담은 책자를 발간·배포하거나 기사를 게재하도록 하라는 것과 같이 명백히 위법 내지 불법한 명령인 때에는 이는 벌써 직무상의 지시명령이라 할 수 없으므로 이에 따라야 할 의무가 없다(대판 1999.4.23. 99도636.).

은 친권자의 자녀에 대한 징계행위(민법 제915조), 학교장의 학생에 대한 징계
행위(초·중등교육법 제18조 제1항), 소년원장의 원생에 대한 징계행위(보호소년 등의
처우에 관한 법률 제15조) 등이 있으나, 이들 모두 극히 제한된 범위 내에서 위법
성이 조각된다.

(3) 사인의 현행범 체포행위

형사소송법에 의하면 현행범과 준현행범은 누구나 영장 없이 체포할
수 있기 때문에(동법 제212조), 사인(私人)의 체포 또는 감금행위가 각각 체포죄
및 감금죄의 구성요건에 해당하더라도 법령에 의한 행위로서 위법성이 조
각된다.

(4) 노동쟁의행위

노동관계 당사자가 그들의 주장을 관철할 목적으로 하는 행위 또는 이에
대항하기 위한 행위로서 업무의 정상적 운영을 저해하는 행위를 노동쟁의행
위라고 한다(노동조합 및 노동관계조정법 제2조 제6호). 헌법 제33조는, '근로자는 근
로 조건의 향상을 위하여 자주적인 단결권·단체교섭권 및 단체행동권을 가
진다'고 규정하고 있다. 따라서 노동자가 단결권·단체교섭권 및 쟁의권의
행사로서 쟁의행위를 하는 한, 이것이 협박죄, 위력에 의한 업무방해죄, 강
요죄 등의 구성요건에 해당한다고 하더라도 위법성을 조각한다. 그러나 쟁
의행위가 위법성을 조각하기 위해서는 다음과 같은 요건을 갖추어야 한다.3)

1) 쟁의행위의 목적이 정당

노동쟁의행위의 목적은 근로조건의 개선, 근로자의 경제적 지위 향상 등
기업내부에서 해결 가능한 문제에 한정된다(노동조합 및 노동관계조정법 제1조). 따

---

3) 대법원 판례에 의한 근로자의 쟁의행위가 형법상 정당행위가 되기 위한 조건으로는, 첫째 그
주체가 단체교섭의 주체로 될 수 있는 자이어야 하고, 둘째 그 목적이 근로조건의 향상을 위
한 노사간의 자치적 교섭을 조성하는 데에 있어야 하며, 셋째 사용자가 근로자의 근로조건
개선에 관한 구체적인 요구에 대하여 단체교섭을 거부하였을 때 개시하되 특별한 사정이 없
는 한 조합원의 찬성결정 및 노동쟁의 발생신고 등 절차를 거쳐야 하는 한편, 넷째 그 수단
과 방법이 사용자의 재산권과 조화를 이루어야 함은 물론 폭력의 행사에 해당되지 아니하여
야 한다는 여러 조건을 모두 구비하여야 한다(대판 2000.5.12. 98도3299).

라서 경제적 지위의 유지·개선에 직접적인 관계가 없는 정치운동 등을 주된
목적으로 하는 경우에는 위법성이 조각되지 않는다.

2) 쟁의행위의 수단의 상당성

쟁의행위는 업무의 정상적인 운영을 저해하는 행위에 한정되기 때문에
동맹파업·태업·직장폐쇄 등에 한정될 뿐만 아니라, 이러한 행위일지라도 폭
력이나 파괴행위는 어떠한 경우에도 정당행위로 해석되어서는 아니 된다(노
동조합 및 노동관계조정법 제4조 단서)고 규정하고 있어 그 수단의 상당성이 요구된
다. 다만 정당한 쟁의행위를 유지하기 위하여 불가결하다고 인정되는 정도
의 실력행사는 필요최소한의 범위에서 정당한 쟁의행위로 해석될 수 있을
것이다.[4]

3. 업무로 인한 행위

법령에 근거 규정이 없더라도 그 업무내용이 정당한 것으로 인정되는 행
위를 업무상 행위라고 한다. 여기서 「업무」란, 사회생활상 지위에 기하여 계
속 또는 반복적으로 하는 사무를 말한다. 의사의 치료행위·변호사 또는 성직
자의 업무행위·보도기관의 취재활동 등이 여기에 속하며 위법성이 조각된
다. 그러나 이러한 업무로 인한 행위가 법령에 근거가 있는 경우에는 법령에
의한 행위로서 정당화된다.

(1) 의사의 치료행위

의사의 의료행위가 환자의 신체를 훼손하면 상해죄의 구성요건에 해당
하지만, 위법성을 조각하는 것은 그 치료행위가 주관적인 치료목적과 객관적

---

4) 사용자는 쟁의행위 기간 중 그 쟁의행위로 중단된 업무의 수행을 위하여 당해 사업과 관계
  없는 자를 채용 또는 대체할 수 없다(노동조합 및 노동관계조정법 제43조 제1항). 그러나
  사용자가 당해 사업과 관계없는 자를 쟁의행위로 중단된 업무의 수행을 위하여 채용 또는
  대체하는 경우, 쟁의행위에 참가한 근로자들이 위법한 대체근로를 저지하기 위하여 상당한
  정도의 실력을 행사하는 것은 쟁의행위가 실효를 거둘 수 있도록 하기 위하여 마련된 위 규
  정의 취지에 비추어 정당행위로서 위법성이 조각된다(대판 2020.9.3. 2015도1927).

의술에 합치하고, 환자의 승낙 또는 추정적 승낙이 있기 때문이다.

(2) 변호사 또는 성직자의 업무행위

1) 변호사의 업무행위

변호사의 변론은 그의 의무이고 업무이다. 따라서 변호사가 변론 중 타인의 명예를 훼손하거나 변호업무 중 알게 된 타인의 비밀을 누설하더라도 명예훼손죄(제307조 제1항)나 업무상비밀누설죄(제317조)의 위법성이 조각된다.

2) 성직자의 업무행위

성직자가 고해성사를 통해 알게 된 범죄사실을 고발하지 않더라도 불고지죄(국가보안법 제10조)나 범인은닉죄(제151조 제1항)에 대한 방조의 위법성이 조각된다. 그러나 범인을 적극적으로 도피시키거나 은닉시키는 것은 위법성이 조각되지 않는다.

(3) 보도기관의 취재활동

신문기자 등이 보도의 자유 및 국민의 알 권리를 충족시키기 위하여 국가기밀을 취급하는 공무원을 종용하여 비밀을 취재한 행위가 정당한 취재 범위 내의 행위라면 위법성이 조각된다.[5]

4. 사회상규에 위배되지 않는 행위

(1) 사회상규의 의의

형법 제20조는 '… 기타 사회상규에 위배되지 아니하는 행위'를 정당행위로 규정하여 「사회상규」를 위법성조각사유의 기본원리로 명문화하고 있다. 여기서 사회상규에 위배되지 아니한 행위란, 법질서 전체의 정신이나 그 배

---

[5] 취재기자가 취재에 응하지 않으면 자신이 취재한 내용대로 보도하겠다고 한 사건이 협박죄에 해당하는지에 대해, 대법원은 그 행위가 설령 협박죄에서 말하는 해악의 고지에 해당하더라도 특별한 사정이 없는 한 기사 작성을 위한 자료를 수집하고 보도하기 위한 것으로서 신문기자의 일상적 업무 범위에 속하여 사회상규에 반하지 아니하는 행위라고 보는 것이 타당하다고 판시하였다(대판 2011.7.14. 2011도639).

후에 놓여 있는 사회윤리 내지 사회통념에 비추어 용인될 수 있는 행위라고
판시6)하고 있지만, 그 개념은 여전히 추상적이고 막연하여 사회적 상당성 개
념과도 동일시되고 있다.7) 그러나 「사회상규」는 이에 반하지 않는 행위를 실
질적 위법성이 없다고 하여 위법성조각사유로 파악하는데 반하여, 「사회적
상당성」은, 역사적으로 형성된 사회질서 내에 속한 행위로서 구성요건해당배
제사유로 파악하고 있어 이를 구별하는 것이 다수설8)의 입장이다.

(2) 사회상규의 판단기준

위법성조각사유의 기본원리로서 사회상규에 위배되는 행위인지 여부는
법질서 전체의 이념에 비추어 합목적적·합리적으로 판단하여 한다. 이때 사
회상규의 구체적 판단기준은, 판례9)에 따르면 첫째 행위의 동기나 목적의 정
당성, 둘째 행위의 수단이나 방법의 상당성, 셋째 보호법익과 침해이익과의
법익균형성, 넷째 긴급성, 다섯째 그 행위 외에 다른 수단이나 방법이 없다는
것에 대한 보충성의 요건을 갖추어야 한다고 한다.

---

6) 대판 2000.4.25. 98도2389.
7) 대판 2005.8.19. 2005도2245: "후보자 등이 한 기부행위가 같은 공직선거 및 선거부정방지법
   제112조 제2항 등에 의하여 규정된 의례적 행위나 직무상 행위에 해당하지는 아니하더라도
   그것이 지극히 정상적인 생활형태의 하나로서 역사적으로 생성된 사회질서의 범위 안에 있
   는 것이라고 볼 수 있는 경우에는 일종의 의례적 행위나 직무상의 행위로서 사회상규에 위
   배되지 아니하여 위법성이 조각되는 경우가 있을 수 있지만 그와 같은 사유로 위법성의 조
   각을 인정함에는 신중을 요한다."
8) 박상기, 176면; 배종대, 222면; 이재상/장영민/강동범, 236면.
9) 대판 2000.4.25. 98도2389.

제 2 절 ▶ 정당방위

1. 정당방위의 의의 및 정당화 근거

(1) 정당방위의 의의

'현재의 부당한 침해로부터 자기 또는 타인의 법익을 방위하기 위한 상당한 이유가 있는 행위'를 「정당방위」라고 한다(제21조 제1항). 정당방위는 동서고금 또는 시대를 초월한 정당한 행위로서 자연법적으로 인정되어 왔다.

(2) 정당방위의 정당화 근거

정당방위는 구성요건에 해당하는 행위이지만, 긴급피난 또는 자구행위와 함께 긴급적 정당화사유로서 위법성이 조각된다. 정당방위가 정당화되는 근거는 우선 ① 긴급상황하에서 자기의 법익을 보호하려고 하는 개인주의적 「자기보호」의 본능이 존재하고 있기 때문이다. 또한 정당방위는 긴급피난과 달리, 부정한 이익과 정당한 이익이 충돌하고 있다. 따라서 ② 정당방위는 부정 대 정의 관계에 있기 때문에 「법은 불법에 양보할 필요가 없다」는 명제가 의미하는 것처럼, 부정한 침해행위에 대하여 법질서를 수호하기 위한 행위로써 「법질서수호(法秩序守護)의 원칙」에 의해서도 정당화된다.

2. 정당방위의 성립요건

정당방위는 그 전제인 「정당방위상황」에 관한 요건과 내용을 이루는 「정당방위행위」에 관한 요건으로 구성되어 있다. 정당방위상황의 요건은 '현재의 부당한 침해'가 있어야 한다. 만약 이러한 정당방위상황이 존재하지 않으면 정당방위는 물론 과잉방위도 성립하지 않는다. 또한 정당방위행위의 요건으로는 '자기 또는 타인의 법익을 방위하기 위한 상당한 행위'가 있어야 한다.

(1) 정당방위상황의 요건

1)「침해」가 있을 것

방위행위가 가능하기 위해서는 우선 자기 또는 타인의 법익에 대한 침해가 있어야 한다. 여기서「침해」란, 법익에 대한 침해는 물론 그 위험성도 포함된다. 또한 그 침해는 작위는 물론 부작위에 의해서도 가능하다. 예컨대 퇴거의 요구를 받고 퇴거하지 않는 자에 대한 정당방위가 가능하다. 그리고 침해는 사람의 행위에 의한 것이어야 한다. 따라서 대물방위(對物防衛)의 문제, 즉 동물의 공격은 사람의 행위에 의한 침해가 아니기 때문에 긴급피난이 가능할 뿐이다. 그러나 사육주의 고의 또는 과실에 의한 동물의 침해는 사육주의 침해행위로 보아 정당방위가 가능하다.

2) 침해의「현재성」

침해의 현재성은 국가기관에 의한 법익침해의 예방 또는 회복을 요구할 수 없는 상황을 의미하기 때문에 그 침해는 객관적으로 보아 법익침해의 위험이 절박한 상태에 있거나 또는 현재 발생하여 계속되고 있는 것을 말한다. 따라서 과거의 침해나 장래에 발생할 침해에 대해서는 정당방위가 인정되지 않는다.

3) 침해의「부당성」

정당방위는 자기보호를 위하여 법이 인정하고 있기 때문에 위법한 침해나 부당한 침해에 대해서만 가능하다.[10] 여기서「부당」하다고 하는 것은, 침해행위가 법질서에 모순되는 것을 말한다. 따라서 적법한 침해행위에 대한 정당방위는 불가능하지만 긴급피난은 가능하다. 또한 부당하다고 하는 것은 형법상 위법한 것을 의미하는 것이 아니기 때문에 반드시 범죄행위일 필요는 없고, 예컨대 민사상의 불법행위에 대해서도 정당방위가 가능하다. 다만 부당한 침해는 객관적으로 위법한 행위로 충분하고, 그 행위가 유책할 필요까지는 없다.

---

10) 대판 2003.11.13. 2003도3606.

(2) 정당방위행위의 요건

1) 자기 또는 타인의 법익

법익은 넓은 의미로 법이 보호하는 모든 이익을 말하기 때문에 형법에 의해서 보호되는 법익에 제한되지 않으며, 자기는 물론 타인의 법익을 위해서도 정당방위가 가능하다. 이것을 「긴급구조(緊急救助)」라고 하며, 여기서 타인의 법익이란, 자기 이외의 자연인은 물론 법인의 이익도 포함한다. 그러나 국가적 법익과 사회적 법익에 대한 정당방위도 가능한가에 대하여 학설이 대립되어 있으나 원칙적으로 부정설이 타당하다.[11] 본래 국가적·사회적 법익의 보호는 국가 및 공공기관의 고유 의무이며, 또한 국가법익을 보호하기 위하여 개인이나 사적 단체에 그 방위행위를 위임하게 되면 오히려 법질서를 혼란시킬 위험이 있기 때문이다.

2) 방위의사

형법 제21조 제1항은 '법익을 방위하기 위하여 한 행위', 즉 방위의사를 명백히 하고 있다. 따라서 타인의 침해에 대하여 자기 또는 제3자의 법익을 우연히 방위한 「우연방위(偶然防衛)」는 방위의사가 없는 방위행위로서 정당방위가 되지 않는다. 여기서 방위의사는 정당방위의 「주관적 정당화요소」가 된다. 또한 방위행위는 소극적 방어를 하는 보호방어는 물론 적극적 공격의 형태로 행해지는 공격적인 방어도 포함한다.[12] 다만, 방위행위는 그 성질상 부당한 침해자인 공격자에 대해서만 가능하기 때문에 침해와 관계없는 제3자에 대한 방위행위는 긴급피난만이 성립될 수 있다.

---

11) 국가·사회적 법익 중에 국가·사회가 개인과 동등한 법적 지위에서 향유하는 법익이나 국가·사회적 법익이 개인의 법익과 관련된 경우에는 정당방위를 인정하는 것이 일치된 견해이다(오영근, 195면). 일본의 통설과 판례도 「공익을 위한 정당방위 등은, 국가공공의 기관의 유효한 공적 활동을 기대할 수 없는 매우 긴박한 경우에 있어서만 예외적으로 허용되어야 한다」고 판시(最高裁昭24年8月18日判決)하여 국가·사회적 법익에 대한 정당방위의 가능성을 인정하고 있다.

12) 대판 1992.12.22. 92도2540: "정당방위의 성립요건으로서의 방어행위에는 순수한 수비적 방어뿐 아니라 적극적 반격을 포함하는 반격방어의 형태도 포함되나, 그 방어행위는 자기 또는 타인의 법익침해를 방위하기 위한 행위로서 상당한 이유가 있어야 한다."

3) 상당성

방위행위는 침해행위를 배제하기 위한 상당한 수단으로서의 행위이어야 한다. 즉, 부당한 침해에 대한 방위행위가 사회상규에 비추어 상당한 정도를 넘지 않아야 한다. 판례[13]도 정당방위가 성립하기 위해서는 「침해행위에 의하여 침해되는 법익의 종류, 정도, 침해의 방법, 침해행위의 완급과 방위행위에 의하여 침해될 법익의 종류, 정도 등 일체의 구체적 사정들을 참작하여 방위행위가 사회적으로 상당한 것이어야 한다」고 판시하고 있다. 따라서 보호될 법익과 침해된 법익이 현저하게 균형을 잃은 경우는 위법성이 조각되지 않고 과잉방위가 성립한다.

3. 과잉방위

현재의 부당한 침해에 대하여 방위행위를 하였지만, 그 방위행위가 상당한 정도를 초과한 경우를 「과잉방위(過剩防衛)」라고 한다. 과잉방위가 성립하기 위해서는 ① 현재의 부당한 침해와, ② 방위행위가 그 정도를 초과(상당성 정도의 초과)할 것을 요건으로 한다. 이와 같이 정당방위의 전제인 「정당방위의 상황」이 존재하지 않는 경우에는 정당방위는 물론 과잉방위도 성립하지 않는다. 그리고 방위행위에 대한 상당성 판단은 객관적으로 이루어지기 때문에 방위행위지가 그 정도의 초과에 대한 인식이 있는 경우뿐만 아니라 없는 경우에도 과잉방위가 성립된다.

과잉방위의 효과에 대하여 형법은 '형을 감경하거나 면제할 수 있다'(제21조 제2항)고 규정하고 있지만, 그 법적 성질에 관해서는 학설이 대립되어 있다. 그러나 과잉방위는 위법성이 조각되지 않는 위법한 행위로서 책임이 감소되거나 소멸된다고 보는 설이 통설[14]이다. 단지 과잉방위가 '야간이나 그 밖의 불안한 상태하에서 공포를 느끼거나 경악하거나 흥분하거나 당황한 때'에는 (제21조 제3항) 방위행위를 하는 행위자에게 적법행위에 대한 기대가능성이 없

---

13) 대판 2003.11.13. 2003도3606.

14) 김일수/서보학, 305면; 배종대, 245면; 오영근, 200면; 이재상/장영민/강동범, 256면; 임웅, 227면.

기 때문에 책임이 조각되어 벌하지 아니한다.

4. 오상방위

현재의 부당한 침해가 없음에도 불구하고 있다고 오인하여 방위행위를
한 경우를 「오상방위(誤想防衛)」라고 한다. 오상방위는 현재의 부당한 침해(정당
방위상황)가 객관적으로 존재하지 않는다는 점에서 과잉방위와 구별된다. 예컨
대 전보배달원을 절도범으로 오인하고 정당방위의 의사로 반격을 가한 경우
이다. 이처럼 정당방위상황이 존재하지 않는데도 불구하고 이것이 존재한다
고 오인한 경우를 「위법성조각사유의 전제사실에 관한 착오」 또는 「정당화사
유에 관한 착오」라고도 한다.

형법은 이에 관하여 명문의 규정을 두고 있지 않기 때문에 학설이 대립
하고 있다. 다수설15)인 제한책임설에 의하면, 오상방위는 정당방위상황(현재의
부당한 침해의 사실)이라는 위법성조각사유를 기초로 하는 전제사실에 대해 오인
한 경우로서 이것은 마치 구성요건적 착오와 유사하여 구성요건적 착오에 준
하여 고의책임을 배제하고 있다. 따라서 고의는 조각되지만 오인에 과실이
있으면 과실범으로 처벌될 수 있을 뿐이다. 이에 관해서는 '제5편 책임'에서
자세히 다루기로 한다.

5. 오상과잉방위

「오상과잉방위(誤想過剩防衛)」는 오상방위와 과잉방위가 결합된 것을 말한
다. 즉, 정당방위상황이 존재하지 않는데도 불구하고 존재한다고 오인하였을
뿐만 아니라, 방위행위 또한 상당성을 초과한 행위를 말한다. 이것에 대한 법
적인 근거는 없으나 오상과잉방위도 오상방위의 일종이므로 그 예에 의하여
처리하는 것이 타당하다고 생각한다.

---

15) 박상기, 268면; 배종대, 248면; 이재상, 334면; 임웅, 315면.

제 3 절 ▶ 긴급피난

1. 긴급피난의 의의 및 법적 성질

(1) 긴급피난의 의의

'자기 또는 타인의 법익에 대한 현재의 위난을 피하기 위한 상당한 행위'를 「긴급피난(緊急避難)」이라고 한다(제22조 제1항). 긴급피난과 정당방위는 긴급행위의 일종이지만, 정당방위가 현재의 부당한 침해 그 자체에 대한 반격행위인데 반하여, 긴급피난은 현재의 위난을 피하기 위하여 그 원인과 관계없는 제3자의 정당한 이익을 침해하는 행위라는 점에 그 특색이 있다. 즉 정당방위가 「부정 대 정」의 관계에 있는데 대하여, 긴급피난이 「정 대 정」의 구조라는 것은 바로 이것을 의미한다. 따라서 긴급피난은 제3자의 정당한 이익을 침해한다는 점에서, 정당한 이익을 보호하기 위하여 부당한 이익을 침해하는 정당방위와 비교하여 그 상당성에 있어서 「법익의 균형성」과 「보충성의 원칙」 등을 엄격히 요구하고 있다.

〈정당방위와 긴급피난의 구조〉

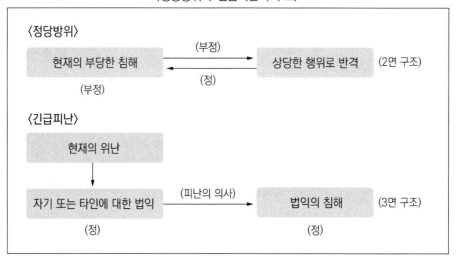

(2) 긴급피난의 법적 성질

긴급피난은 정당방위와 달리 정당한 제3자의 법익을 침해하는 부정한 행위임에도 불구하고 형법은 '벌하지 아니한다'(제22조 제1항)고 규정하고 있어, 그 법적 성격에 대하여 책임조각설·위법조각설·이분설 등의 학설이 대립되어 있다.

1) 책임조각설

긴급피난은 제3자의 정당한 법익을 침해하므로 위법하지만, 피난행위 이외의 다른 적법행위의 기대가능성이 없기 때문에 책임이 조각된다고 하는 설이다. 그러나 이 설은 형법 제22조 제1항이 자기뿐만 아니라 「타인」을 위해서도 긴급피난을 인정하고 있어, 타인을 위한 긴급피난은 기대불가능성을 이유로 정당화되지 않는 점을 설명할 수 없다는 문제가 있다.

2) 위법조각설

긴급피난상황하에서 보다 큰 법익을 위하여 상대적으로 작은 법익을 침해한 피난행위는 우월적 이익의 원칙에 따라서 위법성이 조각된다고 하는 설로서 우리나라의 다수설[16]및 판례[17]의 입장이다. 그 근거로서 형법 제22조의 본문이 「타인」을 위해서도 긴급피난을 인정하고 있는 점과 「법익의 균형성」을 요구하고 있다는 점이다. 그러나 이 설은, 예컨대 한 사람만을 유지할 수 있는 부력의 판자를 놓고 두 사람이 다투어 그중의 한 사람이 사망한 이른바 「카르네아데스(Karneades)판자사건」처럼 법익이 동일한 경우(생명 대 생명, 신체 대 신체)에는 법익을 비교형량할 수 없어 위법성조각의 근거를 합리적으로 설명할 수 없다는 문제가 있다.

---

16) 박상기, 203면; 손동권/김재윤, 211면; 오영근, 204면; 이재상/장영민/강동범, 262면; 정성근/박광민, 245면.

17) 긴급피난에서 '상당한 이유 있는 행위'에 해당하려면 첫째 피난행위는 위반에 처한 법익을 보호하기 위한 유일한 수단이어야 하고, 둘째, 피해자에게 가장 경미한 손해를 주는 방법을 택하여야 하며, 셋째, 피난행위에 의하여 보전되는 이익은 이로 인하여 침해되는 이익보다 우월해야 하고, 넷째, 피난행위는 그 자체가 사회윤리나 법질서 전체의 정신에 비추어 적합한 수단일 것을 요하는 등의 요건을 갖추어야 한다(대판 2006.4.14. 2005도9396).

3) 이분설

이분설은 위법성조각설이 갖는 문제점을 해결하기 위하여 긴급피난을 사물에 대한 경우와 사람의 생명 및 신체에 대한 경우로 구분하여 법익의 비교형량이 가능한 전자에 대해서는 위법성이 조각되고, 그것이 불가능한 후자에 대해서는 책임조각사유로 해석하는 견해이다.[18]

2. 긴급피난의 성립요건

긴급피난은 그 전제인 긴급피난상황에 관한 요건과 내용을 이루는 긴급피난행위에 관한 요건으로 구성되어 있다. 전자의 요건은 '자기 또는 타인의 법익에 대한 현재의 위난'이고, 이 긴급피난상황이 존재하지 않을 때에는 긴급피난은 물론 과잉피난도 성립하지 않는다. 또 긴급피난행위의 요건은 '자기 또는 타인의 법익에 대한 위난을 피하기 위한 상당한 행위'이다.

(1) 긴급피난상황의 요건

1) 「위난」이 있을 것

긴급피난이 가능하기 위해서는 우선 위난이 있어야 한다. 「위난(危難)」이란, 법익침해 또는 침해의 위험성이 있는 상태를 말하며, 이것은 사람의 행위에 의해서 초래되는 것은 물론 자연현상이나 동물에 의한 경우도 포함된다는 점에서 정당방위(부당한 사람의 침해만을 대상)와 구별된다. 다만 「자초위난(自超危難)」에 대한 책임 여부는 긴급피난의 요건이 아니기 때문에 피난자의 유책한 사유로 초래된 위난일지라도 상당한 이유가 있는 경우에는 긴급피난이 허용된다.[19] 예컨대 임산부가 자신의 신체에 대한 위험을 스스로 야기한 때에도 긴급피난으로서 낙태가 가능하다. 그러나 처음부터 긴급피난의 목적으로 위난을 자초한 경우에는 피난행위의 상당성이 없기 때문에 긴급피난이 성립되

---

18) 배종대, 255면; 신동운, 301면; 임웅, 231면; 진계호/이존걸, 364면.

19) 피고인이 스스로 야기한 강간범행의 와중에서 피해자가 피고인의 손가락을 깨물며 반항하자 물린 손가락을 비틀며 잡아 뽑다가 피해자에게 치아결손의 상해를 입힌 소위를 가리켜 법에 의하여 용인되는 피난행위라 할 수 없다(대판 1995.1.12. 94도2781).

지 않는다. 또한 위난에 의해 법익이 침해될 위험에 놓여 있는 자가 그 위난을 감수해야 할 법적지위에 있는 경우에는 긴급피난이 허용되지 않는다. 예컨대 피의자가 합법적인 체포의 위험에 절박해 있는 경우나 법률에 근거한 형벌권 발동의 제재에 대해서도 긴급피난이 허용되지 않는다.[20]

2) 위난의 「현재성」

위난은 「현재」의 위난이어야 한다. 과거 또는 장래의 위난에 대한 긴급피난은 인정되지 않는다. 따라서 현재의 위난이 존재해야 하는 시기는 법익이 침해되기 시작한 직전부터 법익침해가 종료된 시점까지를 말한다.

(2) 긴급피난행위의 요건

1) 자기 또는 타인의 법익

긴급피난에 의해서 보호될 법익은 「자기 또는 타인의 모든 법익」이다. 정당방위와 달리 법익은 개인적 법익에 제한되지 않고, 국가적 법익·사회적 법익을 위한 긴급피난도 가능하다.[21] 다만, 긴급피난에 의하여 보호되는 법익은 보호의 필요성과 보호의 가치가 있어야 한다.

2) 피난의사

긴급피난도 정당방위의 방위의사처럼 '위난을 피하기 위한 행위', 즉 피난의사가 필요하다. 따라서 긴급피난의 객관적 요건인 현재의 위난이 있더라도 피난의사가 없이 한, 피난행위는 우연피난으로서 위법성이 조각되지 않는다. 따라서 피난의사는 긴급피난의 주관적 정당화요소이다.

---

20) 福岡高判昭38年7月5日下刑集5卷7·8号647頁.

21) 김성돈, 289면; 손동권/김재윤, 211면; 신동운, 303면; 이재상/장영민/강동범, 263면; 임웅, 233면. 그러나 이에 대하여 국가적 법익(이나 사회적 법익)에 대한 정당방위가 인정되지 않는 것은, 이러한 질서는 경찰·검찰 등과 같은 공권력에 의해 보호되어야 하기 때문이다. 또한 긴급피난에 대해서도 이들 법익에 대해서 경찰권의 임무태만을 사인이 국가긴급구조로 전보해 주어야 할 필요가 없을 뿐만 아니라, 이론적 정당성도 없다고 주장하여 국가적 법익과 사회적 법익에 대해서 정당방위 및 긴급피난을 인정하고 있지 않다(배종대, 257면; 오영근, 205면).

3) 상당성

긴급피난에 있어서도 피난행위의 상당성의 요건이 필요하다. 긴급피난
이 성립되기 위해서는 단지 그 형식적 요건만을 갖춘 것으로는 부족하고 실
질적으로도 그 피난행위가 사회상규에 반하지 않을 것이 요구된다. 또한 상
당성의 요건은 정당방위보다 더 엄격하게 요구된다. 이것은 정당방위가 부정
에 대한 정의 반격행위인데 반하여, 긴급피난은 위난을 피하기 위하여 제3자
의 정당한 이익을 침해하는 정 대 정의 관계에 있기 때문이다. 따라서 긴급
피난의 상당성의 요건으로서 「법익의 보충성」과 「법익의 균형성」이 요구되
며,[22] 이 요건을 충족하지 못한 경우에는 과잉피난이 된다.

(가) 법익의 보충성

긴급피난에 있어서 타인의 법익을 침해하지 않고서는 그 위난을 피할 다
른 방법이 없는 경우에 한하여 허용되는 것을 「보충성의 원칙」이라고 한다.
이 원칙은 위난을 피할 방법이 절대적으로 없을 것까지 요구하는 것은 아
니고, 구체적 상황하에서 다른 방법이 현실적으로 불가능한 정도이면 충분
하다.

(나) 법익의 균형성

긴급피난은 피난행위로 보호될 법익과 침해된 법익 사이에 「법익의 균형
성」이 있어야 한다. 그러나 긴급피난은 그 성질상 보호되는 이익이 침해되는
이익(정대 정의 관계)보다 본질적으로 우월하여야 하며, 이를 이익형량(利益衡量)의
원칙이라고 한다. 따라서 보호될 이익과 침해된 이익이 동등한 경우에는 과잉
피난이 된다고 해석하여야 한다. 이 경우에 법익비교는 객관적 기준에 의하여
야 한다. 그렇기 때문에 동일한 법익에 있어서는 그 양의 대소가 기준이 되며,
법익이 다른 경우에는 각각 법정형의 경중이 하나의 기준이 될 수 있다.

---

22) 긴급피난이란 자기 또는 타인의 법익에 대한 현재의 위난을 피하기 위한 상당한 이유 있는
행위를 말하고, 여기서 '상당한 이유 있는 행위'에 해당하려면, 첫째 피난행위는 위난에 처한
법익을 보호하기 위한 유일한 수단이어야 하고, 둘째 피해자에게 가장 경미한 손해를 주는
방법을 택하여야 하며, 셋째 피난행위에 의하여 보전되는 이익은 이로 인하여 침해되는 이익
보다 우월해야 하고, 넷째 피난행위는 그 자체가 사회윤리나 법질서 전체의 정신에 비추어
적합한 수단일 것을 요하는 등의 요건을 갖추어야 한다(대판 2006.4.13. 2005도9396).

3. 긴급피난의 특칙

(1) 특칙의 의의

정당방위는 그 주체의 제한이 없으나, 긴급피난은 '위난을 피하지 못할 책임 있는 자에 대하여는 전항을 적용하지 아니한다'(제22조 제2항)고 규정하여 일정한 업무자에 대하여 제한을 두고 있다. 여기서 '위난을 피하지 못할 책임이 있는 자'란, 군인·경찰관·소방관·의사 등과 같이 그 업무를 수행함에 있어서 일정한 위험을 감수해야 할 의무가 있는 자를 말한다.

(2) 특칙의 적용한계

긴급피난의 특칙은 특별한 의무로 인하여 일반인과 같은 조건하에서 피난행위를 금지하고 있을 뿐이지, 어떠한 경우에도 절대적으로 긴급피난을 금지하는 것은 아니다. 즉 특별한 의무로 자기 자신에 대한 위험을 감수해야 할 의무가 있기 때문에 긴급피난은 금지되지만, 타인의 법익을 위한 긴급피난은 허용된다. 또한 감수해야 할 의무의 범위를 초과한 자기의 위난에 대해서도 긴급피난이 허용된다고 본다.

4. 과잉피난과 오상피난

(1) 과잉피난

피난행위가 상당성의 요건을 초과한 경우를 「과잉피난(過剩避難)」이라고 한다. 과잉피난은 법익의 보충성 또는 법익의 균형성을 충족하지 못한 경우를 말하며, 이러한 행위는 위법성이 조각되지 않고 다만 책임이 감면될 뿐이다(제22조 제3항). 또한 피난행위가 '야간이나 그 밖의 불안한 상태에서 공포를 느끼거나 경악하거나 흥분하거나 당황하였기 때문에 그 행위를 하였을 때에는 벌하지 아니한다'고 하여 책임이 조각된다(제22조 제3항).

(2) 오상피난

　　현재의 위난이 없음에도 불구하고 있다고 오인하여 피난행위를 한 경우
처럼, 객관적으로 긴급피난상황(현재의 위난)의 요건이 존재하지 않는데도 불구
하고 그것이 존재한다고 오인하여 피난행위를 한 것을 오상피난(誤想避難)이라
고 한다. 또한 긴급피난상황의 오인은 물론 피난행위의 상당성(법익의 보충성, 법
익의 균형성)마저 초과한 경우를 「오상과잉피난」이라고 하며, 오상피난의 일종
이다.

　　오상피난은 오상방위와 같이 위법성이 조각되지 않는 위법한 행위이지
만, 형법은 그 처리에 관한 명문의 규정을 두고 있지 않아 학설이 대립되어
있다. 오상피난은 긴급피난상황(위법성조각사유의 전제사실)이 존재하지 않음에도
불구하고 그것이 존재한다고 피난을 한 경우로서 다수설인 제한책임설에 따
르면, 이것은 마치 구성요건적 착오와 유사하여 구성요건적 착오에 준하여
고의책임을 배제하는 입장이다. 따라서 고의는 조각되지만 오인에 과실이 있
으면 과실범으로 처벌될 수 있을 뿐이다.

〈정당방위와 긴급피난의 비교〉

구　　분		정당방위	긴급피난
같은 점	긴급 행위	현재의 부당한 침해를 방어하기 위한 행위	현재의 위난을 피하기 위한 행위
	주관적 정당화요소	방위의사	피난의사
	행위의 상당성	필 요	법익균형성 + 법익보충성
	성 질	위법성조각사유	위법성조각사유(다수설)
다른 점	본 질	부정 대 정	정 대 정
	정당화의 근거	자기보호의 원칙, 법수호의 원칙	우월적 이익의 원칙
	보호법익의 대상	국가적·사회적 법익 제외	국가적·사회적 법익의 포함
	행위의 대상	침해자	침해자 및 제3자
	침해의 원인	사람의 부당한 침해	사람의 행위 및 자연적 침해
	주체의 제한	없 음	특수업무자

제4절 ▶ 자구행위

1. 자구행위의 의의 및 본질

(1) 자구행위의 의의

권리를 침해당한 자가 법률상 절차에 의하지 아니하고, 자력에 의해 침해된 권리를 구제 또는 회복하는 행위를 「자구행위(自救行爲)」라고 한다. 형법은 자구행위가 '상당한 이유가 있는 경우에 한하여 벌하지 아니한다'고 규정하여 위법성조각사유의 하나로서 규정하고 있다(제23조).

(2) 자구행위의 본질

자구행위는 긴급적 정당화사유라는 점에서 정당방위·긴급피난과 동일하지만, 정당방위와 긴급피난이 피해발생을 예방하기 위한 「사전적 긴급행위」인데 대해서, 자구행위는 이미 침해된 청구권을 구제하기 위한 「사후적 긴급행위」라는 점에서 구별된다. 그러나 자구행위와 정당방위는 불법한 침해에 대한 행위라는 점에서, 그 정당화의 근거를 자기보호의 원칙과 법질서 수호의 원칙에서 찾는 점에서는 동일하다.

2. 자구행위의 성립요건

자구행위는 그 전제인 「자구행위상황」에 관한 요건과 내용을 이루는 자구행위에 관한 요건으로 구성되어 있다. 전자의 요건은 '법률에서 정한 절차에 따라서는 청구권을 보전할 수 없는 경우'이고, 이 자구행위상황이 존재하지 않을 때에는 자구행위는 물론 과잉자구행위도 성립하지 않는다. 또한 「자구행위의 요건」은 '청구권의 실행이 불가능해지거나 현저히 곤란해지는 상황을 피하기 위한 상당한 행위'이다.

(1) 자구행위상황의 요건

1)「청구권」

청구권은 타인에게 일정한 행위를 요구할 수 있는 사법상의 권리로서, 자구행위를 하기 위해서는 우선 청구권이 존재하여야 한다. 청구권은 물권·채권을 불문하나, 그 범위에 관해서는 재산적 청구권 이외에 무체재산권·상속권·친족권에 의한 청구권도 포함된다. 그러나 자구행위는 이미 발생한 침해상태를 회복하기 위한 권리이기 때문에 처음부터 회복 불가능한 권리이거나 한번 침해되면 회복이 어려운 생명·신체·자유·명예 등의 권리는 자구행위의 대상이 되지 않는다.

2) 자기의 청구권

정당방위 또는 긴급피난이 타인의 법익을 위해서도 인정되는 것과는 달리 자구행위는「자기」의 청구권에 제한된다. 따라서 타인을 위한 자구행위는 인정되지 않지만, 청구권자로부터 위임받은 사람은 자구행위를 할 수 있다. 예컨대 채권추심을 의뢰받은 사람이 해외로 도피하는 채무자를 제지하는 경우에는 자구행위가 될 수 있다.

3) 청구권에 대한 불법한 침해

통설23)에 의하면, 법률이 정한 절차에 의한 권리구제는 불법한 침해를 전제로 하기 때문에 청구권에 내한 침해도 불법한 침해에 제한된다. 따라서 적법한 행위에 대해서는 자구행위를 할 수 없다. 그러나 불법한 침해라고 하더라도 자구행위는「과거」에 발생한 침해에 대해서만 가능하고, 현재의 침해 또는 침해의 위험에 대해서는 정당방위가 가능할 뿐이다.

---

23) 박상기, 218면; 배종대, 273면; 손동권/김재윤, 229면; 이재상, 258면; 임웅, 243면. 이에 대하여 자구행위에 관한 명문의 규정을 두고 있지 않기 때문에 초법규적 위법성조각사유로 해석하는 독일과 일본은 '예외는 엄격하게'라는 해석의 원칙에 따라 그 인정범위를 제한적으로 해석하고 있다. 그러나 명문의 규정을 두고 있는 우리나라는 형법 제23조 제1항의 규정을「청구권에 대한 부당한 침해로 인해 법정절차에 의하여 청구권을 보전하기 불가능한 경우」로 해석하여 피고인에게 유리한 규정을 축소해석하고 있어 타당하지 않다고 지적하여,「위법·부당한 침해가 없다고 하더라도」자구행위를 허용하여야 한다고 주장하고 있다(오영근, 217면).

4) 법률에서 정한 절차에 따라서는 청구권보전의 불가능할 것

법률에서 정한 절차는, 청구권을 실현하기 위해 법에 규정된 절차로서 강제집행절차·가압류·가처분과 같은 민사상의 사법절차를 의미한다. 그러나 이러한 민사상 절차에 한정되지 않고, 경찰이나 행정기관 등 국가기관에 의한 구제가 가능한 것이라면 이것도 이 절차에 포함된다. 또한 청구권보전은 원칙적으로 공권적 구제를 의미하고, 이것이 불가능한 경우에만 예외적으로 자력구제가 인정되어 이것을 「자력구제의 보충성」이라고 한다.

(2) 자구행위의 요건

1) 청구권의 실행이 불가능하거나 현저히 곤란한 상황

자구행위는 '청구권의 실행이 불가능해지거나 현저히 곤란해지는 상황을 피하기 위한 행위'이기 때문에 처음부터 청구권의 보전 또는 구제가 불가능한 경우에는 인정되지 않는다. 또한 청구권을 지체 없이 행사하지 않으면 청구권의 실행이 불가능하거나 현저히 곤란한 사정이 있어야 한다.[24] 따라서 채무자에 대한 청구권이 보전하기 불가능하더라도 충분한 물적 담보나 인적 담보가 확보되어 있는 때에는 자구행위가 허용되지 않는다.

2) 자구의사

행위자는 '청구권의 실행이 불가능해지거나 현저히 곤란해지는 상황을 피하기 위하여 한 행위' 즉 자구의사가 있어야 한다. 자구의사(自救意思) 없는 자구행위는 위법성이 조각되지 않으며, 이러한 자구의사는 피난의사나 방위의사와 같이 주관적 정당화요소가 된다.

3) 상당성

자구행위는 청구권의 보전수단과 그 방법이 사회상규에 비추어 객관적

---

24) 채권자들이 채무자인 피해자에 대한 채권을 우선적으로 확보할 목적으로 피해자의 물건을 무단으로 취거한 사안에서, 「피해자가 부도를 낸 후 도피하였고 다른 채권자들이 채권확보를 위하여 피해자의 물건들을 취거해 갈 수도 있다는 사정만으로는 피고인들이 법정절차에 의하여 자신들의 피해자에 대한 청구권을 보전하는 것이 불가능한 경우에 해당한다고 볼 수 없다(대판 2006.3.24. 2005도8081).

으로 상당하다고 인정되는 범위 내에서 위법성이 조각되고 이를 초과한 경우
에는 과잉자구행위가 된다.

3. 과잉자구행위와 오상자구행위

(1) 과잉자구행위

자구행위가 상당성의 정도를 초과한 경우를 과잉자구행위라고 한다. 과
잉자구행위는 위법성이 조각되지 않고 정황에 따라서 형을 감경하거나 면제
할 수 있다(제23조 제2항). 다만, 자구행위는 「사후적(事後的)」 긴급행위이기 때문
에 과잉방위나 과잉피난의 경우처럼 형법 제21조 제3항이 적용되지 않는다.

(2) 오상자구행위

객관적으로 자구행위상황이 존재하지 않음에도 불구하고 존재한다고 오
인하여 자구행위를 한 경우를 오상자구행위라고 한다. 이에 관한 법적 근거
가 없기 때문에 학설에 그 처리가 위임되어 있으나, 다수설은 오상방위나 오
상피난에 있어서처럼 구성요건적 착오로 취급하여 과실범으로 처벌할 수 있
을 뿐이다.

제 5 절 ▶ 피해자의 승낙

1. 피해자 승낙의 의의 및 유형

(1) 피해자 승낙의 의의

승낙에 의한 행위는 로마법의 「원하는 자에게는 침해 없다(Volenti non fit
injuria)」는 법언(法諺)이 의미하는 것처럼, 피해자가 가해자에게 자기의 법익을
침해하도록 승낙하는 것을 말한다. 형법은 '처분할 수 있는 자의 승낙에 의하

여 그 법익을 훼손한 행위는 법률에 특별한 규정이 없는 한 벌하지 아니한다'
고 하여, 피해자 승낙에 의한 행위를 위법성조각사유의 하나로 규정하고 있
다(제24조).

　　이에 대하여 피해자의 승낙과 「양해(諒解)」를 구별하여, 절도죄·주거침입
죄·강간죄처럼 피해자의 의사에 반하는 경우에만 성립되는 범죄에서는 피해
자의 양해가 있으면 구성요건에 해당하지 않아 범죄가 성립하지 않는다고 하
는 것이 다수설25)과 판례26)의 입장이다.

(2) 피해자 승낙의 유형

　　피해자 승낙은 형법상 다양한 기능과 효과를 가지고 있으며, 이것은 다
음과 같은 유형으로 구분할 수 있다. ① 피해자의 승낙이 범죄성립에 영향을
주지 못하는 경우로서 13세 미만에 대한 간음·추행죄(제305조), 피구금부녀간
음죄(제303조 제2항) 등이 있고, ② 피해자의 승낙이 있으면 구성요건해당성이
없는 경우로서 강간죄(제297조), 주거침입죄(제319조 제1항), 절도죄(제329조) 등이
있다. 또한 ③ 피해자의 승낙이 구성요건요소로서 형이 감경되는 경우로서
촉탁·승낙에 의한 살인죄(제252조 제1항), 동의낙태죄(제269조 제2항)가 있다. 그리
고 피해자의 승낙이 구성요건요소는 아니지만, 현주건조물방화죄(제164조)와
일반건조물방화죄(제166조 제1항)처럼 피해자의 승낙이 있으면 자기소유물방화
죄(제166조 제2항)로 처벌되는 범죄도 있다. 마지막으로 ④ 피해자의 승낙이 있
으면 행위의 위법성이 조각되는 경우로서 형법 제24조에 규정된 「피해자의
승낙」에 의한 행위가 여기에 해당된다.

---

25) 김성돈, 306면; 손동권/김재윤, 234; 오영근. 229면; 이재상, 265면; 임웅, 249면. 이에 대하여
　　소수설은, 승낙과 양해는 모두 구성요건해당성배제사유로서 이를 구별할 필요가 없다고 하
　　는 견해(김일수/서보학, 257면)와 모두 위법성조각사유로 이해하는 견해(박상기, 221면; 배종
　　대, 277면)가 있다.
26) 피고인이 동거중인 피해자의 지갑에서 현금을 꺼내가는 것을 피해자가 현장에서 목격하고도
　　만류하지 아니하였다면 피해자가 이를 허용하는 묵시적 의사가 있었다고 봄이 상당하여 이
　　는 절도죄를 구성하지 않는다(대판 1985.11.26. 85도1487).

2. 피해자 승낙의 위법성조각의 근거

피해자 승낙에 의한 행위가 위법성을 조각하는 근거에 대해서는 여러 가지 학설이 대립되어 있다.

(1) 이익포기설

법익의 주체가 승낙에 의하여 처분할 수 있는 이익을 포기하였기 때문에 보호해야 할 법익이 존재하지 않는다고 하는 학설로서 독일의 통설과 판례의 입장이다.[27]

(2) 사회상당성설

피해자 승낙이 있는 행위는 사회적으로 상당성이 인정되는 행위이다. 따라서 이로 인해 발생된 법익침해는 사회생활 속에서 역사적으로 형성된 사회질서 내의 행위로서 위법성이 조각된다고 하는 견해[28]이다.

(3) 법률정책설

피해자 승낙이 위법성을 조각하는 것은 법률정책적 고려에 의한 것으로 우리나라의 다수설[29]이다. 자유주의국가에서는 승낙에 의해서 실현된 자기결정의 자유라고 하는 이익과 다른 사회적 이익을 비교하여 특별한 침해가 없는 한 개인의 결정은 최대한 존중되어야 하는 것을 그 근거로 한다.

3. 피해자 승낙의 성립요건

피해자 승낙이 위법성을 조각하기 위해서는 법익을 처분할 수 있는 자의 승낙이 있을 것, 그리고 승낙에 의한 행위가 사회상규에 위배되지 않으며, 법률에 특별한 규정이 없을 것 등의 요건을 구비하여야 한다.

---

27) 손동권/김재윤, 240면; 오영근, 222면.
28) 団藤, 222頁; 大塚, 365頁; 福田, 166頁.
29) 신동운, 322면; 이재상, 267면; 임웅, 252면; 정성근/박광민, 276면.

(1) 처분할 수 있는 자의 승낙이 있을 것

1) 승낙주체

피해자 승낙은 법익의 처분권한을 가진 사람의 승낙은 물론 그 승낙으로 인한 처분내용을 이해할 수 있는 자의 임의적 처분이어야 한다. 그러나 타인의 법익이라도 그 처분권한을 가진 사람의 동의가 있으면 피해자 승낙으로서 효력이 인정된다.

2) 처분할 수 있는 법익

승낙으로 처분할 수 있는 법익은 개인적 법익에 제한되지만, 개인적 법익이라도 생명·신체 등과 같은 법익은 그 특수성으로 인하여 제외된다. 그러나 국가적 법익(무고죄) 또는 사회적 법익(방화죄)과 경합하는 경우이거나, 개인적 법익이라도 주체가 복수인 경우에 있어서 피해자 승낙은 위법성을 조각하지 않는다.

(2) 승낙에 의한 행위는 사회상규에 위배되지 않을 것

1) 사회상규에 의한 제한

명문의 규정은 없으나 위법성조각사유의 일반적 원리로서 사회상규를 근거로 하고 있으므로 당연히 요구되는 조건이라고 할 수 있다.[30] 예컨대 채무자의 승낙을 받고 그의 신체 일부를 도려낸 경우에는 사회상규에 위배된 행위로서 위법성이 조각되지 않는다.

2) 승낙에 의한 행위

승낙은 행위 시에 있어야 하며 행위 후의 승낙(사후승낙)은 무효가 된다. 또한 승낙은 이것을 행한 피해자가 구체적으로 예정한 범위에 한하여 유효하다. 예컨대 현관에만 들어오도록 허락받은 자가 거실에 들어간 경우에는 위

---

30) 오영근, 228면; 임웅, 255면. 또한 대법원 판례에 따르면 "형법 제24조의 규정에 의하여 위법성이 조각되는 소위 피해자의 승낙은 해석상 개인적 법익을 훼손하는 경우에 법률상 이를 처분할 수 있는 사람을 말한 뿐만 아니라 그 승낙이 윤리적, 도덕적으로 사회상규에 반하는 것이 아니어야 한다"(대판 1985.12.10. 85도1892).

법성이 조각되지 않는다. 그리고 행위자가 피해자의 승낙이 있다는 사실을 인식한 경우에 한하여 위법성이 조각되기 때문에 이때 「승낙에 대한 인식」은 주관적 정당화요소가 된다.

(3) 법률에 특별한 규정이 없을 것

승낙에 의한 행위자체가 구성요건요소인 경우에는 피해자 승낙이 있더라도 위법성이 조각되지 않는다. 예컨대 촉탁·승낙에 의한 살인죄(제252조 제1항), 촉탁·승낙에 의한 낙태죄(제269조 제2항) 등이 그것이다.

제 6 절 ▶ 추정적 승낙

1. 추정적 승낙의 의의 및 유형

(1) 추정적 승낙의 의의

추정적 승낙은 피해자의 명시적·묵시적인 승낙은 없었지만, 피해자가 행위 당시의 객관적 사정을 알았더라면 당연히 승낙할 것으로 예견되는 경우를 말한다.[31] 예컨대 의식불명의 부상자를 의사가 수술하는 행위나 화재 시에 인근 주민이 집안에 들어가 귀중품을 반출하는 행위 등이 여기에 해당한다.

(2) 추정적 승낙의 유형

일반적으로 추정적 승낙이 문제가 되는 것은, 피해자(법익주체)의 이익을 위한 경우와 행위자나 제3자의 이익을 위한 경우로 구분할 수 있다.

1) 피해자의 이익을 위한 경우

행위자가 피해자의 보다 큰 이익을 위하여 작은 이익을 침해한 경우이다

---

31) 대판 2006.3.24. 2005도8081.

(우월적 이익의 원칙). 예컨대 외출 중인 옆집에 무단으로 들어가 수돗물을 잠근 경우이거나 의사가 의식불명의 중상자를 수술한 경우가 여기에 해당한다. 이처럼 이익충돌이 피해자의 내부에서 발생한 경우는 위법성이 조각되는 범위가 상당히 넓게 인정된다.

2) 행위자나 제3자의 이익을 위한 경우

행위자가 본인이나 제3자의 이익을 위하여 행위를 하였지만 피해자 승낙이 추정되는 경우이다(이익흠결의 원칙). 예컨대 기차시간에 늦지 않기 위하여 친구의 자전거를 무단으로 이용한 경우이다.

2. 추정적 승낙의 위법성조각의 근거

추정적 승낙에 의한 행위는 위법성이 조각된다고 하는 것이 통설의 입장이지만 그 근거에 대하여 학설이 대립되어 있다.

(1) 긴급피난설

추정적 승낙을 일종의 긴급피난으로 이해하는 견해이다. 예컨대 의사가 의식불명의 중상자를 수술한 것처럼 신체의 완전성과 생명이라는 이익이 충돌된 경우에는 긴급피난에 준하여 보다 큰 이익인 생명을 보호하는 경우이다.

(2) 피해자승낙설

현실적인 승낙은 없었지만 추정적 승낙을 그와 동일하게 취급하는 견해이다. 그러나 승낙이 없음에도 불구하고 있다고 보는 것은 논리의 비약이 있다.[32]

(3) 사무관리설

추정적 승낙에 의한 행위는 피해자의 이익을 위한 것으로 민법상 사무관

---

32) 박상기, 229면; 신동운, 339면.

리(동법 제734조)에 의하여 위법성이 조각된다고 하는 견해이다.

(4) 독자적 위법성조각설

추정적 승낙을 긴급피난이나 피해자의 승낙과 무관한 독자적 위법성조
각사유로 파악하는 견해이며 다수설33)이다. 형법은 추정적 승낙에 관해서 명
문의 규정을 두고 있지 않지만, 피해자 승낙에 의한 경우와 별도로 위법성조
각사유로 인정하고 있다.

3. 추정적 승낙의 성립요건

추정적 승낙은 피해자 승낙을 보충하기 위한 이론이기 때문에 양자는 일
정한 범위 내에서 공통의 성립요건이 필요하다. 다만, 추정적 승낙의 성격을
독자적 위법성조각사유설에서 찾는 이상 별도의 성립요건도 필요로 한다.

(1) 피해자의 승낙과 공통되는 성립요건

① 피해자는 법익에 대한 처분권과 처분능력을 가지고 있어야 하며,
② 법익의 성격 또한 처분 가능한 것이어야 한다. 그리고 ③ 행위자는 추정적
승낙에 대한 인식이 있어야 하며, 그 행위는 ④ 상당한 행위가 아니면 위법성
이 조각되지 않는다.

(2) 추정적 승낙의 특별한 성립요건

추정적 승낙의 특별한 성립요건은 우선 ① 현실적으로 피해자로부터 승
낙을 얻는 것이 불가능한 경우에 한하여 허용되며(추정적 승낙의 보충성), 이러한
승낙이 위법성을 조각하기 위해서는 ② 행위 시에 객관적으로 승낙이 추정될
수 있는 행위로서, 다만 그 판단은 피해자가 그의 진의(眞意)에 반하는지 여부
를 양심적으로 심사한 후의 행위여야 한다.

---

33) 이재상/장영민/강동범, 294면; 임웅, 257면; 정성근/박광민, 282면; 진계호/이존걸, 402면.

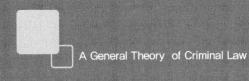

A General Theory of Criminal Law

제5편 책 임

책임의 개념

1. 책임의 의의

행위가 구성요건에 해당하고 위법하더라도 그것이 유책한 것이 아니면 범죄는 성립하지 않는다. 이때 구성요건에 해당하고 위법한 행위를 한 행위자에 대한 법적 비난 내지 그 가능성을 「책임(責任)」이라고 한다. 다만 범죄에 대한 법적 효과는 형벌이기 때문에 형법상 「책임」은 도의적(윤리적) 책임이 아닌, 위법한 행위를 한 행위자에 대한 규범적(規範的) 관점에서 부과되는 법적 책임을 의미한다.

2. 책임주의

「책임주의」는 위법행위를 한 행위자를 비난할 수 있는 경우가 아니면, 형벌을 부과할 수 없다는 근대형법의 기본원칙이다. 이것은 일반적으로 「책임 없으면 형벌 없다(Keine Strafe ohne Schuld)」는 원칙으로 표현되고, 범죄성립의 한정기능은 물론 책임의 대소에 따른 형벌의 양정(量定)기능도 한다. 이러한 책임의 내용으로는 주관적 책임과 개인적 책임이 있다(제1편 제2장 형법의 기본원칙 중 제3절 책임주의 22면 참조).

〈책임주의의 내용〉

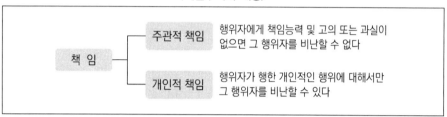

책임의 근본이론

제2장

범죄성립요건으로서 책임이란 무엇인가? 책임은 누가, 무엇에 대해서 그리고 무엇을 기준으로 행위자를 비난을 할 것인가에 대해서 학설이 대립하고 있다. 이에 대하여 종래 책임론은 「책임의 본질」에 관하여 구파(고전학파), 특히 후기고전학파의 도의적 책임론과 신파(근대학파)의 사회적 책임론이 대립되어 왔다. 이러한 대립은, 「책임의 기초(대상)」에도 이어져 그 기초를 개개의 위법행위에서 찾는 행위책임(또는 위법행위에 내재되어 있는 행위자의 의사책임)과 행위자의 위험한 성격에서 찾는 성격책임론으로 나타난다. 그리고 그 후 이 두 입장을 통합하고 결함을 해결하기 위한 인격책임론이 주장되었다. 또한 「책임의 내용」에 관하여 행위자의 심리적 관계라고 파악하는 구파의 도의적 책임론으로부터 심리적 책임론이 주장되었으나, 현재는 그 내용을 법적 비난이라고 하는 「규범적 책임론」이 통설로서 이 이론으로부터 기대가능성이론이 주장되고 있다. 이러한 책임에 관한 이론들은 서로 관련되어 있지만 그 본질, 기초, 시기 등에 있어서 동일한 토대 위에서 논의된 것이 아니다.

제 1 절 책임의 본질

도의적 책임론과 사회적 책임론은 구파와 신파의 논쟁과정에서 책임의 본질(성질)을 도의적, 윤리적 비난으로 파악할 것인지 아니면, 사회방위를 위한 제재로 파악할 것인지에 관한 대립이다.

1. 도의적 책임론

도의적 책임론은 개인에 대한 윤리적·도의적인 비난가능성을 책임의 본질로 이해하는 견해이다. 인간은 완전한 자유의사를 가진 존재라고 하는 의사자유론(의사비결정론)으로부터 출발하여, 행위자가 적법한 행위를 할 수 있음에도 불구하고 자유로운 의사활동에 따라 위법한 행위를 선택한 것에 대한 「도의적 비난」이 책임이라고 한다. 이러한 도의적 비난에 대한 형벌은 응보적 성격이 강하고 그 목적은 일반예방에 있다. 도의적 책임론은 의사자유론·타행위가능성(위법행위의 회피가능성)의 긍정·응보형·일반예방을 그 특징으로 한다.

2. 사회적 책임론

사회적 책임론은 사회에 대하여 위험성을 가진 자가 사회를 방위하기 위한 수단으로서 부과될 형벌을 감수해야 할 법률상의 지위를 책임의 본질로 이해하는 견해이다. 인간은 자유의사를 가진 존재가 아닌, 소질과 환경에 의해서 이미 결정되어 있다고 하는 의사결정론으로부터 출발하여 범죄 이외의 행위를 선택할 가능성이 없다는 점에서 행위자에게 비난가능성이라는 의미의 책임은 부정된다. 그러나 범죄행위에 대한 사회구성원으로서 제재를 받지 않으면 안 된다고 한다. 따라서 사회적 책임론에 있어서 「제재(制裁)」란, 비난이라는 성격을 가진 형벌이 아니고 행위자의 반사회적 위험성으로부터 사회를 방위하기 위한 처분으로서 그 목적은 특별예방에 있어야 한다. 즉, 사회적 책임론은 의사결정론·타행위가능성의 부정·사회방위처분·특별예방을 그 특징으로 한다.

제 2 절 ▶ 책임의 기초

책임의 본질에 관한 도의적 책임론과 사회적 책임론의 대립은 「책임의 기초」를 행위 또는 반사회적 성격 중, 어느 것에서 찾는가에 따라 행위책임론과 성격책임론 등의 대립으로 나타난다.

1. 행위책임론

책임은 자유의사에 따라 위법한 행위를 선택한 행위자에 대한 비난이라고 할 때, 행위자가 선택한 개개의 위법행위가 책임의 기초가 된다는 견해로서 「행위책임론」 또는 「개별행위책임론」이라고 한다. 이것은 또한 개개의 범죄행위에 내재되어 있는 행위자 의사에 대한 책임이라는 의미에서 「의사책임」이라고도 한다.

2. 성격책임론

책임의 기초를 개개의 위법행위가 아닌 행위자의 성격, 즉 행위자의 반사회적 위험성에 두는 견해를 「성격책임론」이라고 한다. 개개의 위법행위 및 그 의사는 행위자의 반사회적 성격을 징표하는 것에 불과하기 때문에 범인의 반사회적 성격이야말로 책임의 기초가 된다는 견해가 성격책임론이다. 그러나 성격책임론은 책임의 기초로서 행위자의 성격만을 중시한 결과, 행위자의 주체성이 부정되어 책임에서 비난이라는 요소가 배제되었다는 비판을 받고 있다.

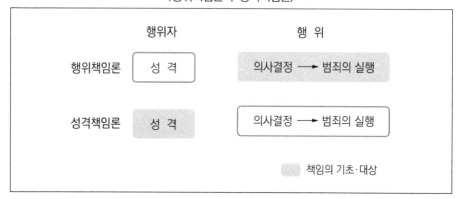
〈행위책임론과 성격책임론〉

3. 인격책임론

　　행위뿐만 아니라 행위의 배후에 있는 행위자의 인격도 책임의 기초가 된다는 견해를 「인격책임론」이라고 한다.[1] 이 견해에 의하면 행위란, 행위자 인격의 주체적 현실화로 보아 책임은 제1차적으로 행위책임이라고 한다. 그러나 여기에 그치지 않고 그 행위의 배후에 존재하는 행위자의 인격, 즉 소질과 환경에 제약되면서 행위자의 노력에 의해서 형성된 인격에 대해서도 책임비난의 근거를 인정한다. 따라서 제2차적으로는 이러한 인격을 형성한 인격태도에 대해서도 행위자를 비난하여 인격형성의 책임을 주장하고 있다. 본래 이 이론은 상습범에 대한 형의 가중근거를 제공하기 위하여 주장된 것으로 위험한 인격을 형성한 것에 대하여 책임을 묻기 위한 것이다.

---

1) 団藤, 260頁; 大塚, 384頁.

제 3 절 ▶ 책임의 내용

심리적 책임론과 규범적 책임론은 범죄성립요소로서 책임의 내용을 어떻게 이해하는가에 대한 논쟁이다. 이론적으로는 심리적 책임론으로부터 규범적 책임론으로 전개되어 지금은 규범적 책임론이 통설이다.

1. 심리적 책임론

범죄를 객관적 요소와 주관적 요소로 구분하여, 전자를 위법성에서 후자를 책임에서 다루는 전통적인 범죄체계론의 입장에서 주장된 이론으로서, 책임의 내용(실체)을 외부적인 위법행위에 대한 행위자의 심리적 태도(고의·과실)로 파악하는 견해가 「심리적 책임론」이다. 이 이론은 행위자의 책임능력 이외에 위법행위의 현실적 인식을 내용으로 하는 고의와 그 가능성을 요소로 하는 과실만 있으면 책임조건이 구비되어 책임을 귀속시킬 수 있다는 견해이다. 그러나 이 이론에 의하면 고의와 과실이라는 심리적 사실만 있으면 왜 책임이 귀속되는지에 관해서 그 이유가 명백하지 않다는 비판이 있다.

2. 규범적 책임론

고의와 과실을 통일하는 규범적 요소로서 행위자에게 적법행위에 대한 기대가능성을 책임의 내용으로 파악하는 견해이다. 즉, 기대가능성이 없으면 책임능력 및 고의·과실이 존재하더라도 책임이 없다고 하는 견해를 「규범적 책임론」이라고 한다.

법규범을 평가규범과 의사결정규범으로 구분할 경우 평가규범은 일반인을 대상으로 하지만, 의사결정규범은 법의 명령에 따라서 의사를 결정할 수 있는 행위자가 법의 기대에 반하여 위법행위를 결의한 경우에 비로소 그 위반이 문제가 된다. 즉 행위자에게 책임능력 및 고의 또는 과실이라는 심리적

사실 이외에도 행위 당시에 행위자가 위법행위를 피하고 적법행위를 하는 것
이 기대가능한 경우에 한하여 비난이 가능하다고 한다. 이것이 규범적 책임
론의 핵심개념인 비난가능성이다.

〈심리적 책임론과 규범적 책임론의 비교〉

구 분	심리적 책임론	규범적 책임론
책임의 내용	책임의 실체는 위법행위에 대한 행위자의 심리적 관계로서 심리적 사실(事實)인 고의 및 과실의 문제이다. 고의: 범죄사실의 인식 과실: 범죄사실의 인식가능성	책임은 행위자의 위법한 행위에 대한 비난으로서 규범적 평가(評價)의 문제이다. 고의: 범죄사실을 인식한 이상, 반대동기에 　　　의하여 그 행위를 하지 않아야 했음에 　　　도 불구하고 그 행위를 한 것에 대한 　　　비난 과실: 주의의무위반 　　　(일정한 「기준행위」의 일탈)
책임의 요소	• 책임능력 • 고의·과실	• 책임능력 • 고의·과실 • 위법성의 인식 • 기대가능성

제 4 절 ▶ 책임판단과 책임요소

1. 책임판단

구성요건에 해당하고 위법한 행위를 한 행위자에 대한 무가치판단을 책
임판단이라고 한다. 책임판단의 기준이 되는 규범은 의사결정규범이지만, 일
정한 사실이 의사결정규범에 위반하는지 여부를 판단하기 위해서는 그 전제
가 되는 평가규범이 필요하다. 따라서 평가규범과 의사결정규범은 모두 책임
판단의 기준이 된다. 다만 위법성은 일반인을 대상으로 하는 법규범 위반을
내용으로 하기 때문에 일반인을 기준으로 객관적 판단을 하지만, 책임은 개

별 행위자의 의사에 대한 법규범 위반을 그 내용으로 하고 있어 행위자를 기준으로 주관적 판단을 하게 된다. 따라서 개개의 행위자가 법규범의 내용(명령·금지)에 따라서 적법행위를 할 수 있고 또 그것이 가능하였음에도 불구하고 위법한 행위를 결의하였는지 여부가 책임판단의 내용이 된다.

2. 책임요소

책임판단의 대상이 되는 사실을 「책임요소」라고 하며, 책임능력과 책임조건으로 구성되어 있다. 우선 「책임능력」이란, 행위자가 일반적으로 형사책임을 부담하기 위한 능력을 말한다. 그리고 책임능력 이외에 행위자가 구체적 상황 하에서 책임을 부담하기 위해서는 일정한 조건이 필요한데, 이것을 「책임조건」이라고 한다. 여기에는 ① 심리적 요소로서 책임의 고의·과실과 ② 규범적 요소로서 위법성의 인식가능성, 그리고 ③ 기대가능성이 있다.

제3장

책임능력

제1절 ▶ 책임능력의 의의와 본질

1. 책임능력의 의의

행위자가 형사책임을 부담할 수 있는 능력, 즉 책임의 전제가 되는 능력을 「책임능력(責任能力)」이라고 한다. 바꾸어 말하면 책임능력이란, 행위자가 법규범의 명령·금지를 이해하고 또 그 이해에 따라서 행위할 수 있는 능력을 말한다. 따라서 이러한 능력이 없는 책임무능력자의 행위는 구성요건에 해당하고 위법하더라도 범죄가 성립되지 않는다.

2. 책임능력의 본질

책임능력의 본질에 관하여 이를 유책하게 행위할 수 있는 능력인 유책행위능력으로 이해하는 견해와 형벌능력 또는 형벌에 적응할 수 있는 능력인 수형능력 또는 형벌적응성으로 이해하는 견해가 대립되어 있다.

(1) 유책행위능력

도의적 책임론은 행위자에 대한 비난의 전제로서 자유로운 의사결정능력을 요구한다. 따라서 이 경우의 책임능력은 의사결정능력, 즉 행위의 시비와 선악을 변별하고, 이에 따라 의사를 결정할 수 있는 능력으로서「유책행위능력」또는「범죄능력」을 의미한다.

(2) 수형능력

사회적 책임론은 인간의 행동은 유전적 소질과 환경에 의해서 결정되기 때문에 책임의 근거도 개개의 행위나 의사가 아닌, 행위자의 사회적으로 위험한 성격에서 찾는다. 따라서 이러한 사회적 위험성을 가진 자가 부담해야 할 능력, 즉「수형능력」을 책임능력이라고 한다. 이 입장에서는 행위자의 성격으로부터 필연적으로 범죄가 발생하기 때문에 과거의 행위에 대한 비난은 의미가 없고, 오로지 장래 부과하게 될 형벌과의 관계에서 그 적응성(형벌적응성)이 있는가의 관점으로부터 책임능력을 판단하게 된다.

(3) 검 토

책임의 본질을 위법행위에 대한 법적 비난가능성이라고 해석하는 이상, 기본적으로 유책행위능력이 타당하다. 다만 유책행위능력은 행위자의「완전한 자유의사」의 존재를 당연한 전제로 하고 있다는 점과 형법상「비난」이 형벌이라는 수단에 의해 행해지는 이상, 형벌적응성을 전혀 무시하고 책임능력을 논하는 것은 타당하지 않다.[1] 그리하여 통상 유책행위능력자는 동시에 형벌적응성도 겸비하고 있다고 하지 않을 수 없다.

3. 책임능력의 체계적 지위

책임론의 내부에서 책임능력은 책임비난의 전제인가 또는 그 요소인가에 대하여 범죄론체계상에서 대립되어 있다.

---

[1] 曾根, 145頁.

(1) 책임전제설

책임능력은 행위자 개개의 행위에 대한 능력이 아니라 책임의 전제가 되는 일반적 능력으로 파악하여 그 능력을 「행위자의 속성(屬性)」으로 이해하는 입장이다. 즉, 책임능력은 책임을 부담할 수 있는 일반적인 능력을 의미하기 때문에 고의·과실 등의 책임조건에 앞서서 판단하여야 한다.[2]

(2) 책임요소설

책임능력을 행위자의 일반적 능력으로 파악하지 않고, 개개의 행위와 관련해서만 이해할 수 있다고 하여 책임능력을 「행위의 속성」으로 이해하는 입장이다. 즉, 책임능력은 고의·과실 등의 책임조건과 같이 책임요소 중의 하나이다. 따라서 고의·과실을 책임능력에 앞서서 판단하는 것도 가능하다.[3]

(3) 검 토

책임전제설과 책임요소설은 책임능력이 없으면 행위자를 비난할 수 없다는 점에서 동일하다. 그러나 책임요소설은 책임능력을 개별 범죄에 대한 책임요소로 파악하기 때문에, 결국 책임능력은 기대가능성의 문제로 귀착되어 독자적인 책임요소로 파악하는 의의가 상실된다. 또한 인격은 통일적인 것으로 어느 행위자의 행위에 대하여 책임능력을 인정하게 되면, 그 행위자의 다른 행위에 대해서도 책임능력을 인정하지 않으면 안 된다.

그리고 우리 형법 제9조는 형사미성년자에 대하여 개개의 행위에 대한 책임의 유무 및 그 정도를 판단을 하지 않고, 모든 형사미성년자의 책임을 부정하고 있는 것은 책임능력이 다른 책임조건으로부터 독립된 요건이라는 것을 시사하고 있다. 따라서 책임능력을 책임의 전제조건으로 보는 책임전제설이 타당하다. 그리하여 특정 범죄에 대해서만 책임능력을 인정하는 일부책임능력 또는 전부책임능력의 관념은 형법상 부정되어야만 한다.

---

2) 손동권/김재윤, 289면; 이재상, 300면; 정성근/박광민, 306면; 진계호/이존걸, 415면.

3) 책임능력을 고의, 과실 등의 책임조건과 같이 하나의 책임요소로 보는 설이며 일본의 다수설이다(內藤謙, 『刑法講義總論(下)』, 有斐閣(1991), 800頁).

4. 책임능력의 존재시기

　　행위자의 책임능력은 행위의 어느 단계에 존재해야 하는지의 문제가 책임능력의 존재시기에 관한 문제이다. ① 실행행위시설은 책임주의의 요청으로 실행행위와 책임능력은 동시에 존재하여야 한다고 하는「행위와 책임의 동시존재의 원칙」으로부터 실행행위 시에 존재하여야 한다. 이에 대하여 ② 원인행위시설은, 책임능력은 원칙으로「실행행위 시」에 존재하여야 하지만, 실행행위 시에 책임능력이 없는 경우라도 그 실행행위(결과실현행위)와 밀접한 관계가 있는 원인에 의하여 실행행위가 행해진 때에는 그 실행행위를 자유로운 의사결정에 의하여 행하여진 것으로 비난할 수 있다고 한다. 따라서 책임능력은 책임주의의 원칙상 당연히 실행행위 시에 존재하여야 하지만, 현행 형법 제10조 제3항은 이에 관한 예외로서 원인행위시설까지 확장하고 있다(제3절 원인에 있어서 자유로운 행위 192면 이하 참조).

제 2 절 ▶ 책임무능력과 한정책임능력

1. 의 의

　　형법은 위법성과 같이 책임에 관해서도 적극적으로 규정하지 않고, 소극적으로 책임능력이 없어 형이 면제되거나 감경이 되는 경우만을 규정하고 있다. 책임무능력자로서 형사미성년자(제9조)와 심신상실자(제10조 제1항), 그리고 한정책임능력자로서 심신미약자(제10조 제2항), 청각 및 언어 장애인(제11조)을 각각 규정하고 있다. 심신상실자와 심신미약자를 포함하여 심신장애인이라고 한다.

2. 책임무능력자 및 한정책임능력자

(1) 형사미성년자

형법은 '14세되지 아니한 자의 행위는 벌하지 아니한다'고 규정하고 있다(제9조). 일반적으로 사람의 정신적 발육은 개인차가 있지만, 14세 미만의 자를 일률적으로 「절대적 책임무능력자」로 하고 있다. 이처럼 형법은 14세를 형사책임연령으로 하고 이것에 달하지 않은 자를 「형사미성년자」라고 한다. 형사미성년자는 발육과정에 있기 때문에 일반적으로 행위의 변별능력과 의사결정능력이 미숙하여 형벌 및 보안처분을 부과할 수 없다고 한다. 그러나 14세 미만의 소년은 그러한 능력이 있다고 하더라도 인격의 가역성(可逆性)에 비추어 형법상 비난의 대상이 아닌 교육과 보호의 대상이라고 하는 형사정책적 배려에 의한 것이다.

소년에 대한 특례

소년법은 소년을 건전하게 육성한다는 목적으로 19세 미만의 자에 대해서 형사처분상의 특례를 인정하고 있다(제2조). 즉 14세 이상의 소년이 법정형으로 2년 이상의 유기형에 해당하는 죄를 범한 경우에는 그 법정형의 범위 내에서 장기와 단기를 정하여 부정기형을 선고한다(제60조). 그리고 18세 미만의 소년이 범한 사형 또는 무기징역형에 대해서는 15년의 유기징역으로 제한하고 있다(제59조). 이외에도 구속영장의 제한(제55조 제1항) 등이 있다.

(2) 심신장애인

1) 심신장애의 개념

「심신장애인」은 심신상실자와 심신미약자를 포함한 개념으로서 형법은 '심신장애로 인하여 사물을 변별할 능력이 없거나 의사를 결정할 능력이 없는 자'(제10조 제1항)와 그 '능력이 미약한 자'(동조 제2항)를, 각각 「심신상실자」와 「심신미약자」로 규정하고 있다. 그리고 심신상실자는 '벌하지 아니한다'고 하여 책임무능력자로 하고 있으며, 심신미약자는 '형을 감경할 수 있다'고 하여 한정책임능력자로 하고 있다.

2) 심신장애의 요건과 판단

심신장애의 요건에 관해서는 우선 ① 생물학적 요소인 심신장애가 있어
야 한다.「심신장애(心身障碍)」란, 정신병·정신박약 또는 비정상적인 정신상태와
같은 정신적 장애를 의미한다. 그리고 ② 심리적 요소로서「사물의 변별능력」
과「의사결정능력」이 결여되어 있거나(심신상실), 그 능력이 미약하여야 한다
(심신미약). 즉 사물의 선악(善惡)과 시비(是非)를 구별하여 판단할 수 없거나, 그
의사를 합리적으로 결정할 수 없는 능력을 말한다. 이때 심신상실의 상태는
범죄행위 시에 존재하여야 하며 그것은 일시적이든 계속적이든 불문한다.

그리고 심신장애의 유무는 위와 같은 생물학적 요소와 심리적 요소를 포
함한 혼합적 방법4)을 기초로 하여 법관이 판단해야 할「법률문제」이다. 따
라서 법관의 판단은 합리적이고 경험칙에 반하지 않는 한 어떠한 감정결과에
도 구속되지 않는다.

(3) 청각 및 언어 장애인

형법은 '듣거나 말하는데 모두 장애가 있는 사람의 행위에 대해서는 형
을 감경한다'고 규정하여(제11조) 청각 및 언어 장애인을 한정책임능력자로 규
정하고 있다. 여기서「청각 및 언어 장애인」이란, 듣거나 말하는 능력이 모두
결여된 자를 말하며, 이러한 자는 일반적으로 정신적 발육이 불충분하기 때
문에 일률적으로 책임을 감경하고 있다. 그러나 현대 과학기술의 발달에 따
른 청각 및 언어교육으로 이러한 장애인을 정상인과 구분할 실익이 없기 때
문에 일본은 1995년 5월의 형법 개정에 의해 청각 및 언어 장애인을 한정책
임능력자에서 삭제하였다.

---

4) 형법 제10조에 규정된 심신장애는 생물학적 요소로서 정신병, 정신박약 또는 비정상적 정신
   상태와 같은 정신장애가 있는 외에 심리학적 요소로서 이와 같은 정신적 장애로 말미암아 사
   물에 대한 변별능력과 그에 따른 행위통제능력이 결여되거나 감소되었음을 요하므로, 정신적
   장애가 있는 자라고 하여도 범행 당시 정상적인 사물판별능력이나 행위통제능력이 있었다면,
   심신장애로 볼 수 없다(대판 1992.8.18. 92도1425).

제3절 ▶ 원인에 있어서 자유로운 행위

1. 의 의

　　책임능력은 원칙적으로 범죄행위 시에 존재하지 않으면·안 된다. 이것을 「행위와 책임의 동시존재의 원칙」이라고 한다. 범죄는 구성요건해당성을 전제로 하기 때문에 책임능력은 구성요건해당성, 즉 실행행위 시에 존재하여야 하는 것이 원칙이다.

　　그러나 원인에 있어서 자유로운 행위는 행위자 스스로가 심신장애(심신상실·심신미약)를 야기하여, 그 상태를 이용하여 범죄결과를 발생하게 한 경우로 형법 제10조 제1항 및 제2항의 규정을 적용하여 무죄 또는 형을 감경하는 것은 법감정에 반한다. 예컨대 사람을 살해할 목적으로 만취(원인행위)하여 그 상태를 이용하여 타인을 살해(결과실현행위)한 경우가 그것이다. 따라서 이러한 경우에 완전한 책임을 묻기 위한 이론이 「원인에 있어서 자유로운 행위(actio libera in causa)」의 법리이다.

〈행위와 책임의 동시존재의 원칙과 원인에 있어 자유로운 행위〉

구 분	원인행위 (살해의 목적으로 음주)	결과(실현)행위 (살해행위)
(실행)행위	×	○
책임(능력)	○	×

2. 학 설

　　형법은 원인에 있어서 자유로운 행위에 관하여 '… 전2항의 규정을 적용하지 아니한다'(제10조 제3항)고 규정하여 그 처벌을 입법적으로 해결하고 있다. 그러나 결과행위(실행행위) 시에 책임능력이 존재하지 않기 때문에 「가벌성의 근거」를 어디에서 찾을 것인가에 대하여 견해가 대립하고 있다.

(1) 원인행위에 책임의 근거를 인정하는 견해

원인에 있어서 자유로운 행위는 책임무능력상태의 자기 자신을 도구로 이용하는 점에서, 타인을 도구로 이용하는 「간접정범(제34조 제1항)」과 유사한 구조로 이해하는 견해로서 과거의 다수설이다. 즉, 원인행위를 실행행위로 파악하여 행위와 책임의 동시존재의 원칙을 유지하려는 견해로 구성요건모델이라고도 한다. 그러나 이 견해에 의하면 실행행위의 범위를 부당하게 확대하는 결과 실행행위의 정형성을 무시할 뿐만 아니라, 상대적으로 미수범의 처벌범위가 확대된다는 문제가 있다.

(2) 원인행위와 실행행위의 불가분의 관계에 책임의 근거를 인정하는 견해

책임주의의 원칙상 책임능력은 당연히 실행행위 시에 존재하여야 한다. 다만, 실행행위와 밀접한 관계에 있는 원인행위 시까지 확장이 가능하다는 견해로 예외모델이라고도 한다. 즉 원인행위(살해목적의 음주)와 결과행위(실행행위)의 불가분의 관계에서 책임의 근거를 찾는 견해이다. 원인행위가 결과실현 행위는 될 수 없지만, 자유로운 의사결정에 의한 원인행위가 있고, 이 의사결정의 실현과정에서 결과행위가 행하여져 그 의사의 연속성이 인정되는 경우에는 가령 결과행위 시에 책임무능력 또는 한정책임능력의 상태에 있었다고 하더라도 행위자에게 완전한 책임을 물을 수 있다는 견해로 현재의 다수설이다.5) 다만 원인행위(살해의 목적으로 음주)만을 하고 결과행위(살해행위)를 하지 않은 경우에는 미수범이 성립하는 것이 아니라, 예비죄만이 성립하게 된다.

---

5) 박상기, 247면; 배종대, 307면; 손동권/김재윤, 300면; 신동운, 386면; 오영근, 267면; 이재상/장영민/강동범, 304면; 임웅, 286면; 정성근/박광민, 320면; 진계호/이존걸, 428면.

3. 원인에 있어서 자유로운 행위의 성립요건

〈가별성의 근거〉

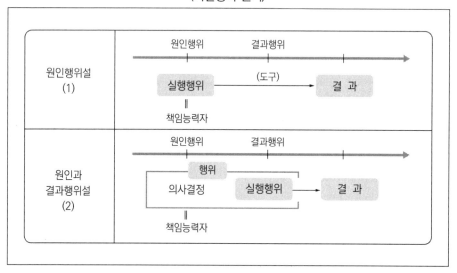

형법은 '위험의 발생을 예견하고 자의로 심신장애를 야기한 자의 행위에는 전2항의 규정을 적용하지 아니한다'(제10조 제3항)고 규정하여, 책임능력자와 동일하게 처벌한다. 이를 나누어 설명하면 다음과 같다.

(1) 위험발생을 예견할 것

'위험의 발생을 예견'한 경우로 제한하고 있으나, 여기에는 구성요건을 인식하고 인용한「고의」(고의에 의한 원인에 있어서 자유로운 행위)뿐만 아니라, 그 가능성을 예견한「과실」(과실에 의한 원인에 있어서 자유로운 행위)도 포함된다. 따라서 원인행위 시에 행위자가 위험의 발생을 인식하지 못하였거나, 예견할 수 없었던 행위에 의해 법익침해나 그 위험이 발생한 경우에는 원인에 있어서 자유로운 행위가 성립되지 않는다는 것이 다수설6) 및 판례7)의 입장이다.

---

6) 박상기, 252면; 배종대, 309면; 오영근, 268면; 이재상, 318면; 임웅, 291면; 조준현, 236면.
7) 형법 제10조 제3항의 위험발생을 예견한 경우란, "고의에 의한 원인에 있어서의 자유로운 행위만이 아니라 과실에 의한 원인에 있어서의 자유로운 행위까지도 포함하는 것으로서 위험의 발생을 예견할 수 있었는데도 자의로 심신장애를 야기한 경우도 그 적용 대상이 된다고

1) 고의에 의한 원인에 있어서 자유로운 행위

고의에 의한 원인에 있어서 자유로운 행위는 원인행위 시에 원인행위에 대한 인식 이외에 결과발생에 대한 고의가 필요하며, 결과실현행위는 원인행위 시의 의사결정에 의해 행해진 고의와 연속성이 있어야 한다. 예컨대 건널목의 전철수가 열차를 전복할 목적으로 술에 만취되어(원인행위), 열차가 통과할 때에 차단기를 내리지 않아 다수의 사상자가 발생한 경우(결과행위)를 말한다.

2) 과실에 의한 원인에 있어서 자유로운 행위

과실에 의한 원인에 있어서 자유로운 행위는 원인행위 시에 행위자가 심신장애상태를 야기하고 그 상태에서 주의의무를 위반하여 결과를 실현한 경우를 말한다. 예컨대 음주를 하면 만취상태에 빠져 타인을 위해할 가능성이 있는 자가, 부주의로 음주하여 심신장애상태하에서 사람을 살해한 경우를 말한다. 살해할 당시(결과행위)에는 이미 책임능력이 없지만, 그 살해의 결과는 음주행위 시(원인행위 시)에 부주의로 야기된 과실과 연속성이 인정될 때 과실치사죄를 구성한다.

(2) 자의에 의한 심신장애의 야기

자의로 책임능력이 있는 상태에서 심신장애의 결과를 일으키는 것을 말하며, 여기서 「심신장애」란, 심신상실과 심신미약을 포함한다. 다만 자의로의 의미에 대해서 학설이 대립되어 있지만, 다수설[8]은 고의 또는 과실로 해석하고 있다.

할 것이어서, 피고인이 음주운전을 할 의사를 가지고 음주만취한 후 운전을 결행하여 교통사고를 일으켰다면 피고인은 음주 시에 교통사고를 일으킬 위험성을 예견하였는데도 자의로 심신장애를 야기한 경우에 해당하므로 위 법조항에 의하여 심신장애로 인한 감경 등을 할 수 없다(대판 1992.7.28. 92도999).

8) 손동권/김재윤, 306면; 신동운, 391면; 임웅, 287면; 정성근/박광민, 323면; 진계호/이존걸, 432면.

(3) 결과실현행위

심신장애상태를 이용하여 범죄결과를 발생하게 하여야 한다. 이때 심신
장애상태를 야기한 원인행위와 결과행위 사이에는 인과관계가 있어야 하며,
인과관계가 없는 경우에는 원인행위에 대해서만 예비죄로 처벌할 수 있을 뿐
이다.

4. 원인에 있어서 자유로운 행위의 효과

원인에 있어서 자유로운 행위에 해당하면 그 행위는 형법 제10조 제3항
에 따라 책임능력자의 행위와 같은 형으로 처벌된다. 즉, 심신상실 또는 심신
미약의 상태에서 구성요건적 결과가 발생하였더라도 형이 면제되거나 감경되
지 않는다.

제4장

책임의 조건

제1절 ▶ 위법성의 인식

1. 위법성 인식의 의의와 내용

(1) 위법성 인식의 의의

형법은 '자기 행위가 법령에 의하여 죄가 되지 않는 것으로 오인한 행위는 … 벌하지 아니한다'고 규정하여(제16조), 형법상 범죄가 성립하기 위하여 위법성의 인식을 필요로 하고 있다. 「위법성의 인식」이란, 자기의 행위가 법적으로 금지되어 있다는 행위자의 인식을 말하는 것으로서, 고의·과실과 함께 책임비난의 핵심적 요소이다. 즉 행위자에게 고의·과실이 있더라도 위법성의 인식이 없으면 형사책임을 물을 수 없다. 이것은 행위자가 위법성을 인식했을 때 비로소 범죄행위를 피하고 적법행위가 기대가능하기 때문이다.

다만 위법성의 인식은 자기가 행한 행위가 법적으로 금지(금지규범)되어 있다는 인식을 의미하는데 대하여, 고의는 그 규범에 속하는 「범죄사실」(구성요건적 고의)과 그 범죄사실의 사회적 의미에 관한 인식(책임고의)이란 점에서 구별된다.

(2) 위법성 인식의 대상과 내용

1) 위법성 인식의 대상

위법성의 인식은 자신의 행위가 법적으로 금지되어 있다는 데 대한 인식을 의미한다. 따라서 행위자에게 위법성의 인식이 있다고 하기 위해서는 행위가 단지 윤리적·도덕적으로 비난을 받는다는 인식만으로는 부족하고, 자기의 행위가 법적으로 인정된 법익(가치)을 침해한다는 「실질적 위법성」에 대한 인식을 필요로 한다. 다만 그 구체적 내용에 대해서는 학설이 대립되어 있다.

2) 위법성 인식의 내용

위법성 인식의 내용에 관한 소수설에 따르면, 위법성의 인식은 언제나 구성요건과 관련되어 있기 때문에 추상적인 것이 아니라 형법의 구체적인 금지 또는 명령을 위반한다는 인식을 필요로 한다고 한다.[1] 이에 대하여 다수설[2] 및 판례[3]는 단순한 윤리규범에 위반한다는 인식만으로는 충분하지 않지만, 형법위반의 인식까지를 요하지는 않는다. 따라서 자신의 행위가 현행 모든 법질서를 위반한다는 인식이 있으면 충분하기 때문에 민법이나 행정법 등에 위반된다는 인식이 있어도 위법성의 인식이 있다고 한다.

2. 위법성 인식의 체계적 지위

범죄성립에 있어서 위법성의 인식이 필요하고, 위법성 인식이 구성요건이나 위법성 요소가 아닌 책임요소[4]라는 점에서 일치하고 있다. 그러나 위법

---

1) 차용석, 「위법성의 인식, 위법성의 착오」, 고시연구 창간20주년기념논문집, 1994, 847면.
2) 김성돈, 379면; 박상기, 254면; 배종대, 311면; 신동운, 414면; 오영근, 287면; 이재상/장영민/강동범, 347면; 임웅, 292면; 진계호/이존걸, 434면.
3) 대판 1987.3.24. 86도2673.
4) 형법상 책임은 행위자가 자기의 행위가 법률상 허용되지 않는다는 것, 즉 위법성을 인식하면 반대동기를 형성하여 적법행위를 결의하는 것이 기대가능하다고 하는 것을 근거로 한다. 따라서 행위자에게 고의·과실이 있다는 것만으로는 행위자에게 책임비난을 할 수 없고, 책임을 인정하기 위해서는 행위자가 자기의 행위에 대한 위법성의 인식이 필요하다. 즉 위법성의 인식은 고의와 과실에 공통하는 책임요소라고 해석하여야 한다(大谷, 335頁).

성의 인식을 고의의 요소로 파악하는 고의설과 고의와는 별개의 책임요소로 파악하는 책임설이 대립하고 있다. 고의설에 의하면 위법성의 인식은 고의의 요소인데 반하여, 책임설에 의하면 위법성의 인식은 고의와는 별개의 책임요소가 된다.

(1) 고의설

고의설은 고의를 책임요소로 파악하는 인과적 행위론의 입장에서 주장된 이론으로서, 고의가 성립하기 위해서는「구성요건적 사실(범죄사실)의 인식」과「위법성의 인식」을 필요로 하는 견해이며, 판례5)의 입장이기도 하다. 고의설은 위법성의 인식이 없으면 언제나 고의의 성립을 조각하는 엄격고의설과 위법성의 인식은 없으나 그 인식가능성이 있으면 고의의 성립을 인정하는 제한고의설로 나뉜다.

1) 엄격고의설

엄격고의설은 고의의 성립에 구성요건적 사실의 인식과 위법성의「현실적」인식을 필요로 하는 견해이다. 이 설에 의하면 현실적으로 위법성을 인식하지 못한 경우에는 구성요건적 사실의 인식이 있다고 하더라도 고의가 조각되어 과실범의 처벌규정이 있는 경우에 한하여 과실범으로 처벌될 뿐이다. 즉 엄격고의설에 의하면 행위자가 위법성을 인식했을 때 비로소 행위자는 위법행위를 포기하고 적법행위를 해야 할 반대동기가 형성되기 때문에, 이 반대동기를 무시하고 위법행위에 나아간 경우에 중한 책임비난의 근거를 인정할 수 있다. 따라서 위법성의 인식이야말로「고의와 과실의 분수령」으로 보고 있다.6)

그러나 엄격고의설에 의하면, 범죄를 반복적으로 하는 습성으로 인하여

---

5) 대법원 판례는 엄격고의설과 제한고의설의 입장으로 나뉘어 해석하고 있다. 우선 "민사소송법 기타 공법의 해석을 잘못하여 압류물의 효력이 없어진 것으로 착오하였거나 또는 봉인 등을 손상 또는 효력을 해할 권리가 있다고 오신한 경우에는 형벌법규의 부지와 구별되어 범의를 조각한다"(대판 1970.9.22. 70도1206)고 해석한 엄격고의설의 입장과 "막연하게나마 자기의 행위에 대한 위법의 인식이 있었다고 보지 못할 바 아니므로 위 채권자의 미필적 고의는 인정할 수 있다(대판 1988.12.13. 88도184)"한 제한고의설의 입장이 있다.

6) 川端 博,『(集中講義)刑法總論』, 成文堂(1992), 294頁.

규범의식이 둔화되어 있는 상습범에 대해서는 가중하여 처벌할 수 있는 근거가 없으며, 또한 극도로 흥분된 상태나 종교적 신념으로 인하여 위법성의 인식이 있다고 보기 어려운 격정범과 확신범, 그리고 규범의 존재를 인식하기 어려운 법정범과 행정범 등은 그 처벌이 곤란하게 된다.

2) 제한고의설

제한고의설은 고의의 성립요건으로서 구성요건적 사실의 인식과 위법성의 「인식가능성」만으로 족하다는 견해이다. 인격책임론의 입장에서 주장된 이론으로서, 행위자가 위법성을 현실적으로 인식할 필요는 없으나, 그의 인격형성(규범의식의 둔화)에 비추어 위법성 인식이 가능하였다면 행위자의 반규범적 인격태도에 대해 고의책임을 인정해야 한다는 견해이다.[7] 그러나 제한고의설은 위법성의 인식가능성이라고 하는 과실적 요소를 고의개념에 포함시켜 고의범과 과실범의 구조상 차이를 무시하고 있다는 비판이 있다.

(2) 책임설

책임설은 본래 고의를 주관적 구성요건요소로 파악하는 목적적 행위론자에 의하여 주장된 이론이지만, 고의를 주관적 구성요건요소와 책임요소라는 이중체계적 지위를 인정하는 입장(사회적 행위론)에서도 범죄사실의 인식이라는 심리적 사실(고의)과 범죄적 의사결정에 저항하는 규범의 인식(위법성의 인식) 문제는 그 성격이 다르기 때문에 고의와 위법성의 인식은 구별되어야 한다고 한다. 따라서 위법성의 인식은 고의와 독립된 책임요소라고 한다. 책임설은 위법성조각사유의 전제사실에 관한 착오를 어떻게 취급하는지에 따라 다시 엄격책임설과 제한책임설로 나뉜다.

1) 엄격책임설

엄격책임설은 위법성의 인식을 고의요소가 아닌 독립된 책임요소로 파악하여, 위법성조각사유의 전제사실에 관한 착오를 위법성 착오로 이해하는 견해이다. 즉, 책임은 고의의 이중체계적 기능(사회적 행위론)에 따라 「책임요소

---

7) 団藤, 316頁.

로서의 고의」와 독자적인 「위법성의 인식」을 포함하는 상위개념이 된다. 따라서 위법성 착오로 인하여 위법성의 인식이 결여된 경우에도 고의의 성립에는 영향을 미치지 않는다. 다만 그 오인에 정당한 이유가 있는 경우에 한하여 책임이 조각될 뿐이다(제16조).

2) 제한책임설

제한책임설은 위법성조각사유의 착오를 「위법성조각사유의 전제사실에 관한 착오」와 「위법성조각사유의 범위와 그 한계에 관한 착오」로 나누어 그 취급을 달리한다. 전자에 관한 착오는 오상방위 등에서 볼 수 있는 것처럼 행위자가 위법성조각사유의 법적 의미를 알고 이에 순응하려고 하였으나 그 상황(위법성조각사유의 전제사실)에 대한 착오가 있었다는 점에서 구성요건적 착오와 유사하여 고의책임을 조각한다고 한다. 이에 반하여 후자에 관한 착오는 위법성조각사유의 법적 의미 그 자체에 대한 착오로서 위법성의 착오로 이해하는 입장이다.

〈고의설〉	
구성요건	
위 법 성	
책 임	책임고의 = 범죄사실의 인식 + 위법성의 인식

〈책임설〉	
구성요건 고의(범죄사실의 인식)	
위 법 성	
책 임	책임고의(금지사실에 관한 인식)
	위법성의 인식(금지규범에 관한 인식)

제 2 절 ▶ 위법성의 착오

1. 위법성 착오의 의의

착오로 인하여 자기의 행위가 위법하다는 것을 인식하지 못한 경우를 「위법성의 착오」라고 한다. 행위자가 구성요건에 해당하는 범죄사실에 대한 인

식은 있었으나, 착오로 인하여 그 사실의 위법성을 인식하지 못한 경우를 말
하며, 이를 「법률의 착오」 또는 「금지의 착오」라고도 한다. 이와 반대로 형법
상 위법하지 않은 행위를 위법한 행위로 오인한 「위법성의 적극적 착오」 또
는 「반전된 금지의 착오」는, 이른바 환각범(幻覺犯)으로서 구성요건해당성이
없기 때문에 형법상 문제가 되지 않는다.

2. 위법성 착오의 종류

위법성 착오는 직접적 착오와 간접적 착오로 나눌 수 있다.

(1) 직접적 착오

행위자가 자신의 행위를 금지하는 규범을 잘못 이해하여 위법성을 전혀
인식하지 못한 경우를 「직접적 착오」라고 한다. 이것은 다시 다음과 같이 세
분화할 수 있다.

1) 법률의 부지

자기의 행위가 형법상 금지되어 있다는 것을 알지 못하고 그 행위가 법
률상 허용되는 것으로 오인한 경우를 말한다. 예컨대 형법 제163조의 변사체
검시방해죄의 규정 자체를 알지 못하여 검시를 받지 않고 변사자를 화장한
경우가 여기에 해당한다. 통설[8]은 법률의 부지를 직접적 착오의 한 유형으로
보고 있지만, 판례[9]는 이것을 위법성 착오로 취급하지 않는다.

---

8) 김성돈, 383면; 박상기, 259면; 손동권/김재윤, 320면; 이재상/장영민/강동범, 356면; 정성근/
   박광민, 336면; 진계호/이존걸, 442면.
9) 형법 제16조에 자기가 행한 행위가 법령에 의하여 죄가 되지 아니한 것으로 오인한 행위는
   그 오인에 정당한 이유가 있는 때에 한하여 벌하지 아니한다고 규정하고 있는 것은 단순한
   법률의 부지를 말하는 것이 아니고 일반적으로 범죄가 되는 경우이지만 자기의 특수한 경우
   에는 법령에 의하여 허용된 행위로서 죄가 되지 아니한다고 그릇 인식하고 그와 같이 그릇
   인식함에 정당한 이유가 있는 경우에는 벌하지 않는다는 취지이다(대판 2001.6.29. 99도5026).

2) 효력(效力)의 착오

행위자가 일반적 구속력을 가지고 있는 법규정을 잘못 판단하여, 그 규정을 무효라고 오인한 경우를 말한다. 예컨대 성매매처벌법상의 성매매에 관한 범죄의 폐지가 논의되었으나 폐지되지 않으느 상태에서 그 범죄가 폐지되었다고 오인하고 성매매를 한 경우이다.

3) 포섭(包攝)의 착오

행위자가 법규정의 존재는 알고 있었지만 그 법해석을 잘못하여 자기의 행위가 법적으로 허용되는 것으로 오인한 경우를 말한다. 예컨대 공무원이 뇌물을 받으면 처벌받는다는 것을 알고 있었지만 업자들로부터 관행적으로 상납되는 금품은 뇌물이 아니라고 생각하고 받은 경우이다.

(2) 간접적 착오

행위자는 자신의 행위가 금지규범에 해당하는 것은 알고 있었지만, 위법성조각사유와 관련된 판단을 잘못하여 처벌받지 않을 것으로 오인한 경우를 「간접적 착오」 또는 「위법성조각사유(정당화사유)에 관한 착오」라고 한다. 간접적 착오는 다음과 같이 분류할 수 있다.

1) 위법성조각사유의 범위와 한계에 관한 착오

행위자가 자신의 행위에 대한 위법성은 인식하였지만, 그 법적 요건이나 의미, 한계 등을 잘못 이해하여 위법하지 않은 것으로 오인한 경우를 말한다. 예컨대 침해의 현재성이 없음에도 불구하고 부당한 침해가 있으면 정당방위를 할 수 있다고 오인한 경우이다. 이것은 위법성조각사유의 요건 그 자체에 대한 착오로서 형법 제16조의 법률의 착오의 예에 따라서 처리한다는 데 다툼이 없다.

2) 위법성조각사유의 전제사실에 관한 착오

위법성조각사유의 상황이 존재하지 않는데도 불구하고, 행위자는 이러한 사정이 존재한다고 오인하고 행위를 한 경우를 말하며 「허용구성요건에

관한 착오」10)라고도 한다. 예컨대 전보배달부를 강도로 오인하고 방위행위를
한 오상방위처럼, 오상피난·오상자구행위 등이 이에 해당한다. 이에 관해서
는 구성요건적 착오와 같이 취급하는 고의설과 제한책임설, 그리고 위법성
착오로 취급하는 엄격책임설이 대립하고 있다.

〈위법성 착오의 종류〉

위법성 착오	직접적 착오	법률의 부지	금지규범 자체를 인식하지 못한 경우로서 판례는 위법성 착오로 취급하지 않는다.
		효력의 착오	법규정을 잘못 판단하여 그 규정을 무효라고 오인한 경우
		포섭의 착오	법률해석에 착오를 일으켜 자기의 행위가 법적으로 허용된 것으로 오인한 경우
	간접적 착오	위법성조각사유의 범위와 한계에 관한 착오	범죄가 되는 행위의 위법성은 인식하였지만, 자기의 경우에는 법령에 의하여 허용되므로 범죄가 되지 않는다고 오인한 경우로서 「허용의 착오」라고도 한다.
		위법성조각사유의 전제사실에 관한 착오	위법성조각사유의 상황이 존재하지 않는데도 불구하고 존재한다고 오인하고 행위를 한 경우로서 「허용구성요건의 착오」라고도 한다.

3. 위법성 착오의 효과

(1) 학설에 따른 위법성 착오의 효과

1) 고의설

고의설은 엄격고의설과 제한고의설이 고의의 성립요소로서 각각 위법성
의 현실적 인식과 인식가능성을 필요로 하기 때문에 위법성 인식에 관한 착
오는 고의가 조각되어 과실범의 처벌규정이 있는 경우에 한하여 과실범으로
처벌될 뿐이다. 다만, 제한고의설에 의하면 착오로 인하여 위법성을 현실적으

---

10) 신동운, 420면 이하, 허용구성요건이란, 위법성조각사유를 달리 표현한 것으로서, 그것은 객
관적 요건과 주관적 요건으로 구성된다. … 위법성조각사유의 전제사실이 존재한다고 오인하
는 것은 허용구성요건의 객관적 요소를 오인한 것이다. 따라서 위법성조각사유의 전제사실
에 관한 착오는 허용구성요건적 착오가 된다.

로 인식하지 못한 경우에도 인식가능성이 있으면 고의범으로 처벌된다.

2) 엄격책임설

엄격책임설[11]은, 위법성의 인식과 고의는 별개의 책임요소이므로 그 인식에 관한 착오는 고의성립과 관계가 없고, 다만 위법성 착오가 불가피한 경우에 한하여 책임을 조각한다. 그러나 위법성 착오에 정당한 이유가 있는 때에는 행위자에게 적법행위를 기대할 수 없으므로 책임비난이 불가능하게 된다.

3) 제한책임설

제한책임설은 위법성의 인식과 고의를 별개의 책임요소로 인정하고 있는 점에서 책임설의 일종이다. 그러나 행위자가 오상방위와 같이 위법성조각사유가 존재한다고 오인하고 방위행위를 한 경우는, 마치 객관적 구성요건요소가 존재함에도 불구하고 존재하지 않는다고 오인한 「반전된 구성요건적 착오」[12]와 그 구조가 유사하기 때문에 구성요건적 착오와 같이 취급해야 한다고 주장한다.

제한책임설은 다시 유추적용제한책임설과 법효과제한책임설로 구분할 수 있다. 우선 ① 유추적용제한책임설[13]은 구성요건적 착오는 아니지만 구성요건적 착오를 유추적용하여 고의책임을 조각한다고 한다. 그리고 ② 법효과제한책임설은, 행위자는 법에 순응하려고 하였지만 부주의로 상황을 오인하여 구성요건적 결과를 야기한 것이기 때문에 완전한 고의책임을 인정할 수 없다. 따라서 법효과면에서 과실범으로 처벌하는 것이 타당하며, 이것이 우리나라의 다수설[14]이다.

---

11) 김성돈, 396면.
12) 객관적 구성요건요소가 존재함에도 불구하고 존재하지 않는 것으로 오인하는 것이 불법구성요건적 착오이다. 불법구성요건적 착오는 단순한 구성요건적 착오라고로 한다. 허용된 구성요건적 착오는 구성요건착오가 반전된 구조를 갖는다.
13) 손동권/김재윤, 203면.
14) 박상기, 268면; 배종대, 314면; 신동운, 437면; 이재상/장영민/강동범, 361면; 임웅, 315면.

(2) 형법 제16조의 해설

위법성의 착오를 규정하고 있는 형법 제16조는 '그 오인에 정당한 이유가 있는 때에는 벌하지 아니한다'고 규정하고 있으나, 그 해결(고의설 또는 책임설)에 관하여는 명백히 하고 있지 않아 학설에 의하지 않을 수 없다. 다수설인 책임설에 따르면, 위법성의 인식과 고의는 별개의 독립된 책임요소이기 때문에 위법성의 착오는 고의가 조각되지 않고 이것을 인식하지 못한 정당한 이유가 있는 때에 한하여 책임이 조각된다고 한다. 다만 여기서 '정당한 이유'[15]란, 행위자에게 그 오인이 불가피한 경우, 즉 행위자가 회피하기 위한 노력을 하였음에도 불구하고 위법성을 인식할 수 없었던 경우에 한하여 인정된다. 따라서 정당한 이유는 회피가능성의 유무로 판단하지 않을 수 없으며,[16] 이것은 결국 행위자가 위법성을 인식할 수 있었음에도 불구하고 부주의로 이를 인식하지 못한 경우, 즉 「위법성 인식의 가능성」에 대한 과실이 있었는지의 여부에 의해서 결정된다고 할 수 있다.

---

15) 대여행위가 적법한지에 관하여 관할 도교육청의 담당공무원에게 정확한 정보를 제공하고 회신을 받거나 법률전문가에게 자문을 구하는 등의 조치를 취하지 않았고, 피고인이 외국인으로서 국어에 능숙하지 못하였다거나 갑 학교 설립·운영협약의 당사자에 불과한 관할청의 소속 공무원들이 참석한 갑 학교 학교운영위원회에서 을 학교에 대한 자금 대여 안건을 보고하였다는 것만으로는 피고인이 자신의 지적 능력을 다하여 행위의 위법 가능성을 회피하기 위한 진지한 노력을 다하였다고 볼 수 없다(대판 2017.5.30. 2016도21713).

16) 대판 2008.2.28. 2007도5987; 이재상/장영민/강동범, 363면 이하, 법률의 착오에 의하여 행위한 자에 대한 책임은 자신의 행위의 위법성을 인식할 구체적 가능성에 기초를 두고 있으므로 착오에 대한 비난가능성은 회피가능성과 동의어에 지나지 않는다고 하여 이를 지지하고 있고 이것이 다수설의 입장이기도 하다.
    그러나 이에 대하여 오영근 교수는 독일 형법 제17조에 "착오를 회피할 수 없었던 경우" 또는 "착오를 회피할 수 있었던 경우"라는 명문규정이 있으므로 법률의 착오를 회피가능성을 중심으로 다루는 것이 당연하지만, 우리 형법 제16조에는 "그 오인에 정당한 이유가 있는 때"라고 규정되어 있으므로 이를 바로 과실의 유무로 판단하는 것은 문제가 있다고 한다(오영근, 29면).

제3절 ▶ 기대가능성

1. 기대가능성의 개념

(1) 기대가능성의 의의

구성요건에 해당하고 위법한 행위를 한 행위자에 대하여 책임을 묻기 위해서는 책임능력, 고의·과실, 위법성의 인식이 필요할 뿐만 아니라, 행위자에게 적법행위에 대한 기대가능성이 존재하지 않으면 안 된다. 여기서「기대가능성」이란, 규범적 책임론의 핵심개념으로서 행위 당시의 구체적 사정에 비추어 행위자에게 범죄행위를 피하고 적법행위를 기대할 수 있는 가능성을 의미한다. 규범적 책임론은 인간에게 범죄행위를 피할 것을 기대하고, 그 기대에 반한 자에 대한 법적 비난을 형법상 책임이라고 하여, 책임의 전제로서 기대가능성을 요건으로 하고 있다. 따라서 행위자에게 적법행위를 기대할 수 없는 경우에는 책임이 조각된다.

(2) 기대가능성의 체계상 지위

행위자에게 적법행위에 대한 기대가능성이 없으면 책임을 물을 수 없기 때문에 기대가능성은 책임능력, 고의·과실, 위법성의 인식과 함께 책임요소 중의 하나이다. 그러나 책임론의 내부에서 기대가능성의 체계상 위치에 대하여는 견해의 대립이 있다.

1) 고의·과실의 구성요소설

기대가능성을 책임의 심리적 요소인 고의 또는 과실의 구성요소로 파악하여 기대가능성이 없으면 고의나 과실이 조각된다고 하는 견해이다.

2) 독립의 책임요소설

기대가능성을 책임요소인 책임능력이나 고의·과실과 병렬적 위치에 있는 독립된 제3의 책임요소라고 하는 견해[17]이다.

---

17) 손동권/김재윤, 330면; 임웅, 318면.

3) 책임조각사유설

기대가능성은 책임의 적극적 요소가 아니기 때문에 책임능력과 고의·과실, 위법성의 인식이 존재하면 원칙적으로 책임이 인정되고, 기대가능성이 없을 때에 책임이 조각된다고 해석하는 견해로서 우리나라 다수설[18]의 입장이다.

4) 검 토

기대가능성은 사실적 성격이 강한 고의 또는 과실과는 달리 위법성의 인식과 같은 규범적 책임조건이다. 따라서 고의·과실의 구성요소설은 타당하지 않고, 독립의 책임요소설 및 책임조각사유설은 기대가능성이 없는 경우에는 모두 책임을 조각한다는 점에서 실질적인 차이가 없다. 다만, 인간이 행위를 함에 있어서 적법행위에 대한 기대가능성이 존재하지 않는 경우는 사회생활상 극히 예외적인 사태라고 생각한다면 이것을 적극적으로 판단하는 독립의 책임요소설보다는 소극적으로 판단하는 책임조각사유설이 논리적으로 타당하다고 생각된다.

2. 기대가능성의 판단기준

적법행위에 대한 기대가능성의 유무 및 정도를 판단하는 기준을 어디에 둘 것인가에 대하여 견해가 나뉜다.

(1) 국가표준설

국가표준설은 적법행위를 기대하는 측인 국가가 법질서의 구체적 요구를 표준으로 하여 기대가능성의 유무와 정도를 판단한다고 하는 견해이다.

---

18) 김성돈, 401면; 박상기, 275면; 이재상/장영민/강동범, 373면; 정성근/박광민, 455면; 진계호/이존걸, 355면.

(2) 평균인(일반인)표준설

행위자를 대신하여 사회의 일반적 평균인을 표준으로 하여 평균인이 행위자의 처지에 있었다면 적법행위를 하였을 것인가에 따라 기대가능성을 판단하는 견해이다. 이 설이 현재의 통설[19] 및 판례[20]의 입장이다.

(3) 행위자표준설

행위 당시에 행위자 자신의 구체적 사정을 표준으로 하여 기대가능성의 유무와 정도를 판단하는 견해이다.[21]

(4) 검 토

국가표준설은 기대가능성의 판단주체가 국가임을 명백히 한 점은 타당하나, 판단의 대상인 행위자의 능력이나 구체적 사정을 고려하지 않은 점에서 충분하지 않다. 그리고 행위자표준설에 의하면 행위자를 기준으로 그의 사정과 능력을 판단하기 때문에 대부분의 경우에 기대가능성을 인정할 수 없게 되는 문제점이 있다. 따라서 사회일반인의 관점에서 기대가능성을 판단하는 평균인표준설이 타당하다. 그러나 이 경우에도 일반인에게 기대할 수 있는 경우라면 행위자에게 기대할 수 없는 경우까지도 책임이 있다고 해석해야 하는 난점이 있다.

---

19) 김성돈, 405면; 신동운, 446면; 오영근, 277면; 이재상, 350면; 임웅, 320면; 정성근/박광민 358면; 진계호/이존걸, 458면.

20) 양심적 병역거부자에게 그의 양심의 결정에 반한 행위를 기대할 가능성이 있는지 여부를 판단하기 위해서는, 행위 당시의 구체적 상황하에 행위자 대신에 사회적 평균인을 두고 이 평균인의 관점에서 그 기대가능성 유무를 판단하여야 할 것인바, 피고인의 양심상의 결정이 적법행위로 나아갈 동기의 형성을 강하게 압박할 것이라고 보이기는 하지만 그렇다고 하여 피고인이 적법행위로 나아가는 것이 실제로 전혀 불가능하다고 할 수는 없다고 할 것이다. 법규범은 개인으로 하여금 자기의 양심의 실현이 헌법에 합치하는 법률에 반하는 매우 드문 경우에는 뒤로 물러나야 한다는 것을 원칙적으로 요구하기 때문이다(대판 2004.7.15. 2004도2965).

21) 박상기, 276면; 배종대, 339면. 다만, 행위자표준설과 평균인표준설은 그 기능을 달리하지만 함께 고려되어야 한다고 주장하는 입장으로 손동권/김재윤, 331면.

3. 기대가능성의 종류

기대가능성의 이론은 본래 법이 예정하고 있지 않은 특이한 상황하의 위법행위에 대하여 형벌로부터 해방하기 위한 이론이기 때문에 기본적으로 초법규적 성격을 가지고 있다는 것이 다수설[22] 및 판례[23]의 입장이다. 그러나 형법은 기대가능성이 없는 경우를 아래와 같이 법정화·유형화한 것도 있다.

(1) 법정적으로 기대불가능한 경우

형법이 규정한 적법행위에 대한 기대가능성이 없어 형의 감경 또는 면제의 가능성을 인정하고 있는 것으로서 과잉방위(제21조 제2항), 과잉피난(제22조 제3항), 과잉자구행위(제23조 제2항)가 있다. 또한 형의 면제가능성을 인정하고 있는 것으로는 강요된 행위(제12조), 공포·경악·흥분 또는 당황으로 인한 과잉방위(제21조 제3항), 과잉피난(제22조 제3항), 친족 간의 범인은닉·증거인멸죄(제151조 제2항, 제155조 제4항) 등이 있다.

(2) 초법규적으로 기대불가능한 경우

형법의 해석상 초법규적으로 기대가능성이 없는 경우로서 특히 문제가 되는 것은 면책적 긴급피난, 위법한 명령에 따른 행위, 의무의 충돌, 자기 또는 친족의 생명·신체 이외의 법익에 대한 강요행위가 있다.

1) 면책적 긴급피난

행위자가 긴급피난의 의사로 피난행위를 하였으나 보충성의 요건(타인의 법익을 침해하지 않고서도 자신의 위난을 피할 수 있는 경우)을 충족하지 못하였거나, 비교형량이 곤란한 법익 사이에 충돌(생명 대 생명)이 발생하여 그중 하나의 이익

---

22) 손동권/김재윤, 333면; 오영근, 282면; 이재상/장영민/강동범, 374면; 임웅, 321면. 이를 부정하는 견해로는 박상기, 273면; 배종대, 344면.

23) 입학시험에 응시한 수험생으로서 자기 자신이 부정한 방법으로 탐지한 것이 아니고 우연한 기회에 미리 출제될 시험문제를 알게 되어 그에 대한 답을 암기하였을 경우 그 암기한 답에 해당된 문제가 출제되었다 하여도 위와 같은 경위로서 암기한 답을 그 입학시험 답안지에 기재하여서는 아니된다는 것을 그 일반수험생에게 기대한다는 것은 보통의 경우 도저히 불가능하다 할 것이다(대판 1966.3.22. 65도1164).

을 희생시킨 경우에는 위법성이 조각되지 아니하고 기대불가능성을 이유로
책임이 조각된다.

2) 위법한 명령에 따른 행위

구성요건에 해당하는 상관의 위법한 명령을 수행한 행위는 위법성이 조
각되지 않는다. 다만 절대적 구속력을 가진 명령에 따른 행위는 기대가능성
이 없기 때문에 책임이 조각된다는 것이 다수설[24]이지만, 판례[25]는 대부분
인정하지 않고 있다.

3) 의무의 충돌

동시에 수행하여야 할 가치가 서로 다른 의무와 충돌할 때, 행위자가 낮
은 가치의 의무를 수행하기 위하여 높은 가치의 의무를 태만히 한 경우에 행
위자는 위법한 행위를 한 것이 된다.[26] 그러나 이 경우에도 통설은 행위자에
게 기대가능성(높은 가치의 의무수행에 대한)이 없으면 초법규적 책임조각사유가
된다고 한다.

4) 자기 또는 친족의 생명·신체 이외의 법익에 대한 강요행위

형법 제12조는 강요된 행위의 요건으로서 '자기 또는 친족의 생명·신체'
에 대한 법익으로 제한하고 있다. 따라서 자기 또는 친족의 생명·신체가 아
닌 재산·명예·비밀 등의 법익에 대한 강요된 행위는 제12조의 강요된 행위가
될 수 없으나, 통설은 이 경우에도 기대가능성이 없다고 하여 초법규적 책임
조각사유로 해석하고 있다.

---

24) 박상기, 279면; 오영근, 284면; 이재상, 356면; 임웅, 326면. 이에 대하여 면책적 긴급피난으로
　　보는 입장은 배종대, 344면.
25) 설령 대공수사단 직원은 상관의 명령에 절대 복종하여야 한다는 것이 불문율로 되어 있다 할
　　지라도 국민의 기본권인 신체의 자유를 침해하는 고문행위 등이 금지되어 있는 우리의 국법
　　질서에 비추어 볼 때 그와 같은 불문율이 있다는 것만으로는 고문치사와 같이 중대하고도 명
　　백한 위법명령에 따른 행위가 정당한 행위에 해당하거나 강요된 행위로서 적법행위에 대한
　　기대가능성이 없는 경우에 해당하게 되는 것이라고는 볼 수 없다(대판 1988.2.23. 87도2358).
26) 오영근, 212면.

4. 기대가능성의 착오

　　적법행위에 대한 기대가능성이 있음에도 불구하고 그것이 없다고 오인한 경우를 「기대가능성의 착오」라고 한다. 예컨대 위법한 상관의 명령이 없음에도 불구하고 있다고 오인한 경우를 말한다. 기대가능성의 부존재는 고의 또는 과실과는 독립된 책임조각사유이기 때문에, 그 착오는 고의가 조각되지 않는다. 그렇기 때문에 착오에 대한 정당한 이유가 있을 때에 한하여 기대가능성의 부존재를 이유로 책임이 조각된다고 해석하여야 한다.

제 4 절 ▶ 강요된 행위

1. 강요된 행위의 의의 및 법적 성격

(1) 강요된 행위의 의의

　　강요된 행위는 '저항할 수 없는 폭력이나 자기 또는 친족의 생명·신체에 대한 위해를 방어할 방법이 없는 협박에 의한 행위'(제12조)를 말한다. 이러한 강요된 행위는 강제상태하에서 행위자에게 적법행위에 대한 기대가능성이 없다는 것을 이유로 책임이 조각된다는 것을 명문화하고 있다.

(2) 법적 성격

　　강요된 행위를 긴급상황하의 행위로 보아 긴급피난의 한 형태로 보는 견해[27]도 있으나, 강요된 행위는 적법행위에 대한 기대불가능성을 이유로 일반적 책임조각사유로 예시(例示)한 규정이라고 보는 것이 타당하다.[28]

---

[27] 긴급피난의 본질에 관하여 이원설을 취하는 독일 형법의 해석에 있어서는 강요된 행위는 긴급피난의 한 형태 내지는 그 특수한 경우에 불과하다. 이재상/장영민/강동범, 378면.

[28] 배종대, 342면.

2. 강요된 행위의 성립요건

(1) 저항할 수 없는 폭력

폭력[29]은 상대방 의사를 제압하기 위한 힘의 행사를 의미하기 때문에 상대방의 의사결정이나 그 실현을 완전히 배제하는 절대적 폭력(절대적 폭력하의 행동은 형법상 행위가 되지 않음)은 여기에 해당하지 않는다. 따라서 「폭력」이란, 강제적(심리적) 폭력만을 의미하며, 그 수단이나 방법에는 제한이 없다는 것이 통설[30]의 입장이다.

(2) 방어할 방법이 없는 협박

'자기 또는 친족의 생명·신체에 대한 위해를 방어할 방법이 없는 협박'으로 인한 경우이어야 한다. 따라서 친구, 동료, 애인 등의 생명·신체에 대한 협박에 대하여서는 초법규적 책임조각사유가 될 뿐이다. 또한 「협박」이란, 사람에 대하여 공포심을 불러일으킬 만한 위해(危害)를 가할 것을 고지하는 것을 말하며 그 내용은 생명·신체에 제한된다.

(3) 강요된 행위

강요자의 폭력이나 협박에 의한 강요된 행위가 있어야 하다. 즉, 피강요자(행위자)가 강요된 행위 이외에 다른 행위를 할 수 없을 정도로 의사결정이 침해되어야 한다. 이때 강요자의 강요행위와 강요된 행위 사이에는 인과관계가 있어야 한다.

---

29) 폭력은 유형력을 행사하여 상대방의 의사를 제압하는 것을 의미하며, 그 강도에 따라 절대적 폭력과 심리적(강제적) 폭력으로 구분할 수 있다. 전자는 사람이 저항할 수 없는 육체적·물리적 유형력(힘센 사람이 손을 잡아 억지로 문서에 서명하게 하는 것)을 말하며, 후자는 의사형성에 영향(상대방이 물건 등을 깨트려 피강요자의 의사형성을 침해하는 것)을 미쳐 일정한 행위를 하거나 하지 못하도록 하는 심리적 강제력을 말한다.

30) 배종대, 342면; 손동권/김재윤, 337면; 신동운, 448면; 오영근, 279면; 이재상, 353면; 임웅, 328면; 정성근/박광민, 365면.

3. 강요된 행위의 효과

강요된 행위에 의한 피강요자의 행위는 적법행위에 대한 기대가능성이 없어 처벌하지 않는다. 강요된 행위는 위법한 행위이지만, 책임이 조각되는 행위로서 이 행위에 대한 정당방위는 가능하다. 그리고 강요자는 피강요자를 「도구(道具)」로 이용하여 범죄를 하였기 때문에 간접정범(제34조 제1항)으로 처벌된다.[31]

---

[31] 이에 대하여 강요된 행위에서 피강요자는 의사결정의 자유만 박탈될 뿐, 자기 행위의 의미와 내용 및 결과를 알고 있기 때문에 생명이 있는 도구라고 보기 어려워 교사범으로 보는 것이 타당하다고 주장하는 견해도 있다(오영근, 281면).

A General Theory of Criminal Law

제6편 미수범론

범죄의 실현단계

지금까지 구성요건(제3편)과 위법성(제4편), 그리고 책임(제5편)에서는 범죄성립을 위한 기본적 요건과 그 조각사유에 대해서 살펴보았다. 즉, 행위자 1인이 형법각칙에 규정되어 있는 구성요건을 실현하여 범죄성립을 완성하기 위한 일반적 요건과 범죄성립을 조각하는 사유들에 관한 것이다. 그러나 형법상 범죄는 행위자 1인이 범죄행위를 하더라도 반드시 그 범죄가 완성되는 기수범만 있는 것이 아니고 미수범도 있다. 또한 범죄는 행위자 1인이 범죄를 실행하는 단독범이 있는가 하면, 2인 이상이 공동하여 1개의 범죄를 실현하는 공범도 있다. 이러한 범죄들은 앞에서 살펴본 기본적 범죄형식을 수정 또는 확장하지 않으면 그 성립을 논할 수가 없다. 이것을「구성요건의 수정형식」또는「수정된 구성요건」이라고 하며, 미수범과 공범이 그것이다.

제1절 ▶ 실현단계에 따른 범죄유형

범죄의 실현도 일상적인 행위처럼 일정한 동기로부터 실행을 결의하고, 나아가 범죄실현을 위한 준비를 하여 그 의사를 실행에 옮기는 과정을 거쳐 결과가 발생한다. 다만, 이 과정에서 단순한 결의는 형법상 평가의 대상이 되지 않는다. 이것은「어느 누구도 사상 때문에 처벌되지 않는다(cogtationis poenam nemo patitur)」는 법언(法諺)에서 유래한 것이다. 따라서 형법은 범죄의 준비행위 이후의 행위에 대해서만 처벌의 대상으로 하지만, 이것을 범죄의 실현단계에 따라서 예비·음모죄, 미수범, 기수범의 3가지 유형으로 구분할 수 있다.

1. 예비죄와 음모죄

예비와 음모는 모두 법익침해의 위험성이 있는 행위이지만, 그 위험성이 매우 적고 실현가능성이 희박하기 때문에 형법은 원칙적으로 처벌하지 않는다. 다만, 예외적으로 형법각칙은 특정한 중대범죄에 대해서 독립된 범죄유형으로서 처벌하고 있다.

(1) 예 비

「예비(豫備)」는 범죄를 실현하기 위한 준비행위로서 실행의 착수에 이르지 아니한 모의(謀議) 이외의 모든 행위를 말한다. 또한 예비는 범죄행위의 물적 준비에 한하지 않고, 예컨대 살인을 위해서 잠복하는 행위 등도 포함된다. 미수와 예비는 실행착수의 유무에 따라 구별되지만, 행위자가 범죄예비 후 실행에 착수하면 예비죄는 기본범죄에 흡수되어 별도로 처벌되지 않는다.

(2) 음 모

「음모(陰謀)」는 2인 이상의 자가 일정한 범죄를 실행하기 위하여 모의하는 것을 말한다. 따라서 음모란, 범죄의 실현단계에서 예비행위에 앞서서 행할 뿐만 아니라, 음모와 예비는 전자가 범죄의 「심리적 준비행위」인데 대하여, 후자는 그 「물적 준비행위」라고 하는 점에서 구별된다. 따라서 예비와 음모는 각각 독립된 범죄준비단계의 행위라고 할 수 있다.

2. 미수범

범죄의 실행에 착수하여 이것을 완전히 실현하지 못한 범죄를 「미수범(未遂犯)」[1]이라고 한다. 여기서 「실행의 착수」란, 개별 구성요건이 예정하고 있는 행위, 즉 실행행위의 개시를 의미한다. 또한 실행행위는 구성요건이 예정하고 있는 법익침해의 현실적 위험성이 있는 행위이기 때문에 이러한 행위가 개시되면 그것이 완성되지 않았다고 하여 방치할 수는 없다.

형법은 실행의 착수를 기준으로 예비·음모[2]와 미수를 구분하고, 전자에 대해서는 형법각칙에 개별규정이 있는 경우에만 예외적으로 처벌하고 있다. 그러나 미수범에 대해서는 '전조의 미수범은 처벌한다'고 규정하여, 형법각칙에 개별규정을 두고 있을 뿐만 아니라, 형법총칙(제25조~제27조)에도 미수범에 대한 일반적 규정을 두어 원칙적으로 처벌하고 있다.

3. 기수범

실행에 착수하여 범죄를 완전히 실현한 범죄를 기수범(旣遂犯)이라고 한다. 거동범에서는 구성요건적 행위(실행행위)를 종료하면 기수가 되지만, 결과범에서는 그 행위의 종료만으로는 기수가 되지 않고 결과가 발생하여야 한다. 그리고 행위와 결과 사이에도 인과관계가 인정되어야 한다. 형법은 기수범을 범죄의 기본적 형태로 하여 처벌하고 있다.

---

1) 미수는 범죄의 실행에 착수하였지만 실행행위를 완료하지 않은 착수미수와 실행행위는 종료하였지만 결과가 발생하지 않은 실행미수가 있으나, 형법은 그 처벌에 있어서 구별하고 있지 않다.

2) 현행 형법상 처벌되는 예비·음모죄는 내란죄, 간첩죄, 이적죄, 폭발물사용죄, 방화죄, 일수죄, 교통방해죄, 통화위조죄, 살인죄, 강도죄 등이 있다.

〈범죄실현단계에서 범죄유형의 구별〉

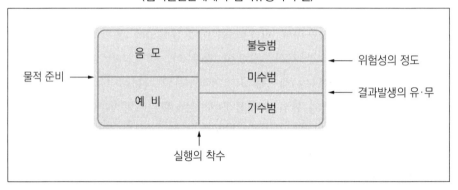

제2절 ▶ 예비죄·음모죄 및 미수범의 처벌근거

　　행위자에게 책임이 없어도 결과가 발생한 이상 책임을 묻는 결과책임 (versari in re illicita)이 지배하고 있던 시기에는 예비·음모는 물론 미수도 처벌하지 않았다. 그러나 행위자에 대한 책임을 중시하는 책임주의의 원칙에 따라 미수에 대한 처벌이 의식되기 시작한 이래, 기수범을 원칙적으로 처벌하고 미수범은 예외적으로 처벌하고 있다. 다만, 결과가 발생하지 않았음에도 불구하고 미수범을 처벌하는 근거에 대하여 주관주의와 객관주의의 입장으로부터 학설이 대립되어 있다.

1. 주관설

　　미수범의 처벌근거를 행위자의 반사회적 위험성이라고 하는 「침해의사」에서 찾는 견해이다. 범죄행위는 그것 자체에 의미가 있는 것이 아니라 행위자의 반사회적 위험성을 징표(徵憑)하는 것에 불과하다. 따라서 범죄의 실행행위나 결과발생이 중요한 것이 아니라, 오히려 침해의사가 존재한다는 실행행위의 개시야말로 범죄의 본질을 나타낸다고 한다. 이러한 의미에 있어서 미수와 기수 사이에는 본질적인 차이가 없기 때문에 동일한 형벌로 처벌하여야 하고, 또한 미수 이전의 단계에 있는 예비·음모도 폭넓게 처벌해야 한다고 주장한다.

2. 객관설

미수범의 처벌근거를 행위자의 범죄적 의사가 아닌 행위가 초래한 「법익침해」에서 찾는 견해이다. 따라서 이 견해에 의하면 법익을 현실로 침해한 경우(기수)와 침해하지 않은 경우(미수)는 본질적으로 다를 뿐만 아니라, 이것을 철저히 하면 범죄행위는 법익을 침해한 기수만을 처벌하여야 한다. 그러나 기수만을 처벌하는 것은, 범죄예방이라는 관점에서 불충분하기 때문에 비교적 중대한 범죄에 대해서는 현실로 법익을 침해하지 않았지만 그 「위험」을 발생시킨 미수에 대해서도 처벌하여 법익보호의 기능을 보다 완전히 하려는 입장이다. 이러한 객관설은 객관주의형법학 내부에서 위법의 본질을 무엇으로 파악하는가에 따라 다시 행위무가치론과 결과무가치론으로 나뉜다.

(1) 행위무가치론

미수범은 행위가 갖는 법익침해의 일반적 위험성(행위자체의 위험성)을 기초로 하여 처벌하는 견해이다. 따라서 예비·음모와 미수는 그 위험성의 정도면에서 서로 다르기 때문에 처벌에 있어서도 미수는 예비·음모보다는 중하게 처벌하여야 한다.3) 또한 범죄의사가 있다고 하더라도 결과발생에 대한 일반적 위험성이 인정되지 않는 한 처벌할 수 없다고 한다.4) 그리하여 행위의 위법성판단은 행위자의 주관면(범죄의사를 비롯한 계획)과 결과발생에 대한 일반적

---

3) 예컨대, 살인죄의 미수(제254조)는 기수죄(제250조 제1항)와 동일한 형인 사형, 무기 또는 5년 이상의 징역인데 반하여, 살인죄의 예비·음모(제255조)는 10년 이하의 징역으로 미수의 형보다 가볍게 처벌한다.

4) 절충설에 따르면, 현행 형법의 미수범에 대한 임의적 감경(제25조 제2항)과 불능범(제27조)을 처벌하지 않는 것은 미수범의 처벌근거에 있어서 객관면과 주관면을 모두 고려한 결과라고 설명할 수 있다.

위법성이라는 객관면을 모두 고려하여 판단하는 절충적 입장으로 다수설5)
이다.

(2) 결과무가치론

미수범은 행위에 의한 법익침해의 객관적 위험성(결과로서의 위험)이 발생
한 때 이것을 근거로 처벌하는 견해이다. 이 입장을 철저히 하면 객관적 위험
으로부터 모든 주관면을 배제하여 위법성을 판단하는 학설도 있지만, 일반적
으로는 미수범의 고의를 주관적 위법요소로 하여 주관면도 고려하고 있다.
이처럼 객관설 내부에서의 행위무가치론과 결과무가치론은, 행위의 위험성
판단에 있어서 객관면과 주관면을 모두 고려하는 점에서는 유사하다. 그러나
결과무가치론은 법익침해의 객관적 위험이라고 객관면 이외의 주관면은 위
법성 판단에 있어서 필요불가결한 경우에 그 대상으로 하고 있다는 점에서
구별된다.

<미수범의 처벌근거>

학 파	처벌근거	귀 결

구 파
(고전학파)
	객관설(객관적 미수론)
	① 행위무가치론
	 :「행위」 자체가 갖는 범죄실현의 현
	  실적 위험성(행위 자체의 위험)
	② 결과무가치론
	 : 결과발생의 객관적 위험성(결과로
	  서의 위험성)
		① 중대한 법익침해에 한하여 처벌하
		 기 때문에 미수처벌은 예외적
		② 결과발생의 위험성이 있을 때 비
		 로소 처벌

신 파 (근대학파)	주관설(주관적 미수론) : 행위자의 의사 또는 성격에 대한 위 험성에 있어서 기수범과 차이가 없음	미수범뿐만 아니라 예비·음모도 포함 하여 기수범과 동일하게 처벌하여야 함

---

5) 오영근, 307면; 이재상/장영민/강동범, 388면; 임웅, 340면; 정성근/박광민, 383면.

제 3 절 ▸ 미수범의 종류

　　미수범은 범죄의 실행에 착수하여 결과가 발생하지 않은 행위라는 점에서 크게 최광의의 미수범, 광의의 미수범, 협의의 미수범으로 구분할 수 있다.

　　「광의의 미수범」은 범죄의 실행에 착수하였으나 구성요건의 내용을 충족하지 못한 경우를 말하며, 여기에는 「협의의 미수범(장애미수·불능미수)」과 중지범(중지미수)이 포함된다. 이것들은 결과가 발생하지 않았다는 점에서 기수범과 비교하여 위법성의 감소가 인정되는 점에서 차이가 있지만, 결과발생의 가능성(법익침해의 위험성)이 있는 위법행위라는 점에서는 기수범과 공통된다. 다만 중지범은 자의로 실행행위를 중지하거나, 결과발생을 방지하였기 때문에 책임감소가 인정된다고 하는 점에서 협의의 미수범과 구별된다. 이것에 대하여 「최광의의 미수범」에는 결과발생의 위험성조차 존재하지 않는 불능범도 포함한다.

제 2 장

미수범(장애미수)

제1절 ▶ 장애미수의 의의

형법은 '범죄의 실행에 착수하여 행위를 종료하지 못하였거나 결과가 발생하지 아니한 때는 미수범으로 처벌한다'고 규정하여(제25조) 미수범에 관한 일반적 규정을 두고 있다. 이것은 장애로 인하여 결과가 발생하지 아니하였다는 점에서 「장애미수(障碍未遂)」에 관한 규정이기도 하다.

미수범의 기본적인 문제는 범죄의 시간적 실현단계 중에서, 이느 단계로부터 처벌을 인정할 것인가에 있다.[1] 이에 관하여 형법은 '범죄의 실행에 착수하여'라고 규정하고 있어 이것에 이르지 않은 예비·음모를 미수와 구별하고 있다.

---

[1] 미수범에 대한 「처벌시기의 조기화」는, 법익의 중요성 등으로부터 판단되는 보호의 필요성과 국민의 행동의 자유라는 양자를 형량한 후에 신중하게 결정하지 않으면 안 된다. 山口, 229頁.

제2절 ▶ 장애미수의 성립요건

1. 주관적 요건

미수범이 성립하려면 우선 고의의 기수범과 같이 주관적 구성요건요소인 고의가 있어야 한다. 행위자가 특정한 구성요건을 실현한다고 하는 고의가 있어야 한다. 따라서 처음부터 미수에 그치려는 이른바 「미수의 고의」는 고의로 인정되지 않는다. 또한 초과주관적 구성요건요소를 필요로 하는 범죄인 절도죄와 통화위조죄 등에서는 고의 이외에 각각 불법영득의 의사와 행사의 목적이라는 요소들도 갖추어야 한다.

2. 객관적 요건

(1) 실행의 착수

미수범이 성립하기 위해서는 「실행의 착수」가 있어야 한다. 즉 실행행위의 일부를 개시하여야 하지만, 실행의 착수시기에 관하여는 학설이 대립되어 있다.

1) 객관설

객관적 「행위」를 표준으로 하여 실행의 착수시기를 정하는 견해로서 객관주의 범죄이론의 입장이다. 우선 형식적 객관설은 구성요건을 기준으로 하여 범죄구성요건의 일부를 실현하는 행위가 있을 때 실행의 착수를 인정하는 견해이다. 또한 실질적 객관설은 사회통념상 구성요건적 행위의 실현이 있을 때, 즉 법익침해의 현실적 위험이 절박하였을 때 실행의 착수를 인정하는 견해이다.

2) 주관설

행위자의 「의사」를 표준으로 하여 실행의 착수시기를 정하려는 견해로서 주관주의 범죄이론의 입장이다. 행위자의 범죄적 의사가 행위로 인하여

확정적으로 표출된 때 또는 범의(犯意)의 비약적인 표동이 있을 때 실행의 착
수를 인정하는 견해이다.

3) 절충설(주관적 객관설)

행위자의 「범죄계획의 전체를 고려하여 법익침해의 위험성이 절박했을
때」에 실행의 착수를 인정하는 견해로서 우리나라의 통설[2]이다. 대법원은
실행의 착수시기에 관하여 일관된 입장을 취하고 있지 않지만, 구체적인 행
위상황과 범죄자의 범죄계획을 고려하는 절충설이 타당하다고 본다.

4) 검 토

형법은 범죄의 실행의 착수에 관하여 구체적인 규정을 두고 있지 않아
학설에 의존할 수밖에 없다. 객관설에 의하면 실행의 착수를 지나치게 엄격
하게 해석하는 반면 주관설은 부당하게 확대한다는 비판이 제기된다. 따라서
미수범의 기본적인 토대와 처벌의 조기화 방지라는 측면에서 실행의 착수시
기를 검토한다면, 행위자의 범죄계획과 구체적인 행위상황을 고려하여 판단
하는 절충설이 타당하다고 본다.

│ 특수한 범죄유형에 있어서 실행의 착수시기

---

1) 부작위범(제18조)

부작위범에 있어서 실행의 착수시기는 결과발생을 방지하여야 할 작위의무 있는 자가 그
의무를 위반하여 구성요건적 결과발생의 현실적 위험을 야기한 때 인정된다. 예컨대 유아에
게 수유를 하지 않은 유모처럼, 유모의 부작위(수유하지 않은)가 있는 때 바로 실행의 착수가
인정되는 것이 아니라, 수유하지 않아 사망이라는 결과발생의 위험을 야기하거나 그 위험이
증가된 때에 인정된다.

2) 과실범(제14조)

현행법은 과실범의 미수를 처벌하지 않기 때문에 실행의 착수시기를 논할 실익이 없지만,
이론상 과실범의 미수를 인정할 수 있다. 즉 과실범은 주의의무를 위반한 행위가 실행행위이

---

2) 김성돈, 425면; 박상기, 361면; 배종대, 354면; 손동권/김재윤, 434면; 신동운, 481면; 오영근, 310
면; 이재상/장영민/강동범, 394면; 임웅, 335면; 정성근/박광민, 383면; 진계호/이존걸, 490면.

기 때문에 행위자가 객관적 주의의무의 위반행위를 개시한 때 실행의 착수가 있다고 볼 수 있다.

3) 간접정범(제34조 제1항)

간접정범에 있어서 실행의 착수시기에 대한 견해의 대립이 있지만, 피이용자는 이용자의 「도구」에 불과하기 때문에 이용자가 피이용자를 이용하기 시작한 때 실행의 착수가 있다고 보는 것이 타당하다.

4) 원인에 있어서 자유로운 행위(제10조 제3항)

원인에 있어서 자유로운 행위의 실행의 착수시기에 대해서는 학설이 대립되어 있으나, 그 가벌성의 근거를 원인행위와 결과행위(실행행위)의 불가분의 연관에서 찾는 다수설은 결과행위 시에 실행의 착수가 있다고 본다(원인에 있어서 자유로운 행위 192면 참조).

5) 격리범(隔離犯)

행위지와 결과 발생지가 시간적 또는 장소적으로 다른 범죄로서 이격범이라고도 한다. 예컨대 서울에서 살고 있는 甲이 부산에 살고 있는 乙을 살해하기 위하여 독극물을 우송한 경우처럼, 운송기관은 범행의 도구에 불과하기 때문에(간접정범과 같이) 독극물을 발송한 때에 실행의 착수가 있다고 본다.

6) 결합범

두 개의 구성요건이 결합하여 1개의 구성요건을 이루는 범죄를 결합범이라고 한다. 예컨대 강도죄처럼 폭행을 수단으로 타인의 재물을 절취한 경우에는 그 수단이 되는 폭행행위를 했을 때 실행의 착수가 인정된다.

(2) 결과의 불발생

장애미수가 성립하기 위해서는 실행행위를 종료하지 못하였거나 또는 결과가 발생하지 아니하여야 한다. 그러나 이 경우에 실행행위는 종료할 수 있는 것이어야 하며, 결과도 발생가능한 것이어야 한다. 처음부터 행위를 종료할 수 없거나 결과발생이 불가능한 경우에는 「불능미수」가 문제될 뿐이고 장애미수는 성립하지 않는다.

또한 형법 제25조는 결과의 불발생사유에 따라 범죄의 실행에 착수하였으나 그 행위를 종료하지 못하여 결과가 발생하지 아니한 경우(착수미수)와 실행행위는 종료하였지만 장애로 인하여 결과가 발생하지 못한 경우(실행미수)를 구분하고 있지만, 처벌에 있어서는 동일하게 취급하고 있다.

〈범죄의 실행단계〉

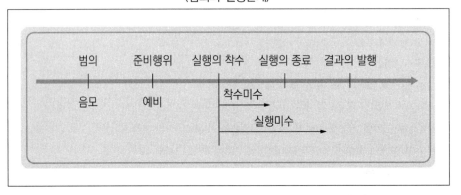

(3) 구체적 위험의 발생

미수범이 성립하기 위해서는 「결과의 불발생」이라는 소극적 요건 이외에, 법익침해의 「구체적 위험발생」이라는 적극적 요소가 필요하다. 따라서 결과가 발생하지 아니한 모든 미수가 가벌적 미수범으로서 처벌되는 것이 아니다. 일반적으로 범죄는 행위자가 실행에 착수하면 법익침해의 위험이 발생하고 동시에 객관적 위험이 발생하기 때문에 미수범의 성립요건으로서 독립적으로 「구체적 위험의 발생」을 논의할 실익이 없다. 다만, 형식적으로 실행에 착수한 행위일지라도 법익침해의 구체적 위험이 발생하지 않는 불능범과 그 구별에 있어서 특히 의미가 있다.

제 3 절 ▶ 장애미수의 처벌

미수범의 처벌은 형법각칙에 특별한 규정이 있는 경우에만 처벌되며(제29조), 장애미수의 형은 기수범보다 감경할 수 있는 임의적 감경사유이다(제25

조 제2항). 이 점에서 필요적 감면하는 중지범(제26조)과 임의적 감면하는 불능미수(제27조)와 구별된다.

제 4 절 ▶ 관련문제

1. 거동범

미수는 범죄의 실행에 착수하여 이를 완성하지 못한 경우를 말하므로 구성요건상 일정한 결과의 발생을 필요로 하지 않는 단순거동범(제152조의 위증죄)에서는 미수를 인정할 여지가 없다.

2. 과실범

과실범은 결과의 발생을 성립요건으로 하기 때문에 결과가 발생하지 않는「과실미수범」은 논할 실익이 없다. 특히 형법상 과실범의 미수를 처벌하는 규정이 없으므로 실제로도 문제가 되지 않는다.

3. 결과적 가중범의 미수

결과적 가중범은 기본범의 고의와 중한 과실이 결합된 범죄로서 과실에 의한 중한 결과발생을 그 성립요건으로 한다. 따라서 결과적 가중범은 기본범죄가 미수에 그친 것은 물론 중한 결과가 발생하지 않으면 범죄 자체가 성립하지 않기 때문에 미수를 논할 여지가 없다는 것이 종래의 통설이었다. 그러나 1995년 형법 개정에 의하여 결과적 가중범인 인질치사상죄(제324조의5), 강도치사상죄(제342조), 해상강도치사상죄(제340조 제2항·제3항), 현주건조물일수치사상죄(제177조 제2항)의 경우에는 미수범의 처벌규정을 두고 있다.

4. 부작위범의 미수

　　진정부작위범은 결과발생을 필요로 하지 않는 거동범(제145조의 집합명령위반죄, 제319조 제2항의 퇴거불응죄)이므로 미수를 인정할 수 없다. 그러나 현행 형법은 이들 범죄의 미수(제149조, 제322조)를 처벌하고 있지만, 이것은 입법의 오류(誤謬)로 볼 수 있다. 이에 대하여 부진정부작위범은 작위형태로 규정된 구성요건을 부작위에 의해서 실현하는 범죄로서 그 작위범의 미수를 처벌하는 경우에는 당연히 부진정부작위범의 미수범도 성립하게 된다. 다만, 부진정부작위범은 작위의무자의 일정한 기대된 행위를 하지 않는 범죄의 성격상 실행의 착수시기를 어느 때로 볼 것인지 문제가 된다. 이에 대해서는「특수한 범죄유형에 있어서 실행의 착수시기」(226면)에서 살펴본 것과 같다.

중지범(중지미수)

제3장

제1절 ▶ 중지미수의 의의

범죄의 실행에 착수한 범인이 그 범죄가 기수에 이르기 전에「자의(自意)」로 이를 중지하거나, 그 행위로 인한 결과의 발생을 방지한 경우를「중지범(中止犯)」또는「중지미수(中止未遂)」라고 한다. 중지범의 형은 필요적으로 '감경하거나 면제한다'(제26조).

중지미수는 결과가 발생하지 않았다는 점에서는 장애미수와 동일하지만, 그 결과가 자의로 발생하지 않은 것으로, 이것이 타의에 의한 장애미수와 구별된다. 또한 결과발생이 가능하다는 점에서 처음부터 그것이 불가능한 불능미수와도 구별된다.

제2절 ▶ 중지미수의 법적 성격

형법은 중지미수의 형을 필요적 감면하고 있기 때문에 장애미수(임의적 감경) 및 불능미수(임의적 감면)와 비교하여 특별한 취급을 하고 있다. 그 근거에 대하여 견해의 대립이 있는데, 이를 「중지미수의 법적 성격」이라고 한다.

1. 형사정책설

중지미수를 특별하게 취급하는 것은 행위자에게 범죄의 완성을 미연에 방지하게 하려는 정책적 고려에 있다는 설로서, 황금교이론·보상설·형벌목적설 등이 주장되고 있다.

(1) 황금교이론

행위자가 비록 범죄의 실행에 착수하였으나, 그 범죄의 완성을 미리 방지할 수 있는 경우는 대부분 범인에 의한 경우뿐이다. 따라서 범인에게 범행으로부터 되돌아올 수 있는 황금교를 놓아 주어 법익을 보호하려는 정책적 목적에 따라 중지미수를 특별 취급하는 견해이다. 이 이론을 리스트(Liszt)의 「황금교이론(黃金橋理論)」이라고 한다.[1] 그러나 중지미수의 법적 효과를 독일형법 제24조처럼 무죄로 규정하고 있지 않아 필요적이라고는 하지만, 형의 감면에 그치는 우리 형법에서는 형사정책적 효과를 기대하기 어렵다. 또한 일반적으로 사람들이 중지범에 관한 규정을 반드시 알고 있다고 볼 수 없기 때문에 그 효과도 기대하기 어렵다는 문제점이 있다.

(2) 보상설(은사설)

보상설은 행위자가 자의로 범죄의 완성을 중지한 것에 대한 보상을 인정하여 형을 감경 또는 면제한다는 견해이다. 이때 보상의 근거를 범인의 자발적 중지행위에 대한 책임의 감소나 형벌목적의 소멸에서 찾는 견해로서, 공적설 또는 은사설이라고도 하며, 다수설의 견해[2]이다.

---

1) 신동운, 494면.
2) 박상기, 366면(보상설＋형벌목적설); 이재상/장영민/강동범, 407면; 임웅, 334면(보상설＋책임소멸설); 정성근/박광민, 396면(보상설＋형벌목적 및 형사정책설).

(3) 형벌목적설

형벌을 과하는 목적은 범죄예방에 있지만, 중지미수는 일반예방이나 특별예방에 비추어 자의로 범행을 중지 또는 결과발생을 방지한 경우로서 처벌해야 할 필요성이 없거나 감소한 것으로 보는 견해이다.[3] 그러나 이 견해에 의하면 결과가 발생하지 않았다고 하여 행위자의 범죄의사가 반드시 감소되었다고 볼 수 없다는 비판이 있다.

2. 법률설

중지미수를 특별 취급하는 근거를 중지행위 자체의 법적 성격에서 찾으려고 하는 설로서 위법감소·소멸설과 책임감소·소멸설이 있다.

(1) 위법감소·소멸설

고의는 주관적 위법요소이므로 범죄가 기수로 되기 이전에 자의로 고의를 포기하거나 결과발생을 방지한 경우에는 결과발생의 현실적 위험성이 사후적으로 감소·소멸한다고 하는 견해이다. 그러나 미수범의 처벌근거가 결과발생의 현실적 위험에 있다고 하면, 일단 실행에 착수하여 발생한 범죄사실이 고의를 철회하였다고 하여 사후적으로 감소 또는 소멸된다고 하기 어렵다.

(2) 책임감소·소멸설

책임은 범죄실행을 결의한 행위자의 의사에 대한 비난가능성으로서 그 결의를 자의로 중지한 이상, 비난가능성이 감소·소멸한다고 하는 설이다.[4] 그러나 행위자가 자의로 중지행위를 하기만 하면, 이미 법익침해의 위험이 발생한 경우까지도 중지미수를 적용해야 한다는 문제가 있다.

---

3) 손동권/김재윤, 445면.
4) 김성돈, 440면.

3. 결합설

중지미수의 형을 감경과 면제로 구분하여 설명하는 견해로, 형의 면제는 형사정책설에서 그리고 형의 감경은 법률설에 의하여 설명한다. 다만 그 결합의 형태에 따라 다양한 학설이 주장되고 있지만, 종래의 다수설은 형의 감경은 책임비난이 감소하기 때문이고, 형의 면제는 형사정책설에 의하여 설명할 수 있다고 하여 책임감소설과 형사정책설의 결합설[5]에 따르고 있다.

제3절 ▶ 중지미수의 성립요건

1. 주관적 요건: 중지의 자의성

중지미수가 장애미수와 구별되는 것은 범인이 「자의」로 범행을 중지한 점에 있다. 따라서 외부적 장애에 의하여 중지한 것이 아니고, 행위자가 자의로 중지하지 않으면 안 된다. 다만, 자의성의 개념을 어떻게 파악할 것인가에 관하여 견해의 대립이 있다.

(1) 주관설

자의를 후회·동정·연민과 같은 주관적이고 윤리적인 동기에 의한 경우로 보고, 이러한 동기로 중지한 경우만 중지미수라고 한다. 예컨대 출혈을 보고 놀라 살인행위를 중지한 경우는 장애미수이지만, 후회나 반성에 의하여 중지한 경우는 중지미수가 된다고 한다. 이 견해는 행위자의 의사를 기준으로 자의성을 판단하는 점에서 기본적으로는 타당하지만 자의성과 윤리성을 혼동하고 있다는 비판이 있다.

---

5) 이태언, 401면; 황산덕, 232면.

(2) 프랑크(Frank) 공식

프랑크 공식은 행위자가 「할 수 있었음에도 불구하고 하기를 원하지 않아서」 중지한 경우는 중지미수이지만, 하려고 하였지만 할 수가 없어서 중지한 경우를 장애미수라고 한다. 이 설은 중지미수와 장애미수의 구별을 매우 주관적인 행위자의 심리상태에 의존하고 있다는 점이 문제이다.

(3) 객관설

외부적 사정과 내부적 동기를 구별하여, 외부적 사정에 의해 범죄를 중지한 경우가 장애미수이고, 그렇지 않은 경우가 중지미수라고 한다. 이 설은 외부적 사정과 내부적 동기를 구별하기 곤란하기 때문에 중지미수의 범위가 지나치게 확대될 위험이 있다.

(4) 규범설

행위자가 범행을 중지하게 된 내심의 태도를 형법의 관점에서 규범적으로 판단하여 형법의 목적과 일치하는 경우에 중지미수를 인정하는 견해이다.[6] 이 견해에 의하면, 범행의 중지가 「합법성으로의 회귀」로 평가될 수 있거나 또는 범행의 발각이나 처벌의 위험성을 이성적으로 판단하여 중지하였다면 자의성의 부정되지만, 비이성적 이유로 중지하였다면 자의성을 인정하고 있다. 예컨대 피해 부녀가 다음에 만나 친해지면 응해 주겠다는 간곡한 부탁에 따라 강간행위의 실행을 중지한 경우[7]에 내심의 태도를 보면 자의성이 인정되지만, 규범적으로 판단하면 자의성이 부정(행위자가 적법상태로 되돌아왔거나 비이성적 이유로 중한 것이 아님)될 여지가 크다.[8]

(5) 절충설

범행 당시의 객관적 사정과 행위자의 내부적 원인을 종합하여 사회통념

---

6) 박상기, 369면; 배종대, 365면.

7) 대판 1993.10.12. 93도1851.

8) 손동권/김재윤, 448면.

상 내부적 장애에 의한 범행의 중지가 중지미수이고, 외부적 장애에 의한 중지가 장애미수라는 견해이며, 다수설[9] 및 판례[10]의 입장이다.

| 자의성의 구체적 검토

1) **후회·동정·연민 등의 윤리적 동기로 범행을 중지한 경우**(타인의 집에 강도의 목적으로 들어가 실행을 하였으나 어린애가 잠에서 깨어 우는 것을 보고 후회하여 범행을 중지한 경우)
: 규범설을 제외한 어느 설에 의해서도 자의성이 인정된다.

2) **공포·경악으로부터 범행을 중지한 경우**(사람을 살해하기 위하여 칼로 사람을 찌른 결과, 대량의 출혈을 보고 놀라 범행을 중지한 경우)
① 주관설은 범행을 계속할 의사가 없다고 생각되기 때문에 자의성이 인정되지 않는다. ② 객관설에 의하면 공포 또는 경악에 의한 경우에 범행의 장애가 되는가는 일반적으로 판단하기 어렵기 때문에 구체적 사정을 종합하여 판단하여야 한다. ③ 적법상태로 되돌아오거나 범죄예방의 관점에서 위험성이 제거되었다고 보기 어려워 규범설도 자의성을 부정할 것이다.
④ 대량출혈을 보고 중지한 것은 사회통념상 범죄를 완성하는 데 외부적 장애가 때문에 절충설에 의하면 자의성이 인정되지 않는다(대판 2011.11.10. 2011도10539).

3) **발각이 두려워 범행을 중지한 경우**(노상강도에 착수하였으나 경찰관이 순찰 중인 것을 보고 범행을 중지한 경우): 어느 설에 의해서도 자의성이 인정되지 않는다.

4) **계획의 착오로 범행을 중지한 경우**(강도에 착수하였으나 금액이 적어 범행을 중지한 경우)
① 주관설에 의하면 범행을 계속할 수 있었는데 중지한 경우이므로 자의성이 인정될 수 있다. ② 객관설은 일반인이 강취할 정도의 금액이었다면 자의성은 부정된다. 또한 거액을 목적으로 한 경우에도 자의성은 부정될 것이다. ③ 규범설도 자의성을 부정할 것이다.

---

9) 배종대, 364면; 손동권/김재윤, 447면; 오영근, 324면; 이재상/장영민/강동범, 412면.
10) 범죄의 실행행위에 착수하고 그 범죄가 완수되기 전에 자기의 자유로운 의사에 따라 범죄의 실행행위를 중지한 경우 자의에 의한 중지가 일반 사회통념상 장애에 의한 미수라고 보여지는 경우가 아니면 이는 중지미수에 해당한다(대판 1993.10.12. 93도1851).

2. 객관적 요건

(1) 실행의 착수

미수범의 일반적 요건으로서 「실행의 착수」가 있어야 한다. 실행의 착수시기에 관해서는 앞에서 살펴본 장애미수와 같다.

(2) 행위를 중지하거나 결과발생을 방지할 것

중지미수가 성립하기 위해서는 「착수미수」의 경우에 행위의 중지라는 부작위로 족하다. 그러나 「실행미수」에 있어서는 결과발생의 방지, 즉 작위에 의한 결과발생을 방지하기 위한 적극적인 중지행위가 요구된다. 여기서 중지행위의 태양(부작위, 작위)을 특정하기 위하여 실행행위가 언제 종료하는지를 확정하는 것이 중요하다.

1) 착수미수와 실행미수의 구별

실행행위의 종료시기에 관하여 행위자의 인식내용을 기준으로 하는 주관설과 결과의 발생가능성을 기준으로 하는 객관설이 대립되어 있다. 예컨대 甲은 권총에 실탄 두발을 장전하고 乙을 살해할 의사로 첫발을 쏘았으나, 두 발 째에 중지한 경우에 두 설의 차이점을 살펴보면 다음과 같다.

① 주관설은 행위자의 주관적 의사를 기준으로 실행행위의 종료시기를 결정하는 견해이다.[11] 이 설에 의하면, 甲이 두발을 장전하고 두발을 모두 발사하여 살해하려고 한 경우에는, 두 발째 발사를 종료하여야만 실행행위가 종료된다. 그러나 첫발을 발사하고 두 발째를 발사하지 아니하였다면 결과발생을 위한 적극적 중지행위를 하지 않고서도 중지범이 되는 문제가 발생한다. ② 객관설은 행위자의 의사와 관계없이 권총을 발사하여 객관적으로 결과발생의 위험성이 있는 행위를 한 이상, 실행행위는 종료된 것으로 본다. 따라서 위의 사례에서, 甲은 이미 실행행위를 종료하였기 때문에 두 발째 발사를 중지하더라도 착수중지가 되지 않고 장애미수가 된다. ③ 절충설은 행위당시의 객관적 사정과 행위자의 의사를 종합하여 결과발생에 대한 위험성이

---

11) 박상기, 373면; 손동권/김재윤, 451면; 신동운, 502면; 이재상, 386면.

인정되는 때 실행행위가 종료된 것으로 본다. 이 설은 결국 객관설과 결론을 같이 하지만, 실행의 착수에 관하여 절충설에 따르는 한 실행의 종료에 있어서도 절충설을 따르는 것이 논리적으로 타당하고 다수설의 입장이다.[12]

〈실행의 종료시기〉

(살해의 고의로 권총에 두발을 장전하여 사람에게 발사한 경우)

예 시	주관설	객관설	절충설
첫 번째 발사로 명중시켜 사망의 위험을 발생시킨 경우 (행위자는 1발로 살해하려고 함)	실행중지	실행중지	실행중지
첫 번째 발사가 명중하지 않고, 더구나 행위자는 1발만 장전된 것으로 오인하여 발사를 중지한 경우(행위자는 1발로 살해하려고 함)	실행중지	실행중지	실행중지
첫 번째 발사를 하였지만 명중하지 않고, 나머지 1발이 더 있다고 하는 것을 알았지만 중지한 경우(행위자는 첫 번째 발사가 실패해도 두 번째 발사에 의하여 살해하려고 함)	착수중지	실행중지	착수중지
두 발 모두 명중하지 않은 경우(행위자는 첫 번째 발사가 실패해도 두 번째 발사에 의하여 살해하려고 함)	실행중지	실행중지	실행중지

2) 착수미수의 중지미수

(가) 실행을 중지할 것

착수미수가 성립하기 위해서는 「실행행위의 중지」가 있어야 한다. 즉, 행위자가 실행에 착수한 행위를 포기하는 부작위에 의한 중지로 족하다. 여기서 실행의 중지는 종국적으로 그 행위를 포기하는 것뿐만 아니라 일시적인 유보도 중지미수가 될 수 있다.[13]

(나) 결과의 불발생

행위자가 실행행위를 중지하더라도 결과가 발생하면 기수가 성립하고 중지미수가 되지 않는다. 따라서 착수미수의 중지미수가 성립하기 위해서는 실행의 중지와 결과의 불발생이 요구된다.

---

12) 배종대, 368면; 오영근, 324면; 임웅, 361면; 정성근/박광민, 402면; 진계호/이존걸, 511면.
13) 김일수/서보학, 543면; 배종대, 369면.

3) 실행미수의 중지미수

실행미수는 실행행위가 이미 종료된 경우이므로 결과발생을 방지하기 위한 적극적 중지행위가 필요하다.

(가) 적극적 결과방지행위

범인이 결과발생의 방지를 위한 적극적 행위를 하여야 한다. 따라서 착수미수와 달리 부작위에 의한 결과발생의 소극적 방지로는 불가능하다고 하는 것이 통설의 입장이다.

(나) 결과의 불발생

범인이 결과발생의 방지를 위한 진지한 노력을 하였지만 결과가 발생한 경우에는 기수범이 성립하고 중지미수는 성립하지 않는다.

(다) 결과의 불발생과 인과관계

범인이 적극적인 노력을 하였음에도 실제로는, 처음부터 결과발생이 불가능한 경우와 타인의 행위에 의하여 결과발생이 불가능한 경우에도 중지미수가 성립되는지에 대하여 학설이 대립하고 있다. 그러나 이러한 경우에는 중지행위와 결과불발생 사이에 「인과관계」가 인정되지 않으면, 중지미수가 적용되지 않는다고 이해하는 설이 타당하다.

제 4 절 ▶ 중지미수의 처벌

형법 제26조는 중지미수의 형을 감경하거나 면제하는 「필요적 감면사유」로 규정하고 있는 한편, 착수중지와 실행중지를 형법상 동일하게 취급하고 있다. 중지미수가 적용되는 이상 실행행위에 의하여 발생한 다른 구성요건에 해당하는 사실에 대해서도 별도의 범죄가 성립되지 않는다. 예컨대 살인죄에 대하여 중지미수가 인정되면 상해의 사실이 발생한 경우에도 상해죄는 성립하지 않는다.

제 5 절 관련문제

1. 예비·음모의 중지

예비·음모의 중지는 행위자가 어떤 범죄의 예비·음모행위를 한 후 자의로 실행에 착수하지 않은 경우를 말한다. 이것은 형법 제26조가 중지미수의 성립요건으로서 「실행에 착수」를 필요로 하고 있기 때문에 그 이전의 행위인 예비·음모행위에 대해서도 중지미수의 규정을 적용해야 할 필요가 있는지 문제이다.

(1) 부정설

형법 제26조를 문리해석을 할 경우에 중지미수는 실행에 착수한 행위를 자의로 중지한 것이기 때문에 실행의 착수 이전의 행위인 예비·음모에 대하여 중지미수의 규정을 적용할 수 없다는 견해이며 판례[14]의 입장이다.

(2) 긍정설

예비·음모의 중지에 관해서도 중지미수의 규정을 준용하자는 견해로서 그 범위와 관련하여 다시 여러 가지 견해로 나누어진다. 다수설은 예비·음모의 형이 중지미수의 형보다 무거운 때에 한하여 형의 균형을 위하여 중지미수의 규정을 준용해야 한다고 한다.[15]

---

14) 중지범은 범죄의 실행에 착수한 후 자의로 그 행위를 중지한 때를 말하는 것이고 실행의 착수가 있기 전인 예비음모의 행위를 처벌하는 경우에 있어서 중지범의 관념은 이를 인정할 수 없다(대판 1999.4.9. 99도424).

15) 박상기, 379면; 배종대, 371면; 이재상/장영민/강동범, 419면. 이에 대하여 실행의 착수 후 중지나 실행의 착수 전 중지나 하나의 과정에서 다음 과정으로의 범행계속을 중지한다는 점에서 공통되므로 예비단계에서 자의로 중지한 경우에도 제26조를 전면적으로 유추적용하는 것이 간명하다고 주장하는 견해로, 오영근, 332면.

2. 공범과 중지미수

형법 제26조는 단독범에 관한 중지미수의 규정이다. 따라서 공범의 경우에는 단독범의 중지미수에 관한 규정이 적용될 수 있는지가 문제된다.

(1) 공동정범의 중지미수

공동정범의 가벌성은 공범자 전체의 행위를 기준으로 판단하기 때문에 공동정범의 중지미수도 공범자 전원이 실행행위를 자의로 중지하거나 모든 결과의 발생을 완전히 방지한 때에만 중지미수의 규정을 적용할 수 있으며, 판례[16]도 같은 입장이다.

(2) 간접정범의 중지미수

타인을 도구로 이용하여 범죄를 실행하는 간접정범이 중지미수가 되기 위해서는 이용자(간접정범자)가 자의로 피이용자의 실행행위를 중지시키거나 결과발생을 방지하게 해야 한다. 따라서 피이용자가 스스로 중지하거나, 이 중지행위를 간접정범자가 사후에 추인하는 것은 간접정범의 중지미수가 되지 않는다.[17]

(3) 교사범과 종범의 중지미수

교사범과 종범의 중지미수도 정범의 실행행위를 중지시키거나 결과발생을 방지한 때에만 성립한다. 예컨대 정범이 자의로 실행행위를 중지하거나 결과발생을 방지하면, 정범은 중지미수가 되지만 교사·방조자는 장애미수가 된다. 이것은 중지미수가 인적처벌조각·감경사유이기 때문이다.

---

16) 다른 공범의 범행을 중지하게 하지 아니한 채 자기만의 범의를 철회·포기한 경우에는 중지미수의 인정을 부정하고 있다(대판 2005.2.25. 2004도8259).

17) 배종대, 374면.

제4장

불능범(불능미수)

제1절 ▸ 불능미수의 개념

1. 불능미수의 의의

    범죄를 실현할 의사로 실행에 착수하였으나 행위의 성질상 구성요건적 결과를 발생시키는 것이 불가능한 경우를 「불능범(不能犯)」이라고 한다. 형법은 '실행의 수단 또는 대상의 착오로 인하여 결과의 발생이 불가능하더라도 위험성이 있는 때에는 처벌한다'고 하여 가벌적 불능범인 「불능미수(不能未遂)」와 위험성이 없는 불가벌적 「불능범」을 함께 규정하고 있다(제27조). 그러나 불능범의 판단에 있어서 결과발생의 가능 여부는 행위 후에 판명되는 경우도 있을 뿐만 아니라, 위험성의 판단도 매우 곤란한 경우가 있기 때문에 가벌적 「불능미수」와 불가벌적 「불능범」의 구별이 문제가 된다.

2. 불능범과 구별되는 개념

(1) 환각범

환각범(幻覺犯)은 형법상 범죄가 아닌 사실을 범죄로 오인하고 행위를 한 경우를 말한다. 예컨대 동성애가 범죄라고 생각하고 동성애를 한 경우처럼 환각범은 결과발생이 불가능하다는 점에서 불능범과 같지만, 구성요건해당성이 없어 범죄가 성립되지 않는다는 점에서 구별된다.

(2) 미신범

미신범(迷信犯)은 주술적인 방법으로 사람을 살인하는 것과 같이 실현 불가능한 방법으로 구성요건을 실현하려는 행위를 말한다. 이것도 환각범처럼 구성요건해당성이 없다는 점에서 불능범과 구별된다.

(3) 구성요건흠결이론

구성요건흠결이론은 구성요건요소 중 「결과」가 흠결된 경우에는 불능미수가 되지만, 이 밖의 구성요건요소(범죄의 주체[1]·객체[2]·수단[3] 또는 행위상황[4] 등)가 흠결된 경우에는 미수의 구성요건해당성이 없기 때문에 범죄가 성립하지 않는 것을 말하며, 「사실의 흠결이론」이라고도 한다. 우리 형법 제27조는 구성요건흠결이론에 따라 불능범을 판단하는 것이 아니라 「위험성의 유무」에 따라 하고 있기 때문에 우리 형법은 이 이론을 적용할 수 없다.

---

1) 배임죄(제335조 제2항)에 있어서 사무처리자가 아닌 자가 자기를 사무처리자로 오인하여 임무위배에 해당하는 행위를 한 경우처럼, 신분범에 있어서 행위자의 신분이 결여되어 결과발생이 불가능한 경우를 말한다.
2) 이미 사망한 태아를 살아 있다고 오인하여 낙태시술(大判昭和2年6月17日刑集6卷208頁)을 한 것처럼 보호의 대상인 행위의 객체가 존재하지 않아 범죄가 성립되지 않는 경우를 말한다.
3) 유황으로 사람을 살해할 수 있다고 오인하거나, 소량의 공기로도 주사를 하면 사람을 살해할 수 있다고 오인하여 주사한 경우 등을 말한다.
4) 진화방해죄(제169조)에 있어서 화재가 발생하였다고 오인하여 진화용의 시설 또는 물건을 은닉 또는 손괴한 경우처럼 구성요건의 행위상황의 요건을 충족하지 않아 구성요건해당성이 없는 경우를 말한다.

제2절 ▶ 불능미수의 성립요건

1. 실행의 착수

불능미수도 미수의 일종이므로 그 성립에 미수범의 일반적 성립요건인 고의에 의한「실행의 착수」가 있어야 한다. 이 요건은 형법 제27조의 법문에 명시되어 있지 않지만, 당연히 전제되어 있는 요건이다.

2. 결과발생의 불가능

불능미수는 '실행의 수단 또는 대상의 착오로 인하여 결과의 발생이 불가능'해야 한다. 여기서 결과발생이 불가능하다고 하는 것은, 구성요건의 실현이 처음부터 사실상 불가능한 것을 의미하며, 이것이 불능미수와 장애미수를 구별하는 기준이 된다. 다만, 결과발생의 가능 여부는「사실판단의 문제」로서 법률판단인 위법성의 판단과는 구별하여야 한다.

(1) 수단의 착오

행위자가 범죄를 실현하기 위하여 선택한 수단 및 방법으로는 구성요건적 결과를 발생시킬 수 없는 경우를「수단의 착오」라고 한다. 예컨대 살해의 목적으로 사람에게 설탕이나 유황을 마시게 한 경우가 여기에 해당한다.5)

(2) 대상의 착오

범죄의 대상, 즉 행위의 객체가 존재하지 않아 결과발생이 불가능한 경우를「대상의 착오」라고 한다. 예컨대 사체에 대한 살인행위, 장물이 아닌 재

---

5) 일본의 유황살인사건으로서, 피고인 A가 내연 관계에 있는 甲남을 살해할 목적으로 유황분말을 냄비요리 속에 넣어 먹게 한 사안에 대하여, "제1의 방법으로는 살해의 결과를 야기하는 것이 절대로 불능하고, 단지 타인을 상해를 하는 것에 그칠 뿐이다."고 판시하였다(大判 大6年9月10日刑錄23輯999頁).

물을 장물이라고 믿고 운반한 행위, 자기의 재물에 대한 절도 등이 있다.

(3) 주체의 착오

구성요건상 행위의 주체가 아니기 때문에 결과를 발생시킬 수 없는 경우를 「주체의 착오」라고 한다. 예컨대 진정신분범인 배임죄(제355조 제2항)에 있어서, 타인의 사무를 처리하는 자가 아닌데도 불구하고 그 지위에 있다고 오인한 경우를 말한다. 그러나 형법 제27조는 실행의 수단과 대상의 착오로 결과의 발생이 불가능하고 위험성이 있을 때에만 불능미수로 벌하고 있기 때문에 이것을 「주체의 착오」의 경우까지 확대하는 것은 죄형법정주의의 원칙에 반하여 허용되지 않는다고 해야 한다.[6]

3. 위험성이 있을 것

불능미수로 처벌하기 위해서는 결과발생이 불가능하더라도 「위험성」이 있어야 한다. 따라서 위험성은 「불능미수」와 「불능범」을 구별하는 기준이 된다. 그러나 위험성을 어떠한 사정을 기초로, 누구의 입장에서, 언제 판단할 것인가에 관하여 견해의 대립이 있다.

(1) 객관설

1) 구객관설

구객관설은 결과발생의 불능을 「절대적 불능」과 특별한 사정으로 인하여 범죄의 실현이 불능한 「상대적 불능」으로 구별하고, 전자를 불능범이라고 하며, 후자를 미수범으로 이해하는 견해로서 종래의 판례[7]의 입장이다. 예컨

---

6) 김성돈, 431면; 배종대, 377면; 신동운, 524면; 안동준, 201면; 오영근, 338면; 이재상/장영민/강동범, 429면.

7) 불능범은 범죄행위의 성질상 결과발생의 위험이 절대로 불능한 경우를 말하는 것인바 향정신성의약품인 메스암페타민 속칭 "히로뽕" 제조를 위해 그 원료인 염산에 페트린 및 수종의 약품을 교반하여 "히로뽕" 제조를 시도하였으나 그 약품배합미숙으로 그 완제품을 제조하지 못하였다면 위 소위는 그 성질상 결과발생의 위험성이 있다고 할 것이므로 이를 습관성의약품제조미수범으로 처단한 것은 정당하다(대판 1985. 3. 26. 85도206).

대 사체에 대한 살해행위 및 설탕물로 사람을 살해하는 것은 결과발생이 절대적으로 불가능하기 때문에 절대적 불능이며, 방탄복을 입은 자에 대한 발포와 치사량 미달의 독약은 상대적 불능이 된다.

이 설은 위험성을 「사후적」으로 판단하기 때문에 행위 당시에 존재한 모든 사정은 물론 행위 후에 판명된 사정도 기초로 하여 과학적으로 위험성을 판단한다는 점에 그 특징이 있다.

2) 구체적 위험설(신객관설)

구체적 위험설은 행위 당시에 행위자가 인식한 사정은 물론 일반인이 인식할 수 있었던 사정을 기초로 하여, 일반인의 관점에서 결과발생에 대한 위험성을 판단한다. 즉, 사후적으로 판단하여 객관적·구체적인 위험성이 있는 경우에는 불능미수로 처벌해야 한다는 견해로서 우리나라의 다수설[8]의 입장이다.

(2) 절충설

1) 추상적 위험설

추상적 위험설은 행위 당시에 행위자가 인식한 사실을 기초로 일반인의 관점에서 추상적으로 결과발생에 대한 위험성을 판단하는 견해이다. 위험성의 판단을 행위자의 인식만을 기초로 한다는 점에 특징이 있다. 이 설을 주관적 위험설이라고도 하며, 판례[9]의 입장이기도 하다.

2) 인상설

인상설은 일반예방의 관점으로부터 행위자의 법적대(法敵對)적 의사가 외부로 표현되어, 일반인에게 법질서를 침해하는 인상을 심어줄 경우에 위험성이 있는 것으로 파악하는 견해이다.

---

8) 박상기, 387면; 배종대, 380면; 신동운, 530면; 오영근, 340면; 이재상/장영민/강동범, 432면.

9) 김성돈, 436면; 손동권/김재윤, 472면; 정성근/박광민, 417면; 진계호/이존걸, 527면. 또한 대법원 판례도 "불능범의 판단기준으로서 위험성 판단은 피고인이 행위 당시에 인식한 사정을 놓고 이것이 객관적으로 일반인의 판단으로 보아 결과발생의 가능성이 있느냐를 따져야 한다."고 하여 추상적 위험성설을 따르고 있다(대판 1978.3.28. 77도4049).

(3) 주관설

행위자의 범죄실현의 의사가 행위에 의해서 표현된 이상, 그 행위가 갖는 위험성의 유무를 묻지 않고 미수범이 된다고 하는 견해이다. 따라서 이설에 의하면, 행위자가 범죄행위를 하면 대부분 불능미수가 되어 불능범을 인정할 여지가 없다. 그러나 미신범에 대해서는 실현 불가능한 방법으로 구성요건을 실현하려는 행위로서 불능범을 인정한다고 한다.

〈각 설에 따른 위험성 판단의 비교〉

학 설		판단자료(기초)	판단기준	판단시기
객관설	구객관설	객관적 사정	과학적	사후적
	구체적위험설	일반인 + 행위자	일반인	사후적
절충설	추상적위험설	행위자	일반인	행위 시
	인상설	행위자	일반인	행위 시
주관설		행위자	행위자	행위 시

제 3 절 ▶ 불능미수의 처벌

형법 제27조는 불능미수에 대하여 결과발생이 불가능하더라도 위험성이 있으면 처벌한다. 다만, 그 형은 감경 또는 면제할 수 있다고 하여 「임의적 감면사유」로 규정하고 있다. 따라서 장애미수(제25조)의 임의적 감경보다 가볍고, 중지미수(제27조)의 필요적 감면보다 무거운 형태이다.

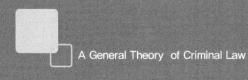

A General Theory of Criminal Law

제 7 편 공 범 론

제1장

정범과 공범

형법각칙(제87조~제372조)에 규정된 범죄는 주로 행위자 1인이 구성요건을 실현하는 형태인 단독범으로 규정되어 있지만, 실제로 범죄는 복수(複數)의 형태인「공범(共犯)」에 의해서 이루어지는 경우도 적지 않다.[1] 이 경우에 단독범을 전제로 하여 규정되어 있는 범죄의 성립요건을 그대로 공범에게 적용할 수 없다. 복수의 행위자가 관여하는 범죄의 특수성을 고려하여, 단독범을 전제로 규정되어 있는 구성요건을 수정·확정하지 않으면 안 된다. 여기서 범죄 성립요건의 어느 부분을, 어떠한 경우에, 어떻게 수정할 것인가를 명백히 하는 것이「공범론의 과제」이다.

제1절 ▶ 정범의 개념

정범(正犯)은 협의의 공범인 교사범과 종범에 대응하는 개념으로서 기본적 구성요건에 해당하는 행위인 실행행위를 하는 자를 말한다. 정범의 개념은 두 가지의 형태로 분류할 수 있다.

---

[1] 일반 형법사범의 단독범은 총 1,479,904건 중에 1,2498,449건(84.4%)으로 공범의 230,455건(15.6%) 보다 많게 나타났다. 특히 강력범죄인 살인, 강간, 방화 등에 있어서는 범죄의 특성상 단독범의 경우가 다른 범죄에 비하여 비교적 높은 편이다(대검찰청, 『범죄분석』(2019), 406면).

1. 협의의 정범과 광의의 정범

(1) 협의의 정범

단독으로 범죄를 실행하는 단독정범(직접정범·간접정범), 피교사자, 피방조자 및 동시범²)과 같이 실행행위의 전부를 실행하는 자를 말한다.

(2) 광의의 정범

협의의 정범은 물론 실행행위의 일부만을 나누어 실행하는 공동정범도 정범으로 파악한다. 따라서 정범은 실행행위를 전부 또는 그 일부만을 실행하는 것으로도 충분하다.

2. 직접정범과 간접정범

(1) 직접정범

행위자가 직접 구성요건에 해당하는 사실을 실현하는 경우를 말한다.

(2) 간접정범

타인을 「도구(道具)」로 이용하여 마치 자기가 범죄를 실현하는 것과 같은 형태를 간접정범이라고 한다(제34조).

---

2) 2인 이상이 자가 서로 의사연락이 없이 동일한 객체에 대하여 각각 범죄를 실행하기 때문에 공범으로 취급되지 않는다. 다만 형법 제263조의 상해죄의 특례가 있다.

제 2 절 ▸ 공범의 개념

1. 공범의 의의

　2인 이상의 자가 협력(가공)하여 구성요건을 실현하는 경우를 「공범」이라고 한다. 형법전은 제3절에 공범으로서 '2인 이상이 공동하여 죄'를 범하는 「공동정범(제30조)」과 '타인을 교사한 자'를 「교사범(제31조)」으로, 그리고 '타인의 범죄를 방조한 자'를 「종범(제32조)」으로 각각 규정하고 있다.

(1) 광의의 공범

　단독범에 대응하는 개념으로서 2인 이상의 자가 의사연락하에서 구성요건을 실현하는 것을 광의의 공범이라고 한다. 이러한 의미하의 공범은 피가담자(피교사자·피방조자) 및 공동정범도 공범이 된다.

(2) 협의의 공범

　광의의 정범에 대응하는 개념으로서 구성요건적 행위, 즉 실행행위 이외의 행위로 범죄에 가담(협력)하는 자를 협의의 공범이라고 한다. 교사범 및 종범이 여기에 해당한다.

2. 공범의 종류

(1) 임의적 공범

　형법의 기본적 구성요건은 단독정범에 의한 기수의 형태로 규정되어 있다. 따라서 공범이 문제가 되는 경우는 일반적으로 이러한 개개의 기본적 구성요건을 수정·확장하여 적용하지 않으면 안 된다. 즉 단독범에 의해 실현할 수 있는 기본적 구성요건을 2인 이상이 협력하여 실현하는 공범형태를 「임의적 공범(任意的共犯)」이라 한다. 일반적으로 공범이라고 하면, 임의적 공범을 말하며 그 형태는 공동정범(제30조), 교사범(제31조), 종범(제32조)이 있다.

(2) 필요적 공범

구성요건의 실현에 반드시 2인 이상의 협력을 필요로 하는 범죄를「필요적 공범(必要的共犯)」이라고 한다. 필요적 공범에는 ① 수뢰죄(제129조)와 같이 수인의 협력자가 서로 다른 방향에서 같은 목표를 향하여 행하는「대향범(對向犯)」과 ② 소요죄(제115조)와 같이 수인의 협력이 같은 목표를 향하여 같은 방향에서 행해지는「집단범(集團犯)」이 있다.

필요적 공범은 형벌법규에 독립된 범죄형태로 유형화되어 있기 때문에 그 성질상 형법총칙의 공범규정(제30조~제33조)이 원칙적으로 적용되지 않는다고 이해하는 것이 통설[3] 및 판례[4]의 입장이다. 따라서 필요적 공범에 가담하는 자는 개별 구성요건에서 규정한 내용에 따라 처벌받게 된다.

〈범죄의 관여형태〉

---

[3] 김성돈, 564면; 박상기, 400면; 배종대, 398면; 손동권/김재윤, 491면; 이재상/장영민/강동범, 448면.

[4] 대판 2009.6.23. 2009도544; 대판 2014.1.16. 2013도6969: "금품 등의 수수와 같이 2인 이상의 서로 대향된 행위의 존재를 필요로 하는 관계에 있어서는 공범이나 방조범에 관한 형법총칙 규정의 적용이 있을 수 없다. 따라서 금품 등을 공여한 자에게 따로 처벌규정이 없는 이상, 그 공여행위는 그와 대향적 행위의 존재를 필요로 하는 상대방의 범행에 대하여 공범관계가 성립되지 아니하고, 오로지 금품 등을 공여한 자의 행위에 대하여만 관여하여 그 공여행위를 교사하거나 방조한 행위도 상대방의 범행에 대하여 공범관계가 성립되지 아니한다."

제 3 절 ▶ 정범과 공범의 구별

정범과 공범의 구별은 「정범개념의 우위성(優位性)」이 의미하는 것처럼, 공범개념은 정범의 개념을 어떻게 정하느냐에 따라서 반사적으로 규정된다. 그러나 정범개념을 어떻게 정할 것인가에 관해서는 종래 다음과 같은 두 가지 관점에서 논의가 되어 왔다.

1. 확장적 정범개념과 제한적 정범개념

(1) 확장적 정범개념

구성요건실현에 원인을 제공한 자는 모두 정범이라고 하는 견해이다. 이 개념에 의하면 정범과 공범은 구별되지 않기 때문에 「통일적 정범개념」을 인정하게 된다. 따라서 교사범과 종범도 정범이지만, 형법 제31조와 제32조와 같은 특별규정에 의하여 그 요건을 완화하거나 형벌을 감경하기 때문에 공범은 「형벌축소사유」가 된다.

(2) 제한적 정범개념

실행행위를 스스로 행하는 자만이 정범이라고 하여 정범개념을 제한적으로 이해하는 견해이다. 따라서 실행행위(법익의 침해 또는 그 위험성이 있는 행위) 이외의 형태(범죄도구의 제공이나 조언 등)로 범죄에 가담한 자는 모두 공범이 된다. 공범은 본래 처벌대상이 아니지만, 형법 제31조와 제32조와 같은 특별규정을 두어 처벌하고 있기 때문에 공범은 「형벌확장사유」가 된다.

(3) 검   토

위에서 살펴본 확장적 정범개념과 제한적 정범개념은 구성요건론을 전제로 하여 정범과 공범의 구별을 시도였지만, 모두 양극단에 치우친 이론이라고 하지 않을 수 없다. 확장적 정범개념은 구성요건실현에 대하여 원인으로 작용한 모든 행위를 실행행위로 파악하여 그 정형성을 무시하였을 뿐만 아니라 정범개념을 지나치게 확대하여 죄형법정주의에 반한다는 비판이 제기되었다. 또한 제한적 정범개념은 간접정범은 스스로 실행행위를 하지 않고 사람을 이용한 범죄로서 공범에 해당하게 되어 형법의 태도와 일치하지 않는다. 여기서 정범과 공범의 구별기준을 근본적으로 다시 검토해야 할 이유가 있다.

2. 정범과 공범의 구별기준

(1) 주관설

정범의 의사로 결과를 실현한 자가 정범이고, 공범의 의사로 범죄에 가담한 자가 공범이라고 하는 견해이다. 이것은 인과관계론에 있어서 모든 조건에 대하여 동가치성을 인정하는 조건설에 따라 구성요건의 실현에 원인을 제공한 자를 모두 정범이라고 하여, 정범과 공범을 객관적으로 구분할 수 없다. 따라서 행위자의 의사를 기준으로 주관적으로 정범과 공범을 구분할 수 있을 뿐이라고 한다. 예컨대 사생아 생모의 부탁으로 영아를 목욕탕에 빠트려 익사시킨 사건에서, 피고인은 공범의 의사로 행위를 하였기 때문에 공범이고, 생모가 정범이라고 한다.[5] 그러나 이 설에 의하면 정범과 공범의 구별은 결국 법관의 재량에 위임하게 될 뿐만 아니라, 범죄의사라고 하는 양형의 문제를 범죄성립의 문제와 혼동하고 있기 때문에 법적안정성을 해칠 위험성이 크다.

(2) 객관설

1) 형식적 객관설

구성요건을 기준으로 하여 구성요건적 행위, 즉 실행행위의 일부나 전부를 직접 실행한 자가 정범이고, 그 이외의 행위로 구성요건의 실현을 용이하

---

5) 이재상, 425면.

게 한 자를 공범이라고 한다. 이 설에 의하면 양자의 구별은 명확하지만, 형
사책임무능력자를 교사하여 절도를 하게 한 간접정범을 정범으로 할 수 없는
등 구체적 타당성이 결여되어 있었다는 비판이 있다.

2) 실질적 객관설

실행행위의 개념을 규범적·가치적으로 고찰하여, 정범과 공범을 실행행
위의 유무에 따라 구별하지 않고 이를 실질적으로 파악하는 견해이다. 즉 정
범은 공범관계에 있어서 주된 지위에 있는 자, 결과발생에 있어서 중요한 역
할을 하는 자, 결과의 발생과정을 지배한 자를 말하고, 공범은 종된 지위에
있는 자, 경미한 역할을 하는 자, 결과발생의 협조자를 말한다.[6]

(3) 행위지배설

구성요건을 실현하려는 의사를 가지고 인과관계를 목적적으로 지배·조
종하는 자가 정범이고, 이러한 지배력이 없는 자를 공범이라고 한다.「행위의
지배개념」에 의하여 정범과 공범의 구별기준으로 삼은 이론이다. 행위지배설
은 행위의 주과면과 객관면 모두를 고려한 점에서 행위의 한 면만을 고려하
는 주관설이나 형식적 객관설보다 타당한 이론이며 판례[7]의 입장이기도 하
지만, 실질적 객관설과 그 결론에 있어서 차이가 있는지 의문이다.[8]

---

6) 曾根, 236頁.
7) 공동정범의 본질은 분업적 역할분담에 의한 기능적 행위지배에 있으므로 공동정범은 공동의
   사에 의한 기능적 행위지배가 있음에 반하여 종범은 그 행위지배가 없는 점에서 양자가 구
   별된다(대판 1989.4.11. 88도1247).
8) 前田, 404頁.

제2장

공범의 기초

제1절 ▶ 공범의 종속성

1. 의 의

공범이 범죄로서 성립하기 위해서는 정범이 적어도 범죄의 실행에 착수하지 않으면 안 된다. 이처럼 공범은 논리적으로 정범의 행위를 전제로 한다는 점에서 공범은 정범에 종속(從屬)한다. 이러한 원칙을 「공범의 종속성」이라고 한다.[1]

2. 학 설

(1) 공범종속성설

공범종속성설은 객관주의 입장에서 주장된 견해이다. 공범은 정범의 실

---

1) 일본 平野 교수는 종속성을 실행종속성, 요소종속성, 죄명종속성으로 분류한다. ① 실행종속성은, 공범의 성립요건으로서 정범의 실행행위가 필요한지의 문제이고, ② 요소종속성은, 공범이 성립하기 위하여 정범행위는 범죄성립요소 중 어떠한 요소까지가 필요한가의 문제이며, ③ 죄명종속성은, 공범은 정범과 동일한 죄명이어야 하는지의 문제가 그것이다(平野龍一, 345頁). 이에 대하여 大塚 교수는 ①은 종속성 유무의 문제, ②는 종속성 정도의 문제, ③은 범죄공동인가 행위공동인가의 문제로 설명하고 있다(大塚, 245頁).

행행위를 전제로 하여 그에게 가공하는 것이므로 필연적으로 정범의 범죄성과 가벌성에 종속한다고 한다. 따라서 범죄를 교사하였으나 정범자가 실행행위에 나가지 않은 「교사의 미수」는, 법익침해의 위험이 없기 때문에 처벌할 수 없다고 하며, 다수설[2]과 판례[3]의 입장이다.

(2) 공범독립성설

공범독립성설은 주관주의 입장에서 주장된 견해이다. 교사와 방조는 그 자체가 이미 반사회적 행위이기 때문에 정범의 실행행위가 없어도 독자적으로 범죄를 구성한다고 한다. 따라서 「교사의 미수」도 교사자의 반사회적 성격이 교사행위에 의해서 현실화되었기 때문에 처벌해야 한다고 한다. 그러나 이 설은 정범자가 실행에 착수하지 않아 법익침해의 현실적 위험성이 발생하지 않음에도 불구하고 공범을 처벌하게 되어 과잉처벌로서 형법의 겸억성원칙에 반하게 된다.

〈공범종속성설과 공범독립성설〉

예 시	공범종속성설	공범독립성설
교사하였지만 피교사자가 범죄실행을 결의하지 않은 경우	교사범불성립	교사의 미수
교사하였지만 피교사자가 범죄실행의 결의에 그친 경우	교사범불성립	교사의 미수
교사에 따라 피교사자가 행위를 하였지만 가벌적 행위에 도달하지 않은 경우	교사범불성립	교사의 미수
교사하였지만 피교사자의 행위가 예비죄에 그친 경우	학설대립※	교사의 미수
교사에 따라 피교사자가 실행에 착수한 경우	미수범의 교사	교사의 미수

※ 예비죄의 공범을 긍정하는 견해는 교사범이 성립되지만, 부정하는 견해는 성립하지 않는다.

---

2) 김성돈, 581면; 박상기, 397면; 배종대, 402면; 손동권/김재윤, 566면; 신동운, 623면; 이재상/장영민/강동범, 459면. 이에 대해 현행 형법 제31조의 '타인을 교사하여 죄를 범한 자'와 '죄를 범한 자'를 동일한 형으로 처벌하거나, 제31조 제2항·제3항의 효과 없는 교사와 실패한 교사를 예비·음모에 준하여 처벌하는 경우 등에는 공범독립성설과 공범종속설을 가미하고 있다고 주장하고 있는 견해는 오영근, 382면.

3) 대판 1998.2.24. 97도183: "정범의 성립은 교사범의 구성요건의 일부를 형성하고 교사범이 성립함에는 정범의 범죄행위가 인정되는 것이 그 전제요건이 되는 것이다."

3. 공범의 종속형태

통설인 공범종속성설에 따라 공범이 성립하기 위해서는 적어도 정범의 실행행위가 필요하며, 이 경우에 정범자의 행위가 범죄성립요건을 어느 정도 구비하여야 공범이 성립하는지 문제가 된다. 이것을 「요소종속성」 또는 「종속성의 정도」의 문제라고 한다. 이 논의의 실익은 공범과 간접정범과의 한계를 설정하는 데 있으며, M·E 마이어는 종속의 형태를 네 가지로 분류하고 있다.

(1) 최소한 종속형식

정범의 행위가 구성요건에 해당하면 이것이 위법·유책하지 않더라도 공범이 성립한다는 입장이다. 정범의 행위가 범죄성립요건의 최소 요건만을 갖추면 되기 때문에 공범의 성립범위가 가장 넓어진다.[4)]

(2) 제한 종속형식

정범의 행위가 구성요건에 해당하고 위법하면 정범자에게 책임이 없는 경우라도 공범이 성립한다는 입장이며, 현재의 다수설[5)]이다. 따라서 책임무능력자를 교사 또는 방조한 자는 공범의 책임을 지게 된다.

(3) 극단적 종속형식

정범의 행위가 구성요건에 해당하고 위법·유책한 때에만 공범이 성립한다는 입장이다. 즉, 공범은 정범이 범죄성립요건을 모두 구비한 때에 비로소 성립한다는 종속형식이다.[6)]

---

4) 김성돈, 585면.

5) 박상기, 398면; 배종대, 400면; 손동권/김재윤, 569면; 이재상/장영민/강동범, 462면; 임웅, 393면.

6) 신동운, 632면; 오영근, 386면. 두 교수는 그 근거로 제31조의 '죄'를 범한 자, 제32조의 '범죄'를 방조한 자에서 '죄', '범죄'는 당연히 범죄성립요건 즉, 구성요건해당성, 위법성, 책임을 갖추어야 한다는 것을 의미하기 때문이라고 한다.

(4) 초극단적 종속형식

정범의 행위가 구성요건에 해당하고 위법·유책하며 처벌조건까지 갖추어야 공범이 성립한다는 입장이다.

(5) 검 토

공범의 종속성을 인정하는 이유는 정범의 실행행위에 의해 비로소 법익침해의 현실적 위험성이 발생하기 때문이다. 따라서 최소한 종속형식설처럼 정범이 단지 구성요건에 해당하는 행위를 한 것만으로 공범성립을 인정하는 것은 타당하지 않다. 또한 초극단적 종속형식설은 정범의 일신적(一身的) 처벌조건과 가중감경사유는 공범자에게 미치지 않는다고 하는 현행 형법의 입장(제328조 제3항)과 모순된다. 그리고 「위법은 공동으로 책임은 개별로」라는 원칙에 의하여, 정범의 개인적 책임사유가 공범에 종속되는 극단적 종속형식설 또한 타당하지 않다. 따라서 위법의 객관성원칙으로부터 「위법의 연대성」을 긍정하는 제한종속성설이 타당하다.

〈요소종속성에 따른 공범과 간접정범의 한계〉

형 태 \ 범 위	정 범				
	범죄성립	처벌조건 결여	책임 결여	위법성 결여	구성요건 결여
초극단적 종속형식	교 사		간접정범		
극단적 종속형식					
제한 종속형식					
최소한 종속형식					

제 2 절 ▶ 공범의 처벌근거

공범은 정범처럼 범죄를 직접 실행하지 않음에도 불구하고 왜 처벌하는 가에 관하여 학설이 대립된다. 이러한 공범의 처벌근거론은 공범행위와 정범이 실현한 결과와의 관계를 어떻게 파악할 것인가의 문제와 매우 밀접히 관련되어 있다.

1. 책임가담설

공범은 정범의 범죄행위에 가담하여 정범으로 하여금 유책한 범죄행위를 야기시켰기 때문에 처벌된다고 하는 견해이다.[7] 이 견해에 따르면 정범의 행위가 구성요건에 해당하고, 위법·유책한 경우에만 공범이 성립하게 되어 극단적 종속성설을 따르게 된다. 따라서 공범은 정범의 책임에 종속하게 되어 개인책임의 원칙에 반하게 된다.

2. 불법가담설

공범은 정범에게 위법한 행위를 야기·촉진하였기 때문에 처벌된다고 하는 견해로서, 공범은 정범의 위법행위에 종속하게 되어 제한종속형식에 따르게 된다. 즉 정범의 행위가 위법하면, 공범의 행위도 위법하게 되어 「위법의 연대성」을 인정하게 된다. 다만, 종범은 정범의 위법한 행위를 야기하였다고 볼 수 없기 때문에 공범의 통일적 처벌근거로서는 미흡하다는 비판이 있다.

---

7) 오영근, 387면 이하, 공범의 처벌근거를 일원적으로 파악하지 않고, 방조범이 성립하기 위해서는 불법만이 아니라 책임에도 가담해야 하기 때문에 책임가담설로, 효과 없는 교사와 실패한 교사는 오로지 교사행위만으로 공범을 처벌하기 때문에 순수야기설에서 그 근거를 찾고 있다.

3. 야기설

공범은 정범과 함께 위법한 행위를 하였기 때문에 처벌된다고 하는 견해이다. 정범은 법익침해를 직접 야기한 자이며, 공범은 정범의 행위를 통해서 간접적으로 법익을 침해한 것이라고 한다. 책임가담설과 불법가담설은 정범과 공범 사이에 범죄로서「질적」차이를 인정하는 반면, 야기설은 이들 사이에「양적」차이가 있다고 한다. 그러나 야기설은 공범의 독자적 위법성의 인정 여부에 따라 다시 학설이 구분된다.

(1) 순수야기설

공범은 정범의 행위와 관계없이 공범행위(교사·방조) 그 자체에서 처벌근거를 찾는 설이다. 공범의 위법성은 정범과 독립하여 각칙에 규정된 특별한 법익을 침해하는 것으로 정범이 실행행위를 하지 않더라도 공범을 처벌할 수 있다고 한다. 그리하여 공범의 처벌근거를 공범독립성설에 연결하고 있어 타당하지 않다.

(2) 종속야기설

공범이 정범의 위법행위를 야기·촉진하였다는 점에서 공범의 처벌근거를 찾는 불법가담설과 유사하다. 다만 불법가담설은 정범의 불법에서 공범의 처벌근거를 찾는 데 반하여, 이 견해는 정범의 불법을 야기하는 공범의 행위 그 자체에서 처벌근거를 찾는다는 점에서 차이가 있다.[8] 따라서 공범의 위법성은 정범행위의 위법성에 종속한다고 하는 설로서 타당하며, 현재 다수설[9]의 입장이다. 이것은 순수야기설을 공범종속성설의 관점에서 수정하였다고 하여 수정야기설이라고도 한다.

---

8) 오영근, 388면.
9) 김성천/김형준, 547면; 박상기, 396면; 배종대, 402면; 안동준, 225면.

(3) 혼합야기설

혼합야기설은 공범이 정범의 위법행위를 야기하는 한편, 공범자 자신의 교사·방조행위에 의해서도 법익을 침해한다고 하는 설[10]로서, 공범의 위법성을 공범행위 자체(순수야기설)와 정범행위의 위법성(종속야기설) 양쪽 모두에 근거하고 있다.

---

10) 김성돈, 588면; 손동권/김재윤, 572면; 임웅, 395면; 정성근/박광민, 509면; 진계호/이존걸, 550면.

제3장

공동정범

제1절 ▶ 공동정범의 의의

　　2인 이상이 공동하여 범죄를 실행하는 것을 「공동정범(共同正犯)」이라고 한다(제30조). 공동정범은 범죄의 실행을 그 요건으로 하는 점에서 정범(광의)이다. 그러나 공범자는 실행행위의 전부를 실행할 필요가 없고, 2인 이상이 가공의사로 범죄의 일부를 실행하면 그 전체에 대해서 책임(「일부행위의 전부책임의 원칙」)을 지는 점에서 공범(광의)이기도 하다.

제2절 ▶ 공범정범의 본질

　　무엇을 공동으로 하는 것이 공범인가? 하는 문제는, 공범의 기본문제이며, 공범의 본질론에 관한 문제이기도 하다. 종래 공동정범을 중심[1]으로 「공

---

1) 공동정범의 본질에 관해서는 3개의 입장이 있다. 우선 공동정범뿐만 아니라, 모든 공범의 본질로 해설하여 설명하는 견해(이재상, 456면)와 다수인이 참가하여 공동실행하는 공동정범에서만

동정범의 본질론」이 논의되기 시작하여, 협의의 공범인 교사범과 종범에 관한 「공범의 본질론」으로까지 확대되어 왔다. 앞에서 살펴본 공범종속성설과 공범독립성설의 대립이 그것이며, 이러한 이론들의 상호관계가 명백하지 않아 공범의 학설상황을 더욱 복잡하게 하고 있다. 여기서는 범죄공동설과 행위공동설 등을 중심으로 「공동정범의 본질론」을 살펴보기로 한다.

1. 범죄공동설

형법총칙에 규정된 공범규정을 구성요건의 수정형식으로 이해하는 입장으로부터 특정한 범죄를 수인이 공동으로 실현하는 것을 「범죄공동설(犯罪共同說)」이라고 한다.[2] 이것은 다시 범죄의 무엇을 공동으로 하느냐에 따라 「완전범죄공동설(수인의 범죄가 완전이 일치)」, 「부분적 범죄공동설(수인의 범죄가 부분적으로 일치)」 등이 주장되고 있다. 이 설에 의하면 특정한 범죄를 공동으로 하는 이상, 원칙적으로 공범자 사이에 죄명은 일치하게 되어, 「죄명종속성설」을 따르게 된다.

2. 행위공동설

수인이 각자의 범죄를 실현하는 것을 「행위공동설(行爲共同說)」이라고 한다. 이 설은 다수설[3] 및 판례[4]의 입장이며, 특정한 구성요건을 떠나 공동성

의미를 가진다는 견해(손동권/김재윤, 534; 정성근/박광민, 534면), 그리고 정범과 공범을 구별하는 이외 공동정범의 본질론은 무익하다는 견해(김성돈, 593면; 박상기, 431; 배종대, 403면; 진계호/이존걸, 553) 등이 있다. 다만, 정범과 공범의 구별을 통해 귀책의 근거를 밝힌다고 하더라고 공범은 무엇을 공동으로 하는가에 대한 문제 그 자체는 타당하다고 할 수 있다.

2) 신동운, 601면; 오영근, 364면. 특히 신동운 교수는 형법의 보장적 기능에 비추어볼 때 구성요건적 고의를 단위로 하여 공동정범의 성립 여부를 결정하는 범죄공동설이 타당하다고 주장하고 있다.

3) 이재상/장영민/강동범, 486면; 임웅, 403면; 정성근/박광민, 537면.

4) 대판 1962.3.29. 4294형상598: "형법 제30조에 「공동하여 죄를 범한 때」의 「죄」는 고의범이고 과실범이고를 불문한다고 해석하여야 할 것이고 따라서 공동정범의 주관적 요건인 공동의 의사도 고의를 공동으로 가질 의사임을 필요로 하지 않고 고의행위이고 과실행위이고 간에 그 행위를 공동으로 할 의사이면 족하다고 해석하여야 할 것이므로 2인 이상이 어떠한 과실

을 논하기 때문에 행위의 공동만 있으면 공범이 성립한다는 「행위공동설」과 행위의 공동으로는 부족하고 구성요건적 행위를 공동으로 할 때 공동정범이 성립한다는 「구성요건적 행위공동설」이 주장되고 있다. 따라서 수인의 공범 자는 반드시 동일한 고의를 가져야 할 필요도 없기 때문에 공범자 사이에 죄 명은 반드시 일치하지 않아 「죄명독립성설」을 따르게 된다. 다만 이 설을 철 저히 하면, 공범의 가벌성은 공범 그 자체에 있다고 하는 공범독립성설에 이 르게 되어, 공범과 정범의 구별도 의미가 없어진다는 비판이 제기된다.[5]

3. 공동의사주체설

공범을 특수한 사회심리적 현상인 공동의사주체의 활동이라고 이해하는 견해이다. 이 설에 의하면 공범은 일정한 범죄를 실현하려고 하는 공동의 목 적 아래 2인 이상의 자가 일체가 되어 「공동의사주체(共同意思主體)」를 형성하 고, 그 공동의사주체의 활동으로서 공동자 중 1인 이상의 자가 범죄를 실행 한 때 공동의사주체의 활동이 인정되어 공동자 전원에 대하여 공동정범이 성 립된다고 하는 견해이다.[6] 이와 같은 공동의사주체의 활동으로서 책임은, 민 법의 조합이론을 유추하여 공동의사주체를 구성하는 각자에 대하여 판단하여 야 한다고 한다.

4. 검 토

범죄공동설은 공범의 성립범위를 「특정한 범죄」로 엄격하게 제한함으로 써 책임원칙에 충실할 수 있는 장점이 있으나, 그 성립범위가 너무 좁아 형 사정책적 합목적성이 결여되어 있다는 단점이 있다. 그러나 행위공동설에서 는 오히려 정반대의 현상이 나타난다. 또한 공동의사주체설은 공범의 성립범

행위를 서로의 의사연락 아래 하여 범죄되는 결과를 발생케 한 것이라면 여기에 과실범의 공동정범이 성립되는 것이다."

5) 西原, 324頁.

6) 草野 豹一郎, 『刑法改正上の重要問題』, 巖松堂書店(1950), 297頁.

위를 특정한 범죄에 제한하는 점에서 타당하지만 실행행위를 분담하지 않은 자에게도 그 성립을 인정하기 때문에 문제가 있다. 따라서 이 학설들은 모두 문제점을 내포하고 있다. 다만 판례는 원칙적으로는 행위공동설[7])에 입각하고 있으나, 그 일관성이 있다고 하기 어렵다.

　　공범은 정범의 실행행위를 통하여 간접적으로 구성요건을 실현함으로써 법익을 침해하거나 그 위험성을 야기하는 것에 그 본질이 있기 때문에 공범이라고 하기 위해서는 공동으로 특정한 범죄를 실현한다고 하는 사실이 중요하다. 따라서 기본적으로 범죄공동성이 타당하다.[8]) 또한 공동정범의 성립에 있어서도 특히 범죄공동설이 공동의 실행행위가 필요하다고 해석하는 이유도 바로 여기에 있다.

제 3 절 ▶ 공동정범의 성립요건

1. 공동가공의 의사

　　공동정범이 성립하기 위해서는, 우선 공동하여 범죄를 실현한다고 하는 「공동가공의 의사」가 있어야 한다. 이 점에서 의사연락이 없는 동시범(同時犯)과 구별된다. 또한 가공의사(연락)의 방법에는 제한이 없으나, 이것은 적어도 실행행위 시까지 상호 간에 있어야 한다. 따라서 공동가공의 의사가 실행행위의 도중에 있는 「승계적 공동정범」과 그 의사가 일방에만 존재하는 「편면

---

7) 형법 제30조에 공동하여 죄를 범한 때의 죄는 고의범이고 과실범이고를 불문한다고 해석하여야 할 것이고 따라서 공동정범의 주관적 요건인 공동의 의사도 고의를 공동으로 가질 의사임을 필요로 하지 않고 고의 행위이고 과실 행위이고 간에 그 행위를 공동으로 할 의사이면 족하다고 해석하여야 할 것이므로 2인 이상이 어떠한 과실 행위를 서로의 의사연락 아래 하여 범죄되는 결과를 발생케 한 것이라면 여기에 과실범의 공동정범이 성립되는 것이다. 기록에 의하면 본건 사고는 경관의 검문에 응하지 않고 트럭을 질주함으로써 야기된 것인 바 제1심 판결에서 본 각 증거를 종합하면 피고인은 원심 공동 피고인과 서로 의사를 연락하여 경관의 검문에 응하지 않고 트럭을 질주케 하였던 것임을 충분히 인정할 수 있음이 명백하므로 피고인은 본건 과실치사죄의 공동정범이 된다고 할 것이다(대판 1962.3.29. 4294형상598).

8) 오영근, 368면.

적 공동정범」과도 구별된다. 또한 공동가공의 의사가 범죄의사인가 또는 단
순한 행위의사로도 족한가에 따라 「과실의 공동정범」과도 구별된다.

2. 공동의 실행행위

공동정범이 성립하기 위해서는 주관적으로 「공동가공의 의사」 이외에
객관적으로 「공동의 실행행위」가 있어야 한다. 공동의 실행행위란, 범죄계획
에 따라 구성요건의 일부 또는 전부를 공동으로 실현하는 객관적 행위를 말
한다. 이 객관적 요건인 공동의 실행행위와 관련하여 「공모공동정범」이 문제
가 된다.

제 4 절 ▶ 공동정범의 처벌

공동정범은 '각자를 그 죄의 정범으로 처벌한다'(제30조). 즉, 공동자 모두
그 범행으로 야기된 결과에 대하여 각각 단독으로 야기한 것과 같이 정범으
로 처벌한다.

제 5 절 ▶ 공동정범의 성립범위에 관한 특수한 문제

1. 승계적 공동정범

(1) 의 의

공동정범은 적어도 행위 시까지 「공동가공의 의사」가 있지 않으면 안 된다.[9]

---

9) 대판 1984. 7. 10. 83도2018: "2인 이상이 공모하여 죄를 범한 때라 함은 사전모의가 없더라

따라서 공동정범은 공동가공의사(연락)의 시기에 따라 승계적 공동정범과 구별된다. 「승계적 공동정범(承繼的共同正犯)」은 선행자의 범행 도중에 그와 사후적으로 공동가공의 의사에 따라, 후행자가 범행의 나머지 부분을 선행자와 함께하거나 단독으로 하는 범죄를 말한다. 예컨대 甲이 강도의 의사로 A에게 폭행을 가하여 항거불능상태에 있을 때, 우연히 그곳을 지나던 乙이 甲과의 가공의사로 乙이 단독으로 또는 甲과 함께 A의 재물을 절취한 경우를 말한다.

승계적 공동정범의 문제는, 선행자의 실행행위 도중에 후행자가 범죄에 가담한 경우, 전체 범죄에 대해서 공동정범을 인정할 수 있는가에 있다. 또한 이것이 인정되지 않는다면, 후행자의 책임범위는 어디까지 미치는가에 있다.

(2) 성립요건

승계적 공동정범도 공동정범인 이상, 그 성립을 위해서는 공동가공의 의사와 공동의 실행행위가 있어야 한다. 여기서 문제가 되는 것은 「공동의 실행행위」의 요건에 있어서 후행자가 가담한 후의 행위에 대하여 어느 범위까지 선행자와 공동정범의 성립을 인정할 것인가에 대하여 견해가 대립되고 있다.

1) 긍정설

후행자가 선행자와의 공동가공의 의사로 그의 범죄사실을 인식하고 적극적으로 자기의 행위에 선행사의 행위를 이용하여 실행에 가담하면, 전체의 행위에 대하여 공동정범을 인정해야 한다는 견해이다. 이 설에 따르면 위의 사례에서 甲과 乙은 강도죄의 공동정범이 성립한다.

2) 부정설

후행자가 개입한 이후의 행위에 대해서만 공동정범이 성립한다는 다수설[10] 및 판례[11]의 입장이다. 그 근거로 이미 선행자에 의해서 발생한 범죄

도 범죄행위시에 공동가공의 의사연락하에 범행에 공동가공함으로써 족하다고 할 것이다."

10) 김성돈, 598면; 배종대, 408면; 신동운, 585면; 이재상/장영민/강동범, 492면; 임웅, 405면.

11) 대판 1982.6. 8.82도884: "연속된 제조행위 도중에 공동정범으로 범행에 가담한 자는 비록 그가 그 범행에 가담할 때에 이미 이루어진 종전의 범행을 알았다 하더라도 그 가담 이후의 범행에 대하여만 공동정범으로 책임을 지는 것이라고 할 것이니, 비록 이 사건에서 甲의 제조행위 전체가 포괄하여 하나의 죄가 된다 할지라도 피고인에게 그 가담 이전의 제조행위에 대

사실에 대해서는 물리적 또는 심리적으로도 인과관계를 인정할 수 없기 때문이다. 따라서 긍정설처럼 선행자의 행위를 마치 자기의 행위처럼 이용한다고 하더라도 후행자의 행위와 인과관계가 인정되지 않는 선행사실에 대해서 책임을 인정하는 것은 형법의 「자기책임의 원칙」에 반한다. 이 설에 따르면 앞의 사례에서 甲과 乙은 각각 강도죄와 절도죄가 성립한다.

2. 편면적 공동정범

2인 이상의 공동 행위자가 서로 가공의사(연락) 없이, 그 어느 일방이 「공동가공의 의사」로 다른 일방의 범죄행위에 가담하는 것을 「편면적 공동정범(片面的共同正犯)」이라고 한다. 예컨대 甲이 A를 강간하려고 할 때, 乙은 甲과 공동가공의사 없이 A의 다리를 잡아 간음을 가능하게 한 경우이다.

행위공동설에 따르면, 甲과 乙이 행위를 공동으로 하거나(행위공동설), 구성요건적 행위를 공동(구성요건적 행위공동설)으로 하기만 하면, 공동가공의 의사를 필요로 하지 않기 때문에 편면적 공동정범을 인정할 수 있다. 그러나 통설과 판례12)는 공동정범이 성립하기 위해서는 공범자 사이에 「공동가공의 의사」를 요건으로 하고 있어, 그 의사가 일방적인 편면적 공동정범은 부정되지만, 공범자 사이에 의사연락을 필요로 하지 않는 편면적 방조는 성립될 수 있다.

3. 과실의 공동정범

(1) 의   의

「과실의 공동정범」은 2인 이상이 공동과실로 구성요건에 해당하는 결과를 발생시킨 경우에 공동정범의 성립을 인정할 것인가의 문제이다. 예컨대

하여까지 유죄를 인정할 수는 없다고 할 것이다.”

12) 대판 1985.5.14. 84도2118: “공동정범은 행위자 상호간에 범죄행위를 공동으로 한다는 공동가공의 의사를 가지고 범죄를 공동실행하는 경우에 성립하는 것으로서, 여기에서의 공동가공의 의사는 공동행위자 상호간에 있어야 하며 행위자 일방의 가공의사만으로는 공동정범관계가 성립할 수 없다.”

甲과 乙이 공동으로 트럭 위에서 건축자재를 노상에 하역하던 중, 통행인을 확인하지 않아 그들이 하역하던 자재에 의하여 A가 상해를 입은 경우와 甲과 乙이 각각 하역하던 건축자재에 의해서 그들 중 한 사람의 행위에 의해서 통행인이 상해를 입은 경우를 말한다.

(2) 문 제

과실의 공동정범에 관한 문제는 공동정범의 주관적 성립요건인 공동가공의 의사를 범죄사실의 연락으로 볼 것인가 아니면 단순한 행위의사의 연락으로도 족한가에 따라 그 결론을 달리한다. 따라서 이것을 전제로 공동정범을 인정하지 않는다면, 전자의 사례는 과실의 동시범으로 처벌되지만, 후자에 있어서는 통행인에게 상해를 입힌 건축자재를 누가 하역한 것인지가 특정이 되지 않으면 과실범의 책임을 물을 수 없게 된다(제19조 참조). 그러나 과실의 공동정범을 인정하면 두 사례는 모두 과실의 공동정범으로 처벌할 수 있다는 실익이 있다.

(3) 학설 및 판례

공범정범의 본질에 관한 범죄공동설은 특정한 범죄를 공동으로 하지 않으면 공범을 인정할 수 없기 때문에 과실의 공동정범을 부정하지 않을 수 없다. 그러나 과실범도 주의의무위반으로서 실행행위가 인정되고 그 실행행위를 공동으로 하는 한 과실범의 공동정범을 인정할 수 있지 않은가 하는 설이 주장되고 있다.

1) 긍정설

① 행위공동설은 「공동가공의 의사」를 특정한 범죄행위의 공동이 아닌 각자의 행위의 공동으로도 가능하기 때문에 당연히 과실의 공동정범을 인정할 수 있으며, 판례의 입장이다.13) 즉 공동의 주의의무위반에 의해 결과가 야

---

13) 대판 1994.5.24. 94도660: "공동정범은 고의범이나 과실범을 불문하고 의사의 연락이 있는 경우면 성립하는 것으로서 2인 이상이 서로의 의사연락 아래 과실행위를 하여 범죄되는 결과를 발생하게 하면 과실범의 공동정범이 성립하는 것이다."

기될 수 있기 때문이다. 따라서 앞의 사례에서 甲과 乙은 통행인이 다치지 않
도록 하여야 할 객관적 주의의무가 있고, 또 甲과 乙이 각각 이 의무에 위
반하여 하역한 행위가 있는 이상, 과실의 공동정범이 성립한다. ② 과실공
동·행위공동설은, 공동정범은 전법률적·사실적 행위를 공동으로 하는 것이
아니라 구성요건적 행위를 공동으로 해석하는 입장에서도 구성요건인 주의
의무위반과 이것을 실현하는 행위의 공동이 있으면 공동정범이 성립한다.14)

2) 부정설

① 범죄공동설은 2인 이상이 특정한 범죄를 공동으로 하는 것으로 고의
를 공동으로 하는 범죄에 대해서만 공동정범이 성립 가능하다. 따라서 과실
의 공동정범은 부정된다. ② 목적적 행위지배설은 과실범에 있어서는 목적적
행위지배가 없기 때문에 공동정범을 인정할 수 없다고 한다. ③ 기능적 행위
지배설은 공동정범의 본질을 기능적 행위지배에 있다고 보고, 과실범에는 공
동결의에 기초한 역할분담이라고 하는 기능적 행위지배가 없기 때문에 공동
정범이 성립할 여지가 없다고 본다.15)

4. 공모공동정범

(1) 의 의

2인 이상의 자가 일정한 범죄를 범할 것을 모의하고, 그중 일부의 자가 이
를 실현한 경우에 실행행위를 분담하지 않은 공모자에게도 공동정범으로 처벌
하는 공범의 형태를 말한다. 이는 조직범죄에 있어서 배후조종자를 처벌하기
위하여 형사정책적 필요에 따라 일본의 학자16)에 의해 고안된 개념이다.

---

14) 이재상/장영민/강동범, 496면; 정성근/박광민, 559면.

15) 배종대, 414면. 이와 반대로 기능적 행위지배설에 따르면서 '과실행위를 함께 한다는 의사연
    락은 필요하지 않지만, 주의의무위반의 공동과 기능적 행위지배가 인정되는 한 공동정범을
    인정할 수 있다'고 하는 심재우, 「고시계」(1980년 4월호), 36면.

16) 草野豹一郎, 118頁.

(2) 배경 및 문제

개인주의 성격이 강한 유럽국가에서는 「직접적으로 실행행위를 하는 자」
를 정범이라고 하는 제한적 성범개념이 강하다. 그러나 일본처럼 개인주의
역사가 짧은 나라는 「집단범죄와 같이 직접적으로 실행행위를 하지 않은 자
라도 배후에서 타인의 행위를 조종한 거물」도 정범으로 취급하려는 일반적
법감정이 존재하고 있다. 또한 우리나라의 판례도 공동정범의 객관적 성립요
건인 「공동의 실행행위」를 하지 않은 공모의 배후자에게도 정범으로서 처벌
하는 공모공동정범(共謀共同正犯)을 인정하고 있다.

(3) 학설 및 판례

1) 긍정설

① 공동의사주체설은 민법상 조합개념(민법 제703조)을 유추하여 공동정범
을 인정하는 견해이다. 일정한 범죄를 실현하려는 공동의 목적하에 2인 이상
이 일심동체가 되어, 그중 1인이 범행을 실행하면 다른 공모자도 공동정범으
로 처벌된다고 하는 견해로서 우리나라의 판례[17]입장이다. 그러나 이 설은
개인을 초월한 공동의사주체(共同意思主體)를 인정하여, 책임을 개인이 아닌 단
체에 대하여 인정하기 때문에 개인책임의 원칙에 반한다고 하지 않을 수 없
다. 또한 ② 간접정범유사설은 실행행위를 하지 아니한 딘순한 공모자라 히
더라도 타인과 공모하여 그 실행행위를 이용하여 자기의 범죄를 실행하는 점
에서 「간접정범과 유사」한 정범성을 가진 정범의 한 형태로써 공동정범을 이
해하는 견해이다.[18] 그리고 ③ 적극적 이용설은 배후에 있는 공모자의 이용

---

17) 공모공동정범은 공동범행의 인식으로 범죄를 실행하는 것으로 공동의사주체로서의 집단전체
   의 하나의 범죄행위의 실행이 있음으로 성립하고 공모자 모두가 그 실행행위를 분담하여 이
   를 실행할 필요가 없고 실행행위를 분담하지 않아도 공모에 의하여 수인 간에 공동의사주체
   가 형성되어 범죄의 실행행위가 있으면 그 실행행위를 분담하지 않았다고 하더라도 공동의
   사주체로서 정범의 죄책을 지게 하는 것이니 범죄의 집단화현상으로 볼 때 범행의 모의만
   하고 실행행위는 분담하지 않아도 그 범행에 중요한 소임을 하는 것을 간과할 수 없기 때문
   에 이를 공모공동정범으로서 처단하는 것이다(대판 1983. 3. 8. 82도3248).

18) 藤木英雄, 288頁. 練馬事件判決의 "공모에 참가한 사실이 인정되는 이상, 직접 실행행위에 관
   여하지 않은 자라도, 타인의 행위를 이른바 자기의 수단으로서 범행을 행하였다는 의미에서
   형사책임에 차이가 있다고 해석하여야 할 이유가 없다."고 판시(最判昭33年5月28日刑集 12卷

행위를 실행행위와 가치적으로 동일시할 수 있는 「적극적 이용행위」에 한하여 이를 실행행위로 인정하려는 견해[19]이다. ④ 기능적 행위지배설은 실행행위를 공동으로 하지 않더라도 범죄를 조직하고 지휘하거나 범죄의 실행자를 지정하는 것과 같이 범죄계획의 중요한 기능을 담당한 공모자를 공동정범으로 처벌하는 견해이다.[20]

2) 부정설

형법 제30조는 「공동의 실행행위」를 공동정범의 요건으로 하고 있기 때문에 이러한 실행행위의 공동이 없는 공모공동정범은 인정할 수 없다고 한다. 그럼에도 불구하고 공모공동정범을 인정하게 되면, 종범과의 구별이 곤란하고 본래 종범으로 가볍게 처벌되어야 할 범죄를 무겁게 처벌하게 되는 문제가 발생한다. 우리나라의 통설적인 견해[21]이며 타당한 입장이다.

5. 예비죄의 공동정범

공동가공의 의사에 따라 예비행위를 공동으로 하는 것을 「예비죄의 공동정범」이라고 한다. 예컨대 甲과 乙은 강도를 하기로 모의한 후, 협박용으로 모의권총을 함께 구입한 경우를 말한다.

공동정범은 그 성립요건으로서 「공동의 실행행위」를 필요로 하기 때문에 그 전단계인 예비죄의 공동정범은 인정할 수 없게 된다. 그러나 공동정범에 있어서 공동의 실행행위에는 예비행위의 공동을 포함하기 때문에 예비죄의

8号1718頁)하였다. 이러한 사고의 기초에 藤木英雄은, 공동정범에 「일부행위의 전부책임」이 인정되는 것은 서로 상대를 자기의 수족과 같이 이용하려고 하기 때문이고, 공모공동정범도 「공동의사하에 일체가 되어 서로 의사연락하여 서로 상대를 도구로 이용하려고」 하기 때문에 공모자에게 정범성을 인정할 수 있다고 하였다. 「도구로서 이용」한다고 하는 간접정범을 유추하여 설명하고 있다.

19) 김종수, 「공모공동정범」(형사법강좌Ⅱ), 750면.

20) 신동운, 591면.

21) 김성돈, 613면; 배종대, 421면; 이재상, 474면; 임웅, 415면; 정성근/박광민, 555면. 이에 대하여 절충설의 입장으로 단순한 공모자를 제외한, 전체계획의 중요한 기능을 담당하였다고 인정되는 공모자를 공동정범으로 인정할 수 있다는 견해로는 오영근, 376면.

공동정범을 인정해야 한다는 견해가 다수설[22] 및 판례[23]의 입장이다.

1. 공동정범과 신분

　　공동정범은 광의의 정범이므로 이론상 신분이 없는 자는 단독으로 진정 신분범의 정범이 될 수 없으나, 신분자와 공동하는 경우에는 진정신분범의 공동정범이 될 수 있다(제33조). 예컨대 공무원이 아닌 자가 공무원과 공동하여 뇌물을 수수·요구 또는 약속을 하면 「수뢰죄(제129조)」의 공동정범이 될 수 있다. 그러나 신분 때문에 형의 경중이 있는 경우에는 무거운 형으로 벌하지 아니한다(제33조 단서).

2. 공동정범의 미수와 공모이탈관계

(1) 공모이탈의 문제

　　공동정범의 미수도 일반적인 미수와 같이, 공범자가 범죄의 실행에 착수하였으나 기수에 이르지 아니한 때에 성립한다. 다만 공범자 중 일부가 실행의 착수 전에 이탈한 후 다른 공범자가 범죄를 계속하여 결과가 발생된 경우에는 공모의 이탈자도 그 전체의 결과에 대해서 책임을 인정할 수 있는가 하는 것이 문제된다. 이 경우에는 실행의 착수 전에 이탈한 경우와 실행착수 이

---

22) 배종대, 387면; 손동권/김재윤, 483면; 신동운, 561면; 이재상/장영민/강동범, 443면; 정성근/박광민, 378면.

23) 대판 1976.5.25. 75도1549: "종범에 있어서 타인의 범죄란 정범이 범죄의 실현에 착수한 경우를 말하는 것이므로 종범이 처벌되기 위하여는 정범의 실행의 착수가 있는 경우에만 가능하고 형법 전체의 정신에 비추어 정범이 실행의 착수에 이르지 아니한 예비의 단계에 그친 경우에는 이에 가공하는 행위가 예비의 공동정범이 되는 경우를 제외하고는 종범의 성립을 부정하고 있다고 보는 것이 타당하다."

후에 이탈한 경우를 구분하여 살펴볼 필요가 있다.

(2) 공모관계이탈의 태양

1) 실행의 착수 전 이탈

중지미수(제26조)는 실행에 착수한 행위로부터 그 결과의 발생 전까지의 행위를 적용대상으로 하고 있기 때문에 실행의 착수 이전에 공모관계에서 이탈한 공범자에 대해서 중지미수의 적용은 물론 공모공동정범을 인정하지 않는 것이 통설[24]과 판례[25]의 입장이다. 다만 행위지배설에 의하더라도 공모공동정범은 성립되지 않지만, 이탈 전의 기여행위, 즉 모의 시에 범행을 교사 또는 방조한 경우에는 각각 교사 및 종범이 성립될 여지가 있다.

2) 실행의 착수 후 이탈

실행의 착수 이후에 공모관계에서 이탈한 경우에는 공동정범에 대한 중지미수의 적용이 문제가 된다. 공범현상의 특수성을 고려할 필요가 있지만, 공범의 중지에 있어서도 원칙적으로 단독범과 달리 해설할 필요가 없다고 생각된다. 따라서 공동정범의 중지미수가 성립하기 위해서는 이탈자가 자의로 전체 범죄의 결과발생을 완전히 방지하거나 범죄의 가담자 전원이 실행한 행위를 적극적으로 중지한 경우에 한하여 중지미수의 적용이 가능하다.

3. 공동정범과 합동범

(1) 합동범의 의의

「합동범(合同犯)」은 2인 이상이 합동하여 죄를 범하는 것으로, '2인 이상이

---

24) 김성돈, 606면; 배종대, 425면; 손동권/김재윤, 461면; 신동운, 582면; 오영근, 378면; 임웅, 414면.

25) 2008.4.10. 2008도1274: "공모공동정범에 있어서 공모자 중의 1인이 다른 공모자가 실행행위에 이르기 전에 그 공모관계에서 이탈한 때에는 그 이후의 다른 공모자의 행위에 관하여는 공동정범으로서의 책임은 지지 않는다 할 것이나, 공모관계에서의 이탈은 공모자가 공모에 의하여 담당한 기능적 행위지배를 해소하는 것이 필요하므로 공모자가 공모에 주도적으로 참여하여 다른 공모자의 실행에 영향을 미친 때에는 범행을 저지하기 위하여 적극적으로 노력하는 등 실행에 미친 영향력을 제거하지 아니하는 한 공모관계에서 이탈하였다고 할 수 없다."

공동하여 죄를 범하는' 공동정범과 유사하다. 그러나 형법은 특수도주죄(제146
조), 특수절도죄(제331조 제2항), 특수강도죄(제334조 제2항)에 대해서만 합동범을
규정하고, 이것을 단독범이나 공동정범보다 형벌을 가중하고 있기 때문에 이
들과 구별하지 않으면 안 된다.

(2) 합동범의 본질론

   합동범(合同犯)의 본질이나 그 구조와 관련하여 학설이 대립되고 있다. 학
설은, ① 2인 이상의 관여자들 사이에 공동의 의사만 있어도 공모공동정범의
한 형태로 합동범을 인정한다는 공모공동정범설, ② 합동범은 공동정범과 구
조적인 차이가 없지만, 집단범죄에 있어서 특별히 가중한다는 가중적 공동정
범설, ③ 합동범은 공모 외에 범죄현장에서 시간적·장소적으로 밀접한 협동
이 있는 경우에만 형을 가중한다는 현장설, ④ 합동범을 현장설에 따라 파악
하지만, 실행행위의 분담 대신에 기능적 역할분담이 있으면 형을 가중할 수
있다고 하는 현장적 공동정범설이 대립하고 있다.

   현재의 다수설[26] 및 판례[27]는 현장설에 따라 「합동」이란, 총칙상의 공
동개념보다 좁은 개념으로서 시간적·장소적 협동을 의미한다. 따라서 합동
범은 다수인이 모두 범죄현장에 집합하고 협동하여 법익침해의 구체적 위험
성을 증가시킨 경우에 공동정범보다 형벌을 가중하고 있다.

---

26) 박상기; 426면; 배종대, 429면; 손동권/김재윤, 557면; 신동운, 725면; 오영근, 446면; 임웅, 381
   면; 정성근/박광민; 563면.
27) 대판 1996.7.12. 95도2655: "2인 이상이 합동하여 형법 제297조(성폭력범죄의 처벌 및 피해자
   보호 등에 관한 법률 제6조 제1항)의 죄를 범한 경우에 특수강간죄가 성립하기 위하여는 주
   관적 요건으로서의 공모와 객관적 요건으로서의 실행행위의 분담이 있어야 하는데, 그 공모
   는 법률상 어떠한 정형을 요구하는 것이 아니어서 공범자 상호간에 직접 또는 간접으로 범
   죄의 공동가공의사가 암묵리에 서로 상통하여도 되고, 사전에 반드시 어떠한 모의과정이 있
   어야 하는 것도 아니어서 범의 내용에 대하여 포괄적 또는 개별적인 의사연락이나 인식이
   있었다면 공모관계가 성립하며, 그 실행행위는 시간적으로나 장소적으로 협동관계에 있다고
   볼 수 있는 사정에 있으면 된다."

제4장

간접정범

1. 간접정범의 의의

간접정범은 직접정범에 대응하는 개념으로서 타인을 「생명 있는 도구」로 이용하여 범죄를 실행하는 경우를 말한다. 형법은 '어느 행위로 인하여 처벌되지 아니하는 자 또는 과실범으로 처벌되는 자를 교사 또는 방조하여 범죄행위의 결과를 발생하게 한 자'를 「간접정범(間接正犯)」으로 규정하고(제34조제1항) 교사 또는 방조의 예에 의하여 처벌하고 있다.

2. 간접정범의 본질

(1) 간접정범의 구조

간접정범에 관하여 우리 형법 제34조 제1항의 표제는 간접「정범」으로 규정되어 있지만, 그 처벌에 있어서는 '교사 또는 방조의 예에 의하여 처벌한다'고 규정하고 있어 공범적 성격도 분명히 하고 있다. 다만 간접정범은 다른 사람을 도구로 하여 범죄를 실현한다는 점에서 협의의 공범과 유사하다.

공범종속성설에 따라 협의의 공범인 교사범과 종범이 성립하기 위해서
는 정범에게 범죄성립요건이 먼저 구비되어야 한다. 그러나 간접정범은
'어느 행위로 인하여 처벌되지 아니하는 자를 이용하여' 범죄를 실현하는 것
으로 그 피이용자의 행위가 범죄로 성립하지 않기 때문에 교사범 또는 종범
으로도 처벌할 수 없다. 따라서 이러한 불합리에 대처하기 위하여 등장한 것
이 간접정범[1]이며, 그 본질에 관하여 정범설과 공범설이 대립되어 왔다.

(2) 학설의 태도

간접정범을 공범이라고 주장하는 공범설은 제34조 제1항에서 간접정범
을 '교사 또는 방조의 예에 의하여 처벌한다'고 하는 점을 그 근거로 하고 있
다. 그러나 이것은 간접정범이 피이용자의 이용형태를 교사 또는 방조로 규
정한 것에 불과할 뿐, 간접정범의 공범성을 인정한 것으로는 볼 수 없다.[2]

그리하여 형법 제34조 제1항의 규정에도 불구하고 간접정범을 정범이라
고 해석하는 정범설이 통설이지만, 그 근거에 대해서는 다양한 학설이 대립
하고 있다. 간접정범을 정범으로 취급하는 근거는 피이용자의 행위를 이용자
가 목적적으로 지배하고 있다는 「행위지배설」,[3] 간접정범이 사람을 도구로

---

1) 신동운, 662면; 堀內捷三, 278頁 이하에서, 본래 간접정범이라는 개념은 제한적 정범개념을
   따르면서 극단종속형식을 취하는 경우에 발생하는 처벌의 간극을 메우기 위한 구제개념이었
   다. 예컨대, 미성년자를 교사하여 절도를 실행시킨 경우, 제한적 정범개념에 의하면 이용자
   스스로 구성요건을 실현하는 자가 아닌 이상 정범이 될 수 없다. 다른 한편 극단종속형식성
   설에 따르면, 책임무능력자에게 절도를 교사하여도 교사범이 성립하지 않는다. 따라서 이러
   한 처벌의 간극을 메우기 위하여 주장된 이론이 간접정범론이다.
2) 이재상, 438면.
3) 김성돈, 631면; 박상기, 432면; 손동권/김재윤, 508면; 이재상/장영민/강동범, 474면; 정성근/박
   광민, 511면. 우리 나라의 판례는 도구이론을 따르는 것(대판 1983.6.14. 83도515)은 있지만, 직
   접 행위지배설에 따른 것은 찾아보기 어렵다. 그러나 일본의 최고재판소에 따르면, 피고인이
   12세가 되는 양녀를 이용하여 순례 중의 절에서 13회에 걸쳐 절도행위를 시킨 사안에 있어
   서, 피고인이 "평소 피고인의 언동에 반하는 태도를 보이기만 하면 안면에 담뱃불로 지지거
   나 드라이버로 얼굴을 비비는 등의 폭행을 가하여 자기의 의사대로 따르게 한 동녀에 대해
   서, 본건 각 절도를 명하고 이것을 행하게 하였다, 이에 의하면, 피고인이 자기의 평소 언동
   에 외포하여 의사가 억압되어 있던 동녀를 이용하여 각 절도를 행하였다고 인정할 수 있기
   때문에 가령 논하는 것처럼 동녀가 시비선악의 판단능력을 가지고 있는 자라고 하더라도, 피
   고인에 대해서 본건 각 절도의 간접정범의 성립을 인정해야 한다"고 판시하여, 시비선악의
   판단능력의 유무뿐만 아니라, 이용자가 피이용자를 실질적으로 지배하고 있는가를 문제로 하

이용하는 것은 직접정범이 권총과 같은 도구를 이용하는 것과 아무런 차이가 없다고 하는 「도구이론(道具理論)」 등이 주장되고 있다. 다만, 이 견해는 사람을 도구와 같이 취급하는 근거가 명확하지 않다. 따라서 정범은 실행행위, 즉 실질적으로 행위를 지배하여 자기의 범죄를 실현하는 것이라고 이해하면, 간접정범도 피이용자의 행위를 일방적으로 이용하여 결과발생을 실질적으로 지배할 수 있다는 점에서 직접정범과 동일시할 수 있는 정범성을 인정할 수 있다. 그렇다면 직접정범과 동일시 근거를 실행행위의 지배에서 찾는 행위지배설이 타당하다.

제2절 간접정범의 성립요건

형법 제34조 제1항이 규정하고 있는 간접정범의 성립요건은, 어느 행위로 처벌되지 않는 자 또는 과실범으로 처벌되는 자를, 교사 또는 방조하여, 범죄행위의 결과를 발생하게 하는 것이다.

1. 피이용자의 범위

(1) 어느 행위로 처벌되지 아니하는 자

1) 구성요건해당성이 없는 행위를 이용한 경우

이용자가 피이용자의 행위를 이용하여 범죄를 실행하는 경우에 범죄가 성립하기 위해서는 그 범죄에 해당하는 객관적 구성요건요소(주체, 객체, 행위, 결과 등)와 주관적 구성요건요소(고의·과실, 목적 등)를 모두 충족하지 않으면 안 된다. 그러나 피이용자의 행위가 이러한 구성요건요소들을 충족하지 못한 경우에 그 행위는 범죄를 구성하지 않고, 이용자는 간접정범이 성립된다.

고 있다(最決昭58年9月21日刑集37卷7号1070頁).

(가) 고의 없는 행위의 이용

고의 없는 행위의 이용이란, 사정을 모르는 타인에게 독극물을 우송시켜 사람을 살해한 것처럼, 이용자가 피이용자(타인)의 과실을 이용하여 살해한 경우를 말한다. 피이용자는 과실범이 성립하고 이용자는 간접정범이 된다.

(나) 목적이 없는 행위의 이용

목적이 없는 행위의 이용이란, 목적범에서의 행사의 목적이 있는 자가 그 목적이 없는 인쇄공에게 위조지폐를 만들게 한 것처럼, 피이용자에게 「행사의 목적」이 결여된 경우를 말한다. 피이용자는 범죄가 성립하지 않고, 이용자는 통화위조죄(제207조)의 간접정범이 성립한다.

(다) 신분이 없는 행위의 이용

신분이 없는 행위의 이용이란, 신분범에 있어서 공무원이 그 신분이 없는 처를 이용하여 뇌물을 수뢰한 경우를 말한다. 피이용자인 신분이 없는 처는 범죄가 성립하지 않고 신분자인 공무원은 간접정범이 된다.[4]

2) 구성요건에는 해당하나 위법하지 않는 행위를 이용한 경우

이용자가 피이용자의 정당행위나 정당방위 또는 긴급피난을 이용하여 범죄를 범하는 경우에 피이용자의 행위는 위법성조각사유에 해당하여 범죄를 구성하지 않기 때문에 이용자는 간접정범으로 처벌된다. 예컨대 의사가 치료행위로서 마약을 주사한 경우처럼 정당행위를 이용한 행위[5]가 여기에 해당한다.

3) 구성요건에 해당하고 위법하지만 책임 없는 행위를 이용한 경우

이용자가 피이용자의 책임무능력상태나 강요된 행위(제12조)를 이용하는 경우에 피이용자의 행위는 책임조각사유로서 범죄를 구성하지 않기 때문에

---

4) 대판 1983.6.14. 83도515(전원합의체판결): "형법 제34조 제1항에 규정된 간접정범은 어느 행위로 인하여 처벌되지 아니하는 자라고 하는 것은 일반적으로 책임무능력자, 범죄사실의 인식이 없는 자, 의사의 자유를 억압당한 자, 목적이나 신분이 없는 자 및 위법성이 조각되는 자로 설명되고 있으나 간접정범은 이런 사람들을 생명 있는 도구와 같이 이용하여 자신의 범죄를 수행하는 것을 말함이니 범죄의 주체가 될 수 없는 외국인이나 외국단체 등도 위에 말하는 어느 행위로 인하여 처벌되지 아니한 자에 해당된다."

5) 最決昭44年11月11日刑集23卷11号1471頁.

이용자는 간접정범으로 처벌된다.

(2) 과실범으로 처벌되는 자를 이용한 경우

의사가 고의로 간호사의 과실행위를 이용하여 환자를 사망하게 하는 경우처럼, 피이용자(간호사)에게 과실이 인정되더라도 이용자(의사)의 고의행위는 간접정범이 된다.

2. 이용행위

간접정범이 성립하기 위해서 타인을 '교사 또는 방조하여' 구성요건을 실현하려고 하는 이용행위가 있어야 한다. 즉, 이용자가 피이용자를 범행의 도구로 이용하는 방법에 대해서 교사 또는 방조를 규정하고 있다. 그러나 여기서 교사 또는 방조의 의미는 교사범·종범의 그것과 같지 않고, 상대적으로 우월적 지위에 있는 이용자가 배후에서 범죄적 결과를 발생시키기 위하여 상대방을 이용 또는 사주(使嗾)의 의미로 해석하는 것이 통설[6]의 입장이다.

3. 결과의 발생

간접정범을 교사 또는 방조의 예에 따라서 처벌한다고 규정되어 있지만, 간접정범은 공범이 아니라 그 본질은 정범이다. 따라서 간접정범이 성립하려면 이용자가 피이용자를 이용하여 범죄행위의 결과를 발생하게 하여야 한다. 그러나 이용자가 이용행위를 종료하였으나 피이용자의 행위가 미수에 그친 경우에는 일반적인 미수범의 규정(제25조~제27조)이 적용되고, 교사의 미수로 처벌되지 않는다.

---

6) 배종대, 450면; 신동운, 639면; 이재상/장영민/강동범, 474면; 임웅, 431면.

제3절 ▶ 간접정범의 처벌

1. 간접정범의 기수

피이용자가 범죄의 결과를 발생시킨 경우에 이용자는 교사 또는 방조의 예에 의하여 처벌된다(제34조 제1항). 따라서 사주·이용행위가 교사에 해당하는 경우에는 교사범으로, 방조에 해당하는 경우에는 종범으로 처벌된다.

2. 간접정범의 미수

간접정범의 처벌은 교사 또는 방조의 예에 따라서 처벌할 뿐이고, 위에서 살펴본 것처럼 어디까지나 정범이다. 따라서 간접정범의 미수는 일반 미수범의 규정이 적용(제25조~제27조)되고, 「교사의 미수」로는 처벌되지 않는다(제31조 제3항).

제4절 ▶ 관련문제

1. 간접정범과 착오

간접정범과 착오에 관해서는 간접정범이 피이용자의 성질에 대하여 착오가 있었던 경우와 피용자가 실행행위에 대하여 착오한 경우로 나누어 살펴볼 필요가 있다.

(1) 피이용자에 대한 착오

① 이용자가 피이용자를 어느 행위로 인하여 처벌되지 않는 자로 오인하

였으나 사실은 피이용자가 의사능력이 있는 사람인 경우이다. 이 경우에 학설의 대립이 있으나 피이용자에 대한 의사지배를 인정할 수 없기 때문에 교사범설이 타당하다.[7] ② 이용자가 피이용자에게 의사능력자로 생각하고 교사 또는 방조하였으나 어느 행위로 처벌되지 않는 생명 있는 도구에 불과한 경우에는 제15조 제1항에 의하여 교사범이 성립한다.

(2) 피이용자의 착오

이용자가 사주한 범죄와 피이용자가 실행한 범죄가 불일치하는 경우로서 구체적 사실의 착오와 추상적 사실의 착오로 구분할 수 있다. 이에 대해서는 착오의 일반원리에 의하여 해결하는 학설[8]과 피이용자는 이용자의 도구에 불과하기 때문에 모두 이용자의 방법의 착오로 해결하여야 한다는 설[9]이 대립하고 있으나 후자가 타당하다고 생각된다.

2. 자수범과 간접정범

자수범(自手犯)이란, 구성요건에 해당하는 실행행위를 자기 스스로 실행한 경우에 성립되는 범죄를 말한다. 즉, 타인을 이용하여 범할 수 없는 범죄 또는 간접정범의 형태로는 범할 수 없는 범죄를 말한다. 예컨대 위증죄(제152조), 간통죄(제241조), 업무상비밀누설죄(제317조) 등이 여기에 해당하며, 이러한 범죄에 있어서는 정범이 될 수 없는 자가 타인을 이용하여 범죄를 실행할 수 있는지 문제가 된다.

자수범의 실행행위는 직접정범의 형태로만 성립할 수 있으므로 스스로 실행하지 아니한 자는 이러한 범죄의 간접정범이나 공동정범이 될 수 없고, 협의의 공범으로 처벌될 수 있을 뿐이다.

---

7) 배종대, 452면.
8) 배종대, 452면; 이재상, 448면; 정성근/박광민, 524면; 진계호/이존걸, 600면.
9) 오영근, 417면.

3. 부작위에 의한 간접정범

정신병원의 의사 또는 간호사가 어떤 환자가 다른 환자를 살해하는 것을 보고도 고의로 방치한 경우와 같이 「부작위에 의한 간접정범」이 성립할 수 있는가에 대하여 긍정설과 부정설이 대립되어 있다. 그러나 이 경우에 이용자(의사 또는 간호사)가 피이용자의 의사를 지배하였다고 볼 수 없기 때문에 행위지배설에 의하면 부정설이 타당하다. 따라서 부작위에 의한 직접정범이 성립할 뿐이다.[10]

4. 특수교사 · 방조

특수교사 · 방조는 '자기의 지휘 · 감독을 받고 있는 자를 교사 또는 방조하여 제34조 제1항의 결과를 발생하게 한 자'의 경우에 형을 가중하는 공범형태를 말한다. 이때 형을 가중하는 근거는 타인을 지휘 · 감독할 수 있는 자가 그 지위를 남용하여 범죄를 범한 것에 대한 비난가능성이 크기 때문이다. 또한 지휘 · 감독을 받는 자의 범위는, 법령 · 계약 · 사무관리에 의한 경우뿐만 아니라, 상관과 부하, 친권자와 미성년자와 같이 사실상의 지휘 · 감독을 받는 사람도 모두 포함된다. 그 법적 성질에 대하여는 특수공범설, 특수공범 · 특수간접정범설, 특수간접정범설이 대립하고 있다. 다만 특수교사 · 방조는 그 체계상 간접정범 안에 규정되어 있지만, 행위면에서는 특수공범이고 결과면에서는 특수간접정범이라고 할 수 있다.[11]

---

10) 신동운, 682면; 진계호/이존걸, 598면.
11) 배종대, 455면.

제5장

교사범

제1절 ▶ 교사범의 의의

타인에게 범죄를 결의시켜 이를 실행하게 한 자를 「교사범(敎唆犯)」이라고 한다(제31조 제1항). 교사범은 자기 스스로 실행행위를 분담하지 않는 점에서 공동정범과 구별될 뿐만 아니라, 타인의 실행행위를 단순히 방조하는 것이 아니라 이것을 유발하는 점에서 종범과도 구별된다. 또한 교사범은 피교사자의 행위를 지배하지 않은 점에서 타인을 도구로 이용·지배하여 범죄를 실행하는 간접정범과도 구별된다.

제2절 ▶ 교사범의 성립요건

교사범이 성립하기 위해서는, 교사자의 교사행위가 있고, 이것에 따라 피교사자(정범)가 범죄를 실행하여야 한다.

1. 교사자의 교사행위

(1) 교사행위의 의의

교사행위는 타인을 교사하여 범죄의 실행을 결의하게 하는 것을 말한다. 즉 「교사(敎唆)」란, 고의로 범행결의를 야기하게 하는 것을 의미한다. 따라서 이미 구체적인 범행을 결의한 자에 대해서는 교사행위가 성립할 수 없고 방조 또는 교사의 미수가 가능할 뿐이다.[1]

(2) 교사의 고의

교사자는 피교사자(정범)에게 범죄를 결의하게 한다는 「교사범의 고의」와 정범으로 하여금 범죄를 실행하게 할 「정범의 고의」가 있어야 하며, 이를 교사의 이중고의(二重故意)라고 한다. 따라서 교사자의 고의는 특정되어 있어야 하며, 구성요건적 결과를 실현하겠다는 범죄기수에 대한 고의가 있어야 한다. 따라서 피교사자가 특정되어 있지 않은 교사는 선동(煽動)에 불과하다.

(3) 교사의 수단

교사의 내용은 일정한 범죄로 특정되어 있어야 하지만, 그 수단 및 방법(명시적·묵시적)에는 제한이 없다. 그러나 기망 또는 강요의 수단에 의하여 피교사자가 착오에 빠져 실행행위를 한 경우에는 교사범이 성립하는 것이 아니고 간접정범이 성립한다. 또한 부작위나 과실로는 그 성격상 범죄를 결의하게 할 수 없기 때문에 교사의 수단이 될 수 없다.[2]

---

1) 대판 1991.5.14. 91도542: "교사범이란 타인(정범)으로 하여금 범죄를 결의하게 하여 그 죄를 범하게 한 때에 성립하는 것이고 피교사자는 교사범의 교사에 의하여 범죄실행을 결의하여야 하는 것이므로, 피교사자가 이미 범의의 결의를 가지고 있을 때에는 교사범이 성립할 여지가 없다."

2) 김성돈, 656면; 박상기, 459면; 배종대, 457면; 이재상/장영민/강동범, 511면; 임웅, 445면.

2. 피교사자의 실행행위

(1) 피교사자의 범행결의

피교사자는 교사에 의하여 범죄실행의 결의를 하여야 한다. 교사자가 교사하였으나 피교사가 범행을 결의하지 않으면, 교사한 자는 「실패한 교사」로서 범죄의 예비·음모에 준하여 처벌된다(제31조 제3항).

(2) 피교사자의 실행행위

교사범이 성립하기 위해서는 피교사자의 실행행위가 있어야 한다. 실행행위는 적어도 착수하여야 하며 미수·기수를 묻지 않는다. 이러한 실행행위가 없는 때에는 「효과 없는 교사」로서 교사자 및 피교사자는 예비·음모에 준하여 처벌된다(제31조 제2항).[3] 또한 교사행위와 피교사자의 실행행위 사이에는 인과관계가 있어야 한다. 실패와 교사와 효과 없는 교사를 합쳐서 「기도된 교사」라고 한다.

제 3 절 ▶ 교사범의 착오

교사자가 교사행위 시에 인식하고 있었던 사실과 피교사자가 현실로 실행한 사실과의 불일치를 「교사범의 착오」라고 한다. 교사범의 착오는 피교사자에 대한 착오와 실행행위에 대한 착오로 나눌 수 있다.

1. 피교사자에 대한 착오

피교사자의 책임능력에 대한 착오가 있는 경우이다. 예컨대 교사자는 피

---

3) 대판 2000.2.25. 99도1251: "교사범이 성립하기 위해서는 교사자의 교사행위와 정범의 실행행위가 있어야 하는 것이므로, 정범의 성립은 교사범의 구성요건의 일부를 형성하고 교사범이 성립함에는 정범의 범죄행위가 인정되는 것이 그 전제요건이 된다."

교사자를 책임능력자로 인식하고 교사하였는데 사실은 책임무능력자인 경우나 또는 그 반대인 경우이다. 피교사자의 책임능력에 대한 인식은 교사자의 고의내용(범죄사실에 대한 인식)에 포함되지 않으므로 교사범의 성립에 아무런 영향을 미치지 않는다.

2. 실행행위에 대한 착오

(1) 구체적 사실의 착오

교사자의 교사내용과 피교사자의 실행행위가 일치하지 않지만, 양자가 동일한 구성요건에 해당하는 것을 「구체적 사실의 착오」라고 하며, 이는 착오의 일반이론에 따라 해결된다. 예컨대 甲이 乙에게 A를 살해할 것을 교사하였으나, 乙은 B를 A로 오인하여 B를 살해한 경우에, 정범 乙에게는 객체의 착오가 되지만, 교사자 甲에게는 방법의 착오가 된다. 또한 A를 살해하려고 하였지만 총을 잘못 조준하여 B가 사망한 경우도 방법의 착오가 성립한다. 이와 같이 교사범의 경우에는 방법의 착오가 성립되는 범위가 매우 넓다. 만약 이 경우에 다수설인 구체적 부합설에 따르면, 고의가 조각되지만 판례의 입장인 법정적 부합설에 따르면 고의가 조각되지 않는다. 따라서 교사자는 실현된 범죄, 즉 살인죄의 교사범이 된다.

(2) 추상적 사실의 착오

교사자가 인식한 사실과 피교사자의 실행한 사실이 서로 다른 구성요건에 해당하는 경우를 교사범의 「추상적 사실의 착오」라고 한다. 이 경우에 법정적 부합설에 의하면 원칙적으로 고의를 조각하지만, 다만 서로 다른 구성요건에 해당하더라도 죄질이 동일하여 양자가 중복되는 경우에는 그 중복되는 범위 내에서 교사범이 성립한다.

1) 교사내용보다 적게 실행한 경우

공범의 실행종속성에 따라 교사자는 원칙적으로 피교사자(정범)가 실행한

범위 내에서만 책임을 진다. 예컨대 甲은 乙에게 강도를 교사하였으나 乙이
절도를 한 경우에 甲은 절도의 교사범으로 처벌된다. 이 경우에 강도를 교사
한 행위는 「교사의 미수」에 해당되어, 교사자 甲은 절도의 교사범과 강도의
예비·음모 가운데 무거운 형인 후자의 형으로 처벌된다(제31조 제2항). 따라서
甲은 이 두 죄의 상상적 경합에 의하여 강도의 예비·음모로 처벌받게 된다.[4]

2) 교사내용을 초과하여 실행한 경우

교사자는 피교사자가 행한 초과부분에 대하여 고의가 없으므로 초과부
분에 대해서는 처벌되지 않는다. 예컨대 甲이 乙에게 절도를 교사하였으나
강도를 실행한 경우, 甲의 인식과 乙의 실행 사실 사이에 구성요건상 절도의
범위 내에서 중복되기 때문에 甲은 절도의 교사범으로 처벌된다(질적 초과). 그
러나 구성요건이 중복되지 않는 살인이나 방화를 실행한 경우는 교사범의 고
의가 조각된다(양적 초과). 또한 교사자가 무거운 결과에 대하여 과실이 있는
경우에는 결과적 가중범[5]이 성립한다. 예컨대 상해를 교사한 자가 사망의 결
과에 대해서 예견가능성이 있는 경우가 그것이다.

제 4 절 ▶ 교사범의 처벌

교사범은 정범과 동일한 형으로 처벌된다(제31조 제1항). 그러나 자기의
지휘·감독을 받는 자를 교사한 때에는 특수교사로서 정범에 정한 형의 장기
또는 다액의 2분의 1까지 형이 가중된다(제34조 제2항).

---

4) 배종대, 461면; 오영근, 398면; 이재상/장영민/강동범, 515면.
5) 대판 2002.10.25. 2002도4089: "교사자가 피교사자에 대하여 상해 또는 중상해를 교사하였는데
   피교사자가 이를 넘어 살인을 실행한 경우에, 일반적으로 교사자는 상해죄 또는 중상해죄의
   죄책을 지게 되는 것이지만 이 경우에 교사자에게 피해자의 사망이라는 결과에 대하여 과실
   내지 예견가능성이 있는 때에는 상해치사죄의 죄책을 지울 수 있다."

제 5 절 ▶ 관련문제

1. 미수의 교사

피교사자의 행위가 처음부터 미수에 그칠 것을 예견하고 교사한 경우를 「미수의 교사」라고 한다. 예컨대 경찰이 마약복용자로 위장하여 마약을 판매하도록 사주하는 경우를 말하며 「함정교사」 또는 「함정수사(agent provocateur)」[6]라고도 한다. 그러나 미수의 교사는 교사범의 고의인 결과발생에 대한 인식이 결여되어 있기 때문에 그 가벌성을 부정하는 것이 통설의 입장이다.

2. 교사의 교사

교사자가 피교사자에게 다른 사람을 다시 교사할 것을 교사한 경우를 「간접교사(間接敎唆)」라고 하며, 교사범과 동일하게 처벌된다. 예컨대 甲이 乙에게 丙을 시켜 A를 폭행하게 한 것을 말한다. 이처럼 교사의 교사가 가벌적인 것은 교사행위와 정범의 실행행위 사이에 인과관계가 인정되기 때문이다. 이처럼 교사자(甲)와 피교사자(丙) 사이에 중간교사자(乙) 한 명이 개입되어 있는 것을 간접교사라고 힌다. 이에 대하여 다수의 중간교사자를 거쳐 교사하는 것을 「연쇄교사(連鎖敎唆)」라고 한다. 형법은 교사방법에 제한을 두고 있시 않으므로 간접교사는 물론 연쇄교사에 대해서도 가벌성을 인정하는 것이 다수설[7]이자 판례[8]의 입장이다.

---

6) 대판 1983.4.12. 82도2433: "소위 함정수사라 함은 본래 범의를 가지지 아니한 자에 대하여 수사기관이 사술이나 계략 등을 써서 범죄를 유발케 하여 범죄인을 검거하는 수사방법을 말하는 것이므로, 범의를 가진 자에 대하여 범행의 기회를 주거나 범행을 용이하게 한 것에 불과한 경우에는 함정수사라고 말할 수 없다."

7) 박상기, 477면; 배종대, 464면; 손동권/김재윤, 591면; 이재상/장영민/강동범, 518면; 임웅, 455면.

8) 대판 1974.1.29. 73도3104.

제6장

종 범

제1절 ▶ 종범의 의의

　타인의 범죄를 방조하는 자를 「종범(從犯)」이라고 한다(제32조 제1항). 방조는 이미 범죄를 실행할 의사가 있는 정범의 실행을 용이하게 하는 모든 행위를 말하며 방조범이라고도 한다. 「방조(幇助)」란, 정범이 행하는 구성요건의 실행행위를 돕는 행위 및 그 법익침해를 강화하는 모든 행위를 말한다.

제2절 ▶ 종범의 성립요건

　종범이 성립하기 위해서는 방조자의 방조행위가 있고, 이것에 따라 정범이 실행행위를 행하여야 한다.

1. 종범의 방조행위

「방조행위」는 정신적·물질적으로 정범의 실행행위를 용이하게 돕는 모든 행위를 말하며 그 방법에는 제한이 없다. 또한 작위는 물론 부작위에 의한 방조도 가능하다. 다만 부작위에 의한 방조[1]가 성립하기 위해서는 종범이 타인의 위법행위를 저지해야 할 보증인적 지위에 있어야 한다. 예컨대 절도를 묵인하는 수위처럼 부작위에 의한 방조도 가능하다.

(1) 종범의 고의

종범의 고의는 정범의 실행행위를 인식하고 그 행위를 용이하게 돕는다는 인식(방조의 고의)뿐만 아니라, 정범의 실행행위에 의해서 구성요건을 실현한다고 하는 인식(정범의 고의)을 필요로 한다. 즉, 정범의 고의는 교사범과 같이 「이중의 고의」가 필요하다. 따라서 종범의 고의는 특정되어 있어야 하며, 구성요건적 결과를 실현한다는 범죄기수에 대한 고의도 필요하다. 그러나 처음부터 피방조자의 실행행위가 미수에 그칠 것을 예견하면서 방조행위를 한 「미수의 방조」는 처벌하지 않는다. 다만 종범이 성립하기 위해서는 방조자에게 「방조의 고의」와 「정범의 고의」가 있으면 충분하고, 종범과 정범의 의사가 일치할 필요는 없다. 따라서 정범이 방조를 인식하지 못하는 「편면적 종범」[2]노 가능히다.

(2) 방조행위의 시기

방조행위의 시기는 정범의 실행착수의 전·후를 불문하지만, 범죄가 종료한 뒤에는 종범이 성립할 수 없다.[3] 예컨대 범죄종료 후 범인을 은닉시켜

---

1) 대판 2006.4.28. 2003도4128: "인터넷 포털 사이트 내 오락채널 총괄팀장과 오락채널 내 만화사업의 운영 직원인 피고인들에게, 콘텐츠제공업체들이 게재하는 음란만화의 삭제를 요구할 조리상의 의무가 있다고 하여, 방조죄의 성립을 긍정하였다."

2) 통설과 판례는 그 성질상 편면적 공동정범과 교사범은 인정하지 않지만, 편면적 종범은 인정한다.

3) 대판 2009.6.11. 2009도1518: "종범은 정범의 실행행위 전이나 실행행위 중에 정범을 방조하여 그 실행행위를 용이하게 하는 것을 말하므로 정범의 범죄종료 후의 이른바 사후방조를 종범이라고 볼 수 없다."

주거나 증거를 인멸시키는 것은 사후종범(事後從犯)이 성립하는 것이 아니고 별도의 독립된 범죄유형에 해당된다.

2. 정범의 실행행위

종범이 성립하기 위해서는 피교사자의 실행행위가 있어야 한다.[4] 실행행위는 적어도 착수하여야 하며 미수·기수를 묻지 않으나, 가벌적 미수이어야 한다. 왜냐하면 형법 제31조 제2항과 제3항의 「기도된 교사(효과 없는 교사, 실패한 교사)」와 달리 「기도된 방조」는 그 처벌규정이 없기 때문이다. 다만 방조행위와 정범의 실행행위 사이에는 인과관계가 있어야 한다.[5]

제3절 ▶ 종범의 처벌

종범의 형은 정범의 형보다 감경한다(제32조 제1항). 즉, 필요적 감경사유이다. 그러나 자기의 지휘·감독을 받는 자를 방조하여 결과를 발생하게 한 자는 정범의 형으로 처벌한다(제34조 제2항).

---

4) 대판 1979.2.27. 78도3113: "방조죄는 정범의 범죄에 종속하여 성립하는 것으로서 방조의 대상이 되는 정범의 실행행위의 착수가 없는 이상 방조죄만이 독립하여 성립될 수 없다."

5) 박상기, 484면; 배종대, 470면; 손동권/김재윤, 599면; 신동운, 657면; 이재상/장영민/강동범, 527면. 이에 대하여 대법원 판례는 인과관계 불요설을 취하고 있다(대판 1986.12.9. 86도198).

| 제 4 절 | 관련문제 |

1. 종범의 착오

종범의 착오는 방조자가 인식한 사실과 피방조자인 정범이 실행한 객관적 사실이 일치하지 않는 것을 말한다. 이것은 앞장에서 살펴본 교사범의 착오에 관한 이론과 같다.

2. 교사의 방조

교사행위를 방조하여 그 실행을 용이하게 하는 것을 「교사의 방조」라고 한다. 교사행위 그 자체는 실행행위가 아니라고 하는 입장에서는 교사범의 방조를 부정하지만, 교사행위도 수정된 구성요건에 해당하는 실행행위라고 해야 하기 때문에 이것을 긍정하는 것이 타당하다.[6]

3. 방조의 방조

종범을 다시 방조하는 것을 「방조의 방조」라고 하며, 간접방조(間接幇助)[7]라고도 한다. 또한 다수의 간접방조자를 거쳐 방조한 것을 연쇄방조(連鎖幇助)라고 한다. 형법은 방조의 방법에 대하여 규정을 두고 있지 않기 때문에 교사의 교사나 연쇄교사처럼 종범 사이에 그리고 종범과 정범 사이에 각각 인과관계가 인정되면 모두 그 가벌성을 인정할 수 있다.

---

6) 배종대, 472면.

7) 대판 1977.9.28. 76도4133: "정범이 범행을 한다는 점을 알면서 그 실행행위를 용이하게 한 이상 그 행위가 간접적이거나 직접적이거나를 가리지 않으며 이 경우 정범이 누구에 의하여 실행되어지는가를 확지할 필요는 없다."

공범과 신분

제7장

제1절 ▶ 신분과 그 공범상의 취급

「공범과 신분(身分)」은 신분이 범죄의 성립이나 형의 가중·감경에 영향을 미치는 경우에 있어서 신분자와 비신분자가 공범의 형태로 범죄를 실현한 때, 이를 어떻게 처리할 것인가에 대하여 문제가 된다. 예컨대 공무원을 주체로 하는 수뢰죄(제129조)에서 비신분자가 공무원과 공동으로 뇌물을 수수한 경우에 비신분자도 수뢰죄의 공동정범으로 처벌할 수 있는지의 문제가 그것이다.

제2절 ▶ 신분의 의의와 종류

1. 신분의 의의

형법 제33조에서 규정하고 있는 신분의 정의에 관하여 통설[1] 및 판

---

1) 배종대, 473면; 이재상, 503면.

례2)에 의하면 「신분(身分)」이란, 남녀의 성별·내외국인의 구별·친족관계 또
는 공무원의 자격뿐만 아니라 널리 일정한 범죄행위에 대한 인적관계인 특수
한 지위나 상태를 가리킨다. 이러한 신분의 요소는 행위자와 관련된 요소임
을 요하고, 행위에 관련된 요소는 신분개념에 포함되지 않는다.3) 또한 신분
은 반드시 계속성을 가져야 하는 것이 아니기 때문에 일시적인 성격을 띠는
것도 가능하다는 입장이 다수설4)이다.

2. 신분의 종류

(1) 적극적 신분

1) 구성적 신분

일정한 신분이 있어야 범죄가 성립하는 경우의 신분을 말하며 이를 「진정
신분범(眞正身分犯)」이라고 한다. 예컨대 수뢰죄(제129조)의 「공무원 또는 중재인」,
위증죄(제152조)에 있어서 「법률에 의하여 선서한 증인」, 횡령죄(제355조 제1항)
있어서 「타인의 재물을 보관하는 자」, 배임죄(제355조 제2항)에 있어서 「타인의
사무를 처리하는 자」 등이 여기에 해당한다.

2) 가감적 신분

신분이 없어도 범죄는 성립하지만 신분이 있는 경우에 형벌이 가중 또는
감경되는 신분을 말하며, 이를 「부진정신분범(不眞正身分犯)」이라고 한다. 예컨
대 존속살해죄(제250조 제2항)에 있어서 「직계존속」은 가중적 신분이고, 영아살

---

2) 대판 1994.12.23. 93도1002.

3) 대판 1994.12.23. 93도1002: "모해위증죄에 있어서 위증을 한 범인이 형사사건의 피고인 등을
'모해할 목적'을 가지고 있었는가 아니면 그러한 목적이 없었는가 하는 범인의 특수한 상태
의 차이에 따라 범인에게 과할 형의 경중을 구별하고 있으므로, 이는 바로 형법 제33조 단서
소정의 "신분관계로 인하여 형의 경중이 있는 경우"에 해당한다고 봄이 상당하다"고 판시하
고 있으나 모해의 목적은 행위요소이므로 신분에 해당할 수 없다고 해야 한다.

4) 이에 대하여 신분에 일시적 성격을 띠는 것까지 포함하는 것은 피고인에게 불리한 유추해석
으로서 반대하는 입장으로 김성돈; 684면; 신동운, 698면; 임웅, 468면. 반면에 신분은 행위
당시에 존재하면 족하기 때문에 신분의 계속성에 대한 논의는 실익이 없다는 입장으로 박상
기, 490면.

해죄(제251조)에 있어서 「직계존속」은 감경적 신분을 의미한다.

(2) 소극적 신분

행위자에게 일정한 신분이 있으면 범죄 또는 형벌이 조각되는 경우의 신분을 말한다.

1) 위법조각적 신분

의사의 의료행위, 경찰관의 총기휴대 등에 있어서 의사·경찰관의 신분은 위법성을 배제하는 신분이다.

2) 책임조각적 신분

형사미성년자(제9조), 범인은닉죄(제151조 제2항)에 있어서 친족의 신분은 책임을 배제하는 신분이다.

3) 형벌조각적 신분

친족상도례(제328조)에 있어서 친족의 신분은 형벌을 배제하는 신분이다.

제3절 ▶ 형법 제33조 본문의 해석

형법 제33조의 규정을 공범이론과의 관계에서 살펴보면, 본문인 '신분이 있어야 성립되는 범죄에 신분 없는 사람이 가담한 경우에는 그 신분 없는 사람에게도 제30조부터 제32조까지의 규정을 적용한다'고 하여, 신분이 없는 자는 단독으로 정범이 될 수 없지만, 그 공범은 될 수 있다는 의미이다. 다만, '신분이 있어야 성립되는 범죄'에 진정신분범뿐만 아니라 부진정신분범도 포함되는지의 문제와 '제30조부터 제32조까지의 규정' 가운데 공동정범과 간접정범을 포함하는지가 문제이다.

1. 「신분이 있어야 성립되는 범죄」의 의미

(1) 진정신분범설

형법 제33조 본문은, 신분범을 진정신분범과 부진정신분범으로 구별하여 진정신분범에 대해서만 적용하고, 단서인 '신분 때문에 형의 경중이 달라지는 경우에 신분이 없는 사람은 무거운 형으로 벌하지 아니한다'는 규정은 부진정신분범의 경우에만 적용한다고 해석한다.[5] 이에 따르면 진정신분범의 경우는 신분자와 비신분자 사이에 공범이 성립되나, 부진정신분범의 경우에는 공범이 성립되지 않는다. 예컨대 처(妻)와 아들이 공모하여 그의 남편을 살해한 경우에 처는 존속살해죄의 공동정범이 되지 않는다.

(2) 진정신분범 및 부진정신분범 포함설

본문은 진정·부진정신분범을 포함한 신분범 일반에 대한 규정으로서 공범의 성립문제를 규정한 것이고, 단서는 특히 부진정신분범에 한하여 과형(科刑)의 문제를 규정한 것으로 해석한다. 이 설은 부진정신분범에 대한 공범성립의 근거를 제공할 수 있다는 장점이 있으나, 부진정신분범은 신분이 있어야 성립되는 범죄가 아니라는 점이 문제이다. 예컨대 앞의 사례에서 처와 아들은 존속살인죄의 공동정범이 되지만, 처는 단서의 규정에 의하여 보통살인죄로 처벌된다고 하며, 이는 소수설[6] 및 판례[7]의 입장이다.

---

5) 박상기, 495면; 배종대, 474면; 손동권/김재윤, 613면; 이재상/장영민/강동범, 533면; 정성근/박광민, 601면.

6) 김성돈, 690면; 오영근, 430면; 진계호/이존걸, 635면.

7) 대판 1961.8.2. 4294형상284: "처가 실자와 더불어 그 남편을 살해할 것을 공모하고 자로 하여금 남편을 자빠트려 양손으로 두부를 강압하게 한 후, 양손으로 남편의 생식기부분을 잡아당겨서 질식사에 이르게 한 경우에 그 처와 실자를 존속살해죄의 공동정범으로 인정한 것은 적법하다."

2. 「제30조부터 제32조까지의 규정을 적용한다」는 의미

(1) 비신분자의 신분자에 대한 가담

신분관계로 인하여 성립될 범죄에 가담한 행위는 비신분자도 '제30조부터 제32조까지의 규정'에 따라 공동정범, 교사범, 종범이 성립된다고 규정하여 신분의 효과를 비신분자에게 인정하는 「신분의 연대성」을 인정하고 있다. 따라서 비신분자가 진정신분범을 교사·방조하는 것[8]은 물론 정범요소가 결여된 비신분자도 진정신분범과 함께 공동정범[9]이 될 수 있도록 입법적으로 해결하고 있다. 다만 신분이 없는 자가 신분 있는 자를 이용하여 진정신분범의 간접정범이 될 수 있는지 문제[10]가 되지만, 형법 제33조의 '제30조부터 제32조까지의 규정'에 간접정범이 포함되어 있지 않기 때문에 성립되지 않는다고 하는 것이 통설[11]의 입장이다.

(2) 신분자의 비신분자에 대한 가담

형법 제33조의 본문은 비신분자가 신분자에게 가담하는 경우에 적용되는 규정이다. 따라서 신분자가 비신분자에게 가공한 경우(신분이 없는 행위의 이용)에는 간접정범이 성립하고 본문이 적용될 여지가 없다. 예컨대 공무원이

---

8) 대판 1983.12.13. 83도1458: "피고인이 건축물조사 및 가옥대장 정리업무를 담당하는 지방행정서기를 교사하여 무허가 건물을 허가받은 건축물인 것처럼 가옥대장 등에 등재케 하여 허위공문서 등을 작성케 한 사실이 인정된다면, 허위공문서작성죄의 교사범으로 처단한 것은 정당하다."

9) 대판 2006.5.11. 2006도1663: "공무원이 아닌 자가 공무원과 공동하여 허위공문서작성죄를 범한 때에는 공무원이 아닌 자도 형법 제33조, 제30조에 의하여 허위공문서작성죄의 공동정범이 된다."

10) 예컨대 공무원이 아닌 자가 공무원을 이용하여 진정신분범인 수뢰죄의 간접정범이 성립할 수 있는지의 문제이다.

11) 김성돈, 695면; 배종대, 476면; 이재상/장영민/강동범, 536면; 정성근/박광민, 602면; 진계호/이존걸, 637면. 이에 대하여 판례는 이를 긍정하고 있다. 즉 "공문서의 작성권한이 있는 공무원의 직무를 보좌하는 자가 그 직위를 이용하여 행사할 목적으로 허위의 내용이 기재된 문서 초안을 그 정을 모르는 상사에게 제출하여 결재하도록 하는 등의 방법으로 작성권한이 있는 공무원으로 하여금 허위의 공문서를 작성하게 한 경우에는 간접정범이 성립되고 이와 공모한 자 역시 그 간접정범의 공범으로서의 죄책을 면할 수 없는 것이고, 여기서 말하는 공범은 반드시 공무원의 신분이 있는 자로 한정되는 것은 아니라고 할 것이다"(대판 1992.1.17. 91도2837).

공무원 아닌 자를 교사하여 뇌물을 받게 한 경우에는 수뢰죄의 간접정범이
성립하고 형법 제33조는 적용되지 않는다.

제4절 ▶ 형법 제33조 단서의 해석

형법 제33조의 단서는 '신분 때문에 형의 경중이 달라지는 경우에 신분
이 없는 사람은 무거운 형으로 벌하지 아니한다'고 규정하고 있다. 여기서
'신분 때문에 형의 경중이 달라지는 경우'란, 가감적 신분을 의미하므로 부진
정신분범을 규정한 것이다. 그러나 문제는 '무거운 형으로 벌하지 아니한다'
는 의미를 어떻게 해석할 것인가에 있다.

1. 비신분자가 신분자에게 가담한 경우

(1) 가중적 신분의 경우

제33조의 본문이 진정신분범에 대하여 적용된다고 하는 통설[12]은 단서
를 부진정신분범의 공범성립과 그 과형에 대한 규정으로 이해한다. 따라서 부
진정신분범을 비신분자와 신분자가 공동정범으로 범한 때에는 신분자는 부진
정신분범, 비신분자는 보통 범죄의 공동정범이 된다. 예컨대 앞의 사례에서
처와 아들이 공동정범으로 그의 남편을 살해한 때에는 아들은 존속살인죄, 처
는 보통살인죄의 공동정범이 성립된다. 또한 비신분자(처)가 신분자(아들)를 교
사 또는 방조하여 부진정신분범(존속살인죄)을 범한 때에도, 비신분자는 보통
범죄의 교사범 또는 종범이 되지만, 신분자는 부진정신분범의 정범이 된다고
한다.

이에 대하여 본문을 진정신분범뿐만 아니라, 부진정신분범에 대하여도

---

12) 박상기, 495면; 배종대, 477면; 손동권/김재윤, 613면; 이재상, 506면; 정성근/박광민, 601면.

공범성립의 근거를 규정한 것으로 해석하는 소수설13)과 판례14)에 의하면, 부진정신분범에 있어서도 비신분자는 본문에 의하여 부진정신분범(존속살해죄)의 공동정범이 되고, 그 과형만 단서에 의하여 결정된다고 본다.

(2) 감경적 신분의 경우

가중적 신분의 경우와 달리 감경적 신분의 경우에는 형법이 '무거운 형으로 벌하지 아니한다'고 규정하고 있기 때문에 해석상 문제가 발생한다. 예컨대 영아살해에 가담한 비신분자는 가벼운 죄인 영아살해죄가 적용되는지 또는 보통살인죄가 적용되는지가 문제이다. 단서의 규정은 「책임의 개별화」를 규정한 것으로 가중사유와 마찬가지로 감경사유도 언제나 신분자 일신(一身)에 한하고 공범자에게는 미치지 아니한다고 하는 다수설15)에 의하면, 甲과 乙이 乙의 직계비속인 영아를 살해하면, 甲은 보통살인죄, 乙은 영아살해죄의 공동정범이 된다. 또한 甲이 乙을 교사·방조하여 乙의 직계비속인 영아를 살해한 경우에는 甲은 보통살인죄의 교사·종범이 성립되고, 乙은 영아살해죄의 정범이 된다고 한다. 그러나 단서의 규정이 '형의 경중이 달라지는 경우에 신분이 없는 사람은 무거운 형으로 벌하지 아니한다'고 규정하고 있으므로 비신분자의 형도 감경되어야 한다는 소수설16)에 의하면, 甲은 영아살해죄의 공동정범 혹은 교사·종범이 되지만 책임의 개별화원칙에 반하므로 타당하지 않다.

---

13) 김성돈, 690면; 오영근, 430면; 진계호/이존걸, 635면.

14) 업무상의 임무라는 신분관계가 없는 자가 그러한 신분관계 있는 자와 공모하여 업무상배임죄를 저질렀다면, 그러한 신분관계가 없는 공범에 대하여는 형법 제33조 단서에 따라 단순배임죄에서 정한 형으로 처단하여야 한다. 이 경우에는 신분관계 없는 공범에게도 같은 조 본문에 따라 일단 신분범인 업무상배임죄가 성립하고 다만 과형에서만 무거운 형이 아닌 단순배임죄의 법정형이 적용된다(대판 2018.8.30. 2018도10047).

15) 박상기, 496면; 배종대, 477면; 손동권/김재윤, 618면; 안동준, 266면; 이재상, 510면; 진계호/이존걸, 605면.

16) 오영근 436면; 신동운 694면.

2. 신분자가 비신분자에게 가담한 경우

제33조의 단서는 부진정신분범에 있어서 비신분자가 신분자의 행위에 가담한 경우에 대한 규정이다. 따라서 그 반대인 신분자가 비신분자의 범죄에 가담하여 부진정신분범을 범한 경우에 비신분자를 어떻게 처벌할 것인가 문제이다. 이 경우에도 책임개별화의 원칙은 당연히 적용되어야 하기 때문에 예컨대, 甲이 乙을 교사하여 자기의 아버지 丙을 살해한 경우에 乙은 보통살인죄의 정범이 되지만, 甲은 존속살해죄의 교사범으로 처벌되어야 한다.

제5절 ▶ 소극적 신분과 공범

형법 제33조는 신분이 있어야 범죄가 성립하거나 형의 가중·감경이 있는 경우에 비신분자가 가담하는 경우만을 규정하고 있을 뿐, 신분 때문에 범죄가 성립하지 않거나 형벌이 배제되는 소극적 신분(消極的身分)과 공범에 대해서는 형법상 명문의 규정이 없다. 그러므로 이러한 경우는 공범성립에 관한 일반이론에 따라 처리하여야 한다.

1. 위법조각적 신분과 공범

신분자의 위법이 조각되는 행위에 비신분자가 가담한 경우, 신분자의 행위는 적법행위로서 범죄가 성립되지 않기 때문에 여기에 가담한 비신분자의 행위도 범죄가 성립하지 않는다. 예컨대 의사면허가 없는 자가 의사의 의료행위에 가담한 경우에는 범죄가 성립되지 않는다.

2. 책임조각적 신분과 공범

신분자의 책임이 조각되는 행위에 비신분자가 가담한 경우, 신분자는 책임이 조각되나 비신분자의 경우는 범죄의 관여 형태(태양)에 따라 공동정범·교사범·종범이 성립한다. 예컨대 친족이 아닌 자가 범인의 친족에게 범인의 은닉을 교사한 경우에 친족은 책임이 조각되고 비친족은 범인은닉죄의 교사범이 성립한다. 그러나 이와는 반대로 신분 때문에 책임이 조각되는 자가 비신분자의 행위에 가담한 경우는 제33조의 단서에 의해서 가담자는 처벌되지 않는다고 해석하여야 한다. 예컨대 범인 자신은 범인은닉죄 및 증거인멸죄의 소극적 신분에 해당하기 때문에 이러한 자가 타인을 교사하여 자기를 은닉 또는 증거를 인멸하게 하거나 또는 자기의 형사피고사건에 관하여 증거를 인멸시킨 경우에 「신분은 개별적」으로 작용하기 때문에 책임조각사유의 신분이 있는 자(범인 자신)는 처벌되지 않는다.

3. 형벌조각적 신분과 공범

형벌조각적 신분은 일신적(一身的)인 것이기 때문에 비신분자인 공범에게는 미치지 않는다. 이것에 대하여 신분자가 비신분자에게 가공한 경우, 예컨대 아들이 다른 사람을 교사하여 동거하고 있는 자기 부모의 소유물을 절도한 경우에 아들은 책임이 조각되나 정범은 절도죄로 처벌된다.

A General Theory of Criminal Law

제8편 죄수론

죄수의 개념

제1절 ▶ 죄수의 의의

　　범죄의 개수를 「죄수」라고 한다. 행위자가 어떤 범죄를 실현한 경우, 그 범죄를 일죄로 처리하는가 또는 수죄로 처리하는가를 결정하여야 한다. 또한 수죄로서 처리하는 경우에 행위자를 어떠한 형으로 처벌해야 하는지의 문제가 「죄수론(罪數論)의 과제」이다. 죄수론은 과형(科刑)의 전제로서 형사소송법의 공소효력과 기판력의 범위 등과 관련하여 중요한 의미가 있다.

제2절 ▶ 죄수결정의 기준

1. 행위표준설

　　범죄는 사람의 행위를 그 본질로 하기 때문에 행위자의 「행위」를 기준으로 하여 행위가 한 개이면 일죄이고, 수개이면 수죄라는 견해이다. 예컨대 강간죄는 성교행위마다 한 개의 범죄가 성립한다고 보는 판례[1]는 행위표준설에 따른 견해라고 할 수 있다. 그러나 사기죄와 같이 범죄에 따라서는 수개의 행위를 예정하고 있거나, 강도죄와 같이 수개의 행위가 결합되어 있는 범죄 등은 설명하기가 어렵다는 문제점이 있다.

2. 법익표준설

범죄의 본질을 법익침해에 있다고 하는 입장에서, 침해되는 「법익」을 기준으로 하여 한 개의 행위로 한 개의 법익을 침해하면 일죄이고, 수개의 법익을 침해하면 수죄가 된다. 따라서 상상적 경합은 실질적으로 수죄가 되지만, 형법 제40조에 의하여 처분상 일죄가 된다. 그러나 법익표준설이 죄수판단에 있어서 중요한 기준이 되는 것은 사실이지만, 침해태양(절취, 강취 등)을 고려하지 않는 점에서 범죄의 정형(定型)을 무시한다는 비판이 있다.

3. 의사표준설

범죄는 행위자가 가진 범죄의사의 실현이라는 관점으로부터, 행위자의 「범죄의사」를 기준으로 범죄의 수를 결정하는 견해이다. 범죄의사가 하나이면 행위의 결과가 복수인 경우에도 일죄가 성립하기 때문에 죄수를 결정하는 데 있어서 합리성이 결여되었다고 할 수 있다. 이 설에 따르면 의사의 단일성이 인정되는 연속범과 상상적 경합은 일죄가 된다. 대법원[2]은 연속범에 대하여 의사표준설에 따라 포괄적 일죄를 인정하고 있다.

---

1) 대판 1982.12.14. 82도2442.
2) 대판 2005.11.10. 2004도42: "수뢰죄에 있어서 단일하고 계속된 범의하에 동종의 범행을 일정 기간 반복하여 행하고 그 피해법익도 동일한 경우에는 각 범행을 통틀어 포괄일죄로 본다."

4. 구성요건표준설

범죄는 구성요건에 해당하는 행위이기 때문에 「구성요건에 해당하는 사실」을 기준으로 범죄의 수를 결정하는 견해로서 다수설적 입장3)이다. 이 설에 따르면 구성요건에 해당하는 사실이 한 개이면 일죄이고, 수개이면 수죄가 된다. 따라서 상상적 경합은 본래 수죄이나 처분상 일죄가 된다.

5. 검 토

범죄의 개수는 「위법 및 책임평가에 대한 양(量)의 문제」이기 때문에 그 평가는 구성요건에 해당하는 행위를 대상으로 하지 않으면 안 된다. 또한 구성요건은 행위자의 의사와 행위, 그리고 결과를 그 요소로서 포함하고 있기 때문에 기본적으로 구성요건표준설이 타당하다고 할 수 있다. 다만, 구성요건을 기준으로 한 죄수결정에서도 구성요건충족의 횟수는 행위가 결정을 한다. 이 경우에 행위의 수는 범죄의사와 법익을 떠나서 판단할 수 없다.4) 따라서 죄수결정의 원리는 실질적인 관점에서 찾지 않으면 안 된다. 즉, 구성요건표준설을 기준으로 법익·의사·행위들을 종합적으로 고려해야 할 필요가 있다.

---

3) 배종대, 540면; 손동권/김재윤, 632면; 이재상, 518면; 정성근/박광민, 616면 이하에 따르면, 이들의 견해도 구성요건표준설만을 기준으로 죄수를 결정하는 것이 아니고, 법익, 의사, 행위 등을 종합적으로 고려하고 있다. 다만 죄수의 결정기준을 행위표준설에 입각하되, 자연적 의미의 행위 개념을 재정립하여야 한다고 하는 입장으로 임웅, 549면.

4) 이재상/장영민/강동범, 547면.

제 2 장

일 죄

제 1 절 ▶ 일죄의 의의

일죄는 범죄의 개수가 한 개인 것을 말한다. 범죄행위가 구성요건에 1회 해당하는 경우를 말하며, 「단순일죄」 또는 「사실상 일죄」를 의미한다. 단순

〈통설·판례에 의한 일죄의 분류〉

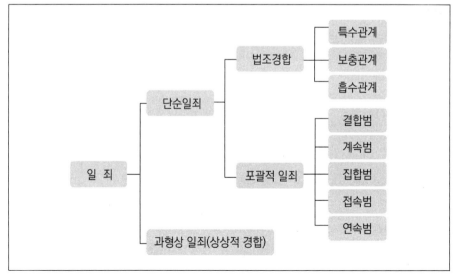

일죄에는 다시 법조경합과 포괄적 일죄로 나눌 수 있다.

제2절 ▶ 법조경합

1. 법조경합의 의의

한 개의 행위가 외견상 수개의 구성요건에 해당하는 것처럼 보이지만, 실제로는 한 구성요건이 다른 구성요건을 배척하기 때문에 단순일죄가 되는 경우를 「법조경합(法條競合)」이라고 한다. 여기에 해당하는 것으로는 특별관계 · 보충관계 · 흡수관계가 있다.

2. 법조경합의 종류

(1) 특별관계

두 개 이상의 형벌법규가 일반법과 특별법관계에 있는 경우에 「특별법 우선의 원칙」에 의하여 특별관계에 있는 법규만 적용되는 것을 말한다. 예컨 대 보통살인죄(제250조 제1항)에 대한 존속살인죄(제250조 제2항) 또는 영아살해죄 (제251조), 단순절도죄(제329조)에 대한 특수절도죄(제331조), 그리고 횡령죄(제355 조 제1항)에 대한 배임죄(제355조 제2항) 등이 있다. 다만, 특별관계를 인정하기 위해서는 특별형벌법규의 구성요건이 일반형벌법규의 그것을 포함하고 법익 이 같을 것을 요건으로 한다.

(2) 보충관계

한 개의 행위가 기본법과 보충법의 관계에 있는 두 개 이상의 구성요건 에 해당하는 경우를 말한다. 「기본법은 보충법에 우선한다는 원칙」에 의하여 기본법이 적용되고 보충법은 적용되지 않는다. 여기에는 명시적 보충관계와 묵시적 보충관계가 있다. 예컨대 형법이 인정한 ① 명시적 보충관계는 외환유치죄(제92조)·여적죄(제93조)·모병이적죄(제94조)에 대한 일반이적죄(제99조)가 있으며, ② 묵시적 보충관계는 예비에 대한 미수·기수처럼 범죄의 진행단계에 따른 경과(經過)범죄는 물론 같은 법익침해에 있어서 예컨내 종범괴 교사범·정범의 관계처럼 가벼운 침해방법은 무거운 침해방법에 대해서도 보충관계에 있다.

(3) 흡수관계

어떤 구성요건에 해당하는 행위가 다른 구성요건에 해당하는 행위를 항상 포함하거나 수반(隨伴)하는 경우를 말한다.[1] 「전부법은 부분법을 배척한다」는 의미이다. 여기에는 ①「불가벌적 사후행위(절도범이 도품을 손괴)」[2]처럼 어느 구성요건이 개념상 다른 구성요건을 포함하는 경우와 ②「불가벌적 수반행위(살인에 수반된 재물의 손괴)」[3]처럼 일반의 경험법칙상 일정한 구성요건이 항상 수반되는 경우가 있다.

3. 법조경합의 효과

법조경합에서 적용이 배제되는 법률은 형사처벌의 근거가 되지 않는다. 따라서 행위자는 적용된 법률에 정한 형으로 처벌되며, 배제된 법률은 판결주문에는 물론 이유에도 기재할 필요가 없다. 이것은 법조경합에서 경합되는

---

1) 대판 2018.4.24. 217도10956: "피고인에게 폭행 범행을 반복하여 저지르는 습벽이 있고 이러한 습벽에 의하여 단순폭행, 존속폭행 범행을 저지른 사실이 인정된다면 단순폭행, 존속폭행의 각 죄별로 상습성을 판단할 것이 아니라 포괄하여 그중 법정형이 가장 중한 상습존속폭행죄만 성립한다."

2) 대판 1993.11.23. 93도213: "금융기관 발행의 자기앞수표는 그 액면금을 즉시 지급받을 수 있는 점에서 현금에 대신하는 기능을 가지고 있어서 장물인 자기앞수표를 취득한 후 이를 현금 대신 교부한 행위는 장물취득에 대한 가벌적 평가에 당연히 포함되는 불가벌적 사후행위로서 별도의 범죄를 구성하지 아니한다."

3) 대판 2012.10.11. 2012도1895: "이른바 '불가벌적 수반행위'란 법조경합의 한 형태인 흡수관계에 속하는 것으로서, 행위자가 특정한 죄를 범하면 비록 논리 필연적인 것은 아니지만 일반적·전형적으로 다른 구성요건을 충족하고 이때 그 구성요건의 불법이나 책임 내용이 주된 범죄에 비하여 경미하기 때문에 처벌이 별도로 고려되지 않는 경우를 말한다."

수개의 법규 중 하나의 범죄만이 성립하기 때문이다. 따라서 법조경합 중 일부에 대한 공소제기나 법원의 판결은 그 전체에 대해서 효력을 미친다는 점에서 실체적 경합범과 구별된다.

제3절 ▶ 포괄적 일죄

1. 포괄적 일죄의 의의

형식적으로는 수개의 구성요건에 해당하는 것처럼 보이지만, 한 개의 범죄로 평가되어 일죄가 성립되는 것에 불과한 경우를 말한다. 여기에는 결합범·계속범·접속범·연속범·집합범 등이 있다.

2. 포괄적 일죄의 유형

(1) 결합범

결합범(結合犯)은 개별적으로 독립된 구성요건에 해당하는 수개의 행위가 결합하여 일죄를 구성하는 경우를 말한다. 예컨대 강도죄(제333조)는 폭행죄 또는 협박죄와 절도죄, 강도강간죄(제339조)는 강도죄와 강간죄의 결합범이다. 결합범은 그 일부분에 대한 실행착수가 있으면 전체에 대하여 착수가 인정되고, 일부분에 대한 방조도 그 전체에 대한 방조가 된다.

(2) 계속범

상태범에 대비는 범죄로서 구성요건적 행위가 계속되는 동안 위법행위는 물론 범죄도 계속되는 범죄를 계속범(繼續犯)이라고 한다. 체포·감금죄(제276조)가 여기에 해당한다.

(3) 접속범

동일한 기회에 수개의 동종의 행위를 반복하여 행하는 경우에 이를 포괄하여 하나의 범죄만이 성립하는 것을 접속범(接續犯)이라고 한다. 따라서 접속범이 성립하기 위해서는 ① 동일한 기회(시간적·장소적 근접)에 ② 동일한 범죄의사에 따라 ③ 동종의 법익을 침해하여야 한다.[4] 예컨대 농협창고에서 하룻밤에 여러 차례에 걸쳐 쌀가마니를 절도한 경우를 말한다.

(4) 연속범

연속한 수개의 행위가 동종의 범죄에 해당하는 경우를 연속범(連續犯)[5]이라고 한다. 예컨대 절도범이 창고에서 수일에 걸쳐 매일 밤 쌀 한 가마씩을 절도한 경우이다. 연속된 수개의 행위가 반드시 ① 구성요건적으로 일치할 것을 요하지 않고, ② 시간적·장소적 접속도 요건으로 하지 않는 점에서 접속범과 구별된다.

(5) 집합범

구성요건상 동종의 행위가 반복하여 행해질 것이 예상되는 범죄유형을 말한다. 집합범(集合犯)에는 상습범[6]과 영업범(무면허의료행위)이 있다.

---

4) 대판 1990.6.26. 90도466: "단일하고 계속된 범의하에 동종의 범행을 일정기간 반복하여 행하고 그 피해법익도 동일한 경우에는 각 범행을 통틀어 포괄일죄로 보아야 하는 것이므로 공무원이 동일인으로부터 다른 공무원 소관의 관광호텔사업승인에 따른 직무사항의 알선에 관하여 교제비명목으로 3개월여 동안 3회에 걸쳐 합계금 4,500,000원을 받은 사실을 포괄일죄로 다스린 원심의 조치는 정당하다."

5) 대판 2000.1.21. 99도4940: "단일하고도 계속된 범의 아래 동종의 범행을 일정기간 반복하여 행하고 그 피해법익도 동일한 경우에는 각 범행을 통틀어 포괄일죄로 볼 것이고, 수뢰죄에 있어서 단일하고도 계속된 범의 아래 동종의 범행을 일정기간 반복하여 행하고 그 피해법익도 동일한 것이라면 돈을 받은 일자가 상당한 기간에 걸쳐 있고, 돈을 받은 일자 사이에 상당한 기간이 끼어 있다 하더라도 각 범행을 통틀어 포괄일죄로 볼 것이다."

6) 대판 1982.9.28. 82도1669: "상습범이라 함은 수다한 동종의 행위가 상습적으로 반복될 때 이를 일괄하여 하나의 죄로 처단하는 소위 과형상의 일죄를 말하는 것이니 동종의 수개의 행위에 상습성이 인정된다면 그 중 형이 중한 죄에 나머지 행위를 포괄시켜 처단하는 것이 상당하고 상습범으로 인정하면서도 실질적인 경합범으로 보아 형법 제37조, 제38조를 적용하여 경합 가중함은 위법하다."

3. 포괄적 일죄의 효과

포괄적 일죄는 실체법적으로나 소송법적으로 일죄이다. 따라서 수개의 행위가 포괄적 일죄에 해당하는 경우에 가장 무거운 죄만 성립하고, 이 행위의 전부에 대하여 공소효력과 기판력이 미친다.

제3장

수 죄

제1절 ▶ 수죄의 의의와 입법례

1. 수죄의 의의와 종류

어떤 행위가 수개의 구성요건에 해당하고, 수개의 법익을 침해하는 경우를 「수죄(數罪)」라고 한다. 형법상 수죄는 상상적 경합과 실체적 경합이 있다. 상상적 경합은 실체법상 수죄(제40조)이나 소송법적으로 일죄로 취급되어 과형상 일죄(科刑上一罪)라고도 한다. 그러나 실체적 경합은 실체법은 물론 소송법적으로도 수죄로 취급된다.

2. 수죄의 처벌방식

(1) 흡수주의

구성요건을 실현한 수개의 행위 가운데서 가장 무거운 죄에 정한 형을 선고하고, 다른 구성요건에 정한 형을 이에 흡수시키는 방법을 흡수주의(吸收主義)라고 한다. 형법은 상상적 경합(제40조)의 경우와 경합범 가운데 무거운 죄에 대하여 정한 형이 사형 또는 무기징역이나 무기금고인 경우에 흡수주의를 채택하고 있다(제38조 제1항 제1호).

(2) 가중주의

구성요건을 실현한 수개의 행위에 대하여 하나의 형만을 선고하되, 가장 무거운 죄에 정한 형으로 하고, 이에 대하여 가중하는 방법을 가중주의(加重主義)라고 한다. 형법은 경합범에서 각 죄에 대하여 정한 형이 사형 또는 무기징역이나 무기금고 외의 같은 종류의 형인 경우에 가중주의를 채택하고 있다(제38조 제1항 제2호).

(3) 병과주의

구성요건을 실현한 수개의 행위에 규정된 각각의 형을 단순 합산하여 형을 정하는 방법을 병과주의(倂科主義)라고 한다. 영미법에서 채택하고 있는 주의로서, 형법은 경합범에 있어서 각 죄에 대하여 정한 형이 무기징역이나 무기금고 외의 다른 종류의 형인 경우에 병과주의를 채택하고 있다(제38조 제1항 제3호).

제 2 절 ▶ 상상적 경합

1. 상상적 경합의 의의

이론상 수개의 범죄에 해당하지만 형벌의 적용상 일죄로 처벌되는 범죄를 말하며, 과형상 일죄(제40조)[1]라고도 한다. 예컨대 한 개의 폭탄으로 여러 사람을 살해하는 경우를 말한다.

---

1) 일본 형법은 과형상 일죄로 상상적 경합범과 견련범(일본 형법 제54조 제1항)을 규정하고 있다. 견련범이란, 문서위조죄와 그 행사죄 또는 주거침입과 침입 후(절도·강도·살인·상해·강간·방화)와 같이 「범죄의 수단이나 결과인 행위」가 다른 범죄에 저촉되는 것을 말한다. 다만 우리 형법에는 견련범을 규정하고 있지 않기 때문에 그 법적 성질에 대해서 견해가 대립하고 있지만, 다수설은 실질상 수죄로서 경합범에 해당한다고 한다(배종대, 556면).

2. 상상적 경합의 성립요건

상상적 경합은 한 개의 행위가 여러 개의 죄에 해당할 때 성립한다. 즉 행위가 한 개일 것, 여러 개의 죄에 해당할 것을 그 요건으로 한다.

(1) 행위가 한 개일 것

상상적 경합이 성립하려면 행위가 한 개이어야 한다. 형법에서 행위의 수는 침해된 구성요건과의 관계에서 결정되기 때문에 법적 개념이라고 하지 않을 수 없다. 따라서 한 개의 행위란, 구성요건적 행위2)가 하나라는 의미이고 자연적 의미의 행위3)가 될 수 없다.

(2) 여러 개의 죄에 해당할 것

상상적 경합은 한 개의 행위가 여러 개의 구성요건에 해당하여야 한다. 즉, 한 개의 행위가 실질적으로 여러 개의 구성요건에 해당하여 수죄가 성립되는 것을 의미한다. 외형상 수개의 죄에 해당하는 법조경합과 이 점에서 구별된다. 또한 한 개의 행위가 수개의 동일한 구성요건에 해당하는 경우를 「동종의 상상적 경합(1개의 발포 행위로 두 명을 살해한 경우)」이라고 하고, 다른 구성요건에 해당하는 경우를 「이종의 상상적 경합(1개의 돌을 던져 사람을 상해하고 기물을 손괴한 경우)」이라고 한다.

---

2) 박상기, 515면; 배종대, 557면; 손동권/김재윤, 652면; 이재상/장영민/강동범, 586면; 임웅, 570면; 정성근/박광민, 642면.

3) 신동운, 766면; 대판 2009.6.26. 2009도3505: "동일한 공무를 집행하는 여럿의 공무원에 대하여 폭행·협박 행위를 한 경우에는 공무를 집행하는 공무원의 수에 따라 여럿의 공무집행방해죄가 성립하고, 위와 같은 폭행·협박 행위가 동일한 장소에서 동일한 기회에 이루어진 것으로서 사회관념상 1개의 행위로 평가되는 경우에는 여럿의 공무집행방해죄는 상상적 경합의 관계에 있다."

3. 상상적 경합의 효과

상상적 경합이 인정되면 여러 개의 죄 가운데 가장 무거운 죄[4]에 대하여 정한 형으로 처벌한다(제40조). 실질적으로는 수죄이나 과형상 일죄로 취급되기 때문에 소송법적으로도 한 개의 사건으로 취급된다. 따라서 공소효력과 기판력은 전체에 미친다. 그러나 상상적 경합은 형법상 수죄이기 때문에 판결이유에서 경합관계에 있는 모든 범죄사실과 적용법조를 기재하여야 하고 일부가 무죄인 경우에는 그 이유를 밝혀야 한다.

제 3 절 ▶ 실체적 경합(경합범)

1. 실체적 경합의 의의

'판결이 확정되지 아니한 수개의 죄 또는 금고 이상의 형에 처한 판결이 확정된 죄와 그 판결확정 전에 범한 죄'를 경합범(競合犯)이라고 한다(제37조). 이를 「실체적 경합(實體的競合)」이라고도 하며, 수개의 행위에 의해 수개의 죄가 성립한다는 점에서 한 개의 행위로 수죄가 성립되는 상상적 경합과 구별된다.

경합범에 대하여 형법은 실현한 수개의 범죄에 규정된 형을 병과하거나 또는 가중주의에 따라 산술적으로 형을 가중하고 있지 않다. 그 이유는 수개의 범죄가 동시에 재판을 받을 상황에 있기 때문에 그 수죄를 일괄하여 처리하는 것이 절차상 합리적이며, 또한 경합범의 판결을 어떻게 하느냐에 따라 형량이 달라지는 것을 방지하기 위한 것이다.

---

4) 대판 1984.2.28. 83도3160: "형법 제40조의 「가장 중한 죄에 정한 형으로 처벌한다」 함은 그 수개의 죄명 중 가장 중한 형을 규정한 법조에 의하여 처단한다는 취지와 함께 다른 법조의 최하한의 형보다 가볍게 처단할 수는 없다는 취지 즉, 각 법조의 상한과 하한을 모두 중한 형의 범위 내에서 처단한다는 것을 포함하는 것으로 새겨야 할 것이다."

2. 실체적 경합의 성립요건

(1) 동시적 경합범

판결이 확정되지 않은 수개의 죄를 동시적 경합범(同時的競合犯)이라고 한다(제37조). 여기서 수개의 죄는 동일인이 수개의 행위로 범한 것이어야 한다. 또한 판결의 확정은 상소 등의 불복절차에 의하여 다툴 수 없는 상태에 있어야 하며, 수개의 죄는 동시에 판결할 수 있는 상태이어야 한다.

(2) 사후적 경합범

금고 이상의 형에 처한 판결이 확정된 죄와 그 판결확정 전에 범한 죄의 경합범을 사후적 경합범(事後的競合犯)이라고 한다(제37조 후단). 여기서 확정판결5)이란, 금고 이상의 형에 처한 판결이어야 하기 때문에 벌금형이나 약식명령이 확정된 경우에는 여기에 해당되지 않는다. 또한 판결확정 전에 범한 죄는 최종의 사실심인 항소심판결 선고 전에 범한 죄를 의미한다.

3. 실체적 경합의 처분

형법은 동시적 성합범의 처벌에 관하여 「가중주의(加重主義)」를 원칙으로 하고 있고, 흡수주의와 병과주의를 예외적으로 가미하고 있다. 다만 사후적 경합범에 있어서는 경합범 중 판결을 받지 않은 죄가 있으면, '그 죄와 판결이 확정된 죄를 동시에 판결할 경우와 형평을 고려하여 그 죄에 대하여 형을 선고한다. 이 경우 그 형을 감경 또는 면제할 수 있다'(제39조 제1항)고 규정하여, 두 개의 죄를 동시적 경합범으로 판결할 경우와 형평을

---

5) 대판 1984.8.21. 84모1297: "경합범에 있어서 판결에 확정된 죄라 함은 수개의 독립한 죄중의 어느 죄에 대하여 확정판결이 있었던 사실 자체를 의미하고 그 확정판결이 있은 죄의 형의 집행을 종료한 여부, 형의 집행유예가 실효된 여부는 묻지 않는다고 해석할 것이므로 형법 제65조에 의하여 집행유예를 선고한 확정판결에 의한 형의 선고가 그 효력을 잃었다 하더라도 확정판결을 받은 존재가 이에 의하여 소멸되지 않는 이상 위 법 제37조 후단의 판결이 확정된 죄에 해당한다고 보아야 할 것이다."

고려하고 있다.[6]

———

6) 대판 2008.9.11. 2006도8376: "경합범 중 판결을 받지 아니한 죄가 있는 때에는 "그 죄와 판결이 확정된 죄를 동시에 판결할 경우와 형평을 고려하여" 판결을 받지 아니한 죄에 대하여 형을 선고한다고 정한 취지는, 두 죄에 형법 제38조를 적용하여 산출한 처단형의 범위 내에서 전체형을 정한 다음 그 전체형에서 판결이 확정된 죄에 대한 형을 공제한 나머지를 판결을 받지 아니한 죄에 대한 형으로 선고하거나, 두 죄에 대한 선고형의 총합이 두 죄에 대하여 형법 제38조를 적용하여 산출한 처단형의 범위 내에 속하도록 형을 선고하는 방법으로 전체형을 정하거나 처단형의 범위를 제한하게 되면, 이미 판결이 확정된 죄에 대하여 일사부재리 원칙에 반할 수 있고, 먼저 판결을 받은 죄에 대한 형이 확정됨에 따라 뒤에 판결을 선고받는 후단 경합범에 대하여 선고할 수 있는 형의 범위가 지나치게 제한되어 책임에 상응하는 합리적이고 적절한 선고형의 결정이 불가능하거나 현저히 곤란하게 될 우려가 있음을 감안한 것이다."

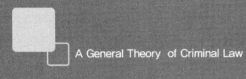

A General Theory of Criminal Law

제9편 형벌론

제1장

형벌의 개념과 종류

제1절 ▶ 형벌의 의의 및 본질

　범죄에 대하여 법률상 효과로서 국가가 범인에게 부과하는 형사제재를 「형벌(刑罰)」이라고 한다. 형벌은 책임을 전제로 하는 점에서 장래의 위험을 근거로 하는 보안처분(保安處分)과 구별된다. 「형벌의 본질」은 응보이며 고통과 해악을 그 내용으로 한다. 그렇기 때문에 형벌은 그것 자체로는 존재이유가 없고, 법익보호에 의한 사회질서의 유지라고 하는 일정한 목적[1]을 가질 때 국가적 제도로서 정당화된다.

---

1) 이것을 형벌의 목적 또는 기능이라고 하며, 여기에는 ① 범죄라고 하는 해악에 대한 반대급부로서 국가가 범인에게 응보로서 해악을 부과하여 사회의 응보감정을 만족시키는 응보의 목적과, ② 범인에게 형벌을 부과하여 그 위협작용에 의하여 일반인에게 심리적으로 범죄를 억지시키는 일반예방적 목적, 그리고 ③ 행위자 본인에 대하여 형을 선고하여 범죄자의 교정과 재범을 방지하는 특별예방적 목적이 있다.

제 2 절 ▸ 형벌의 종류

　형법상 형벌의 종류는 박탈되는 법익의 종류에 따라「생명형」,「자유형」, 「명예형」,「재산형」으로 분류할 수 있다. 또한 형벌은 주형과 부가형으로도 구분할 수 있다. 주형(主刑)은 그것 자체로 독립하여 선고할 수 있는 형벌을 말하며, 부가형(附加刑)은 주형과 함께 선고되는 형을 말한다. 현행 형법은 몰수를 제외한 모든 형을 주형으로 하고 있다(제49조).

〈법익의 유형에 따른 형벌의 종류〉

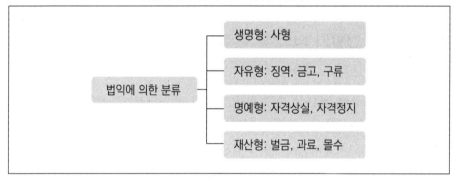

1. 사 형

(1) 의 의

　사형은 생명형, 즉 수형자(受刑者)의 생명을 박탈하는 것을 내용으로 하는 형벌이다.

(2) 집행방법

　'사형은 교정시설 안에서 교수(絞首)하여 집행한다'(제66조)고 규정하고 있으며, 그 집행도 공개하지 않도록 하고 있다. 그러나 군형법(동법 제3조)에서는 총살형을 규정하고 있다.

(3) 현행법상의 사형규정

형법각칙에서 사형을 규정하고 있는 범죄는 내란죄(제87조) 등 다수의 범죄[2]가 있다. 그러나 이 가운데 여적죄(제93조)만이 「절대적 법정형」으로서 사형이 규정되어 있고, 나머지는 상대적 법정형으로 사형과 자유형이 규정되어 있다.

2. 자유형

(1) 의 의

자유형은 수형자를 구금하여 신체적 자유를 박탈하는 것을 내용으로 하는 형벌로서, 현행법상 징역·금고·구류의 3종이 있다. 자유형은 유기형(有期刑)이 원칙이며, 무기형은 법에 규정된 경우에 한하여 가능하다.

자유형은 법관이 선고하는 형벌의 일종이라는 점에서 벌금이나 과료의 미납을 강제하기 위한 수단으로서의 노역장유치(제69조)와 구별된다. 노역장유치기간은 벌금형 미납의 경우에는 1일 이상 3년 이하, 과료 미납의 경우에는 1일 이상 30일 미만이다.

(2) 자유형의 종류

1) 징 역

징역(懲役)은 수형자를 교정시설에 수용하여 정해진 「노역(勞役)」에 복무하게 하는 형벌이다(제67조). 징역에는 유기와 무기의 두 종류가 있다. 유기징역

---

[2] 현행 형법상 사형이 규정된 범죄로는, 내란죄(제87조), 내란수괴·중요임무종사죄(제87조), 내란목적살인죄(제88조), 외환유치죄(제92조), 여적죄(제93조), 모병이적죄(제94조), 시설제공이적죄(제95조), 시설파괴이적죄(제96조), 간첩죄(제98조), 폭발물사용죄(제119조), 현주건조물등방화치사죄(제164조 제2항), 현주건조물등일수치사죄(제177조 제2항), 음용수혼독치사죄(제194조), 살인죄(제250조 제1항, 제2항), 위계 등에 의한 촉탁살인죄(제253조), 강간등살인죄(제301조의2), 인질살해죄(제324조의4), 강도살인죄(제338조), 해상강도살인·해상강도치사·해상강도강간죄(제340조 제3항) 등이 있다.

은 1월 이상 30년 이하의 기간으로 하여야 하며, 가중할 때에는 50년까지로
한다(제42조). 무기징역은 20년, 유기징역은 형기의 3분의 1이 경과하면 가석
방이 가능하다(제72조 제1항).

2) 금 고

금고(禁錮)는 수형자를 교정시설 내에 수용하여 자유를 박탈하는 것을 내용
으로 하는 형벌이며, 정해진 노역에 종사하지 않는 점에서 징역과 구별된다.3)
그러나 수형자의 신청이 있으면 작업을 할 수 있다(형의 집행 및 수용자의 처우에 관
한 법률 제67조).

3) 구 류

구류(拘留)는 1일 이상 30일 미만의 기간 동안 수형자를 교정시설에 수용
하는 자유형의 일종이다(제46조). 수형자는 정해진 노역을 하지 않는 점에서
금고와 동일하다. 그러나 이 경우에도 본인의 신청이 있으면 가능하다.

형법상 구류가 규정되어 있는 범죄로는 공연음란죄(제245조), 폭행죄(제260
조), 과실치상죄(제266조), 협박죄(제283조) 등이 있다. 이 밖에도 경범죄처벌법
등에 규정되어 있다.

3. 명예형

(1) 의 의

명예형(名譽刑)은 범인의 명예 또는 자격을 박탈하거나 정지하는 것을 내
용으로 하는 형벌을 말한다. 형법은 명예를 박탈하거나 제한하는 형벌을 두

---

3) 高橋則夫, 「自由刑とその單一化(刑法基本講座 第1卷)」, 法學書院(1992), 198頁 이하에서, 금고
   와 징역은 정역을 부과하지 않는다는 점에서 구별된다. 이것은 금고가 과실범이나 정치범,
   사상범과 같은 비파렴치범에 대해 통상의 범죄자와 다른 대우를 하기 위한 취지에서 유래한
   다고 한다. 그러나 단일형론자들은 이와 같이 징역과 금고의 구별을 반대하는 근거로, ① 파
   렴치범에 노동을 강제하고, 비파렴치범에 대해 명예구금으로서 강제노동을 부과하지 않는
   것은 노동천시의 사상을 그 근거로 하고 있으며, ② 금고수형자들도 실제로는 대부분 신청에
   의한 작업(약 90%)을 하고 있고, 또한 ③ 도덕관념에 의해 파렴치범과 비파렴치범을 구별하
   는 것은 과도한 법의 윤리화라는 점을 이유로 들고 있다.

고 있지 않고, 자격을 박탈 또는 정지하는 자격상실(제43조 제1항) 및 자격정지
(동조 제2항)의 형벌만을 규정하고 있다.

(2) 자격상실

자격상실(資格喪失)은 사형·무기징역 또는 무기금고의 판결을 받으면 부
수적으로 다음과 같은 자격이 상실되는 형을 말한다. ① 공무원이 되는 자격,
② 공무원의 선거권과 피선거권, ③ 법률로 요건을 정한 공법상의 업무에 관
한 자격, ④ 법인의 이사·감사 또는 지배인 기타 법인의 업무에 관한 검사역
이나 재산관리인이 되는 자격(제43조 제1항)이 상실된다.

(3) 자격정지

자격정지(資格停止)는 일정한 기간 동안 자격의 전부 또는 일부를 정지시
키는 것을 말한다. 자격정지는 선택형 또는 병과형으로 되어 있고, 당연정지
와 판결의 선고에 의한 자격정지가 있다.

당연정지는, 유기징역이나 유기금고의 판결을 받은 자는 그 형의 집행이
종료하거나 면제될 때까지 ① 공무원이 되는 자격, ② 공무원의 선거권과 피
선거권, ③ 법률로 요건을 정한 공법상의 업무에 관한 자격이 정지된다(제43
조 제2항).

판결의 선고에 의한 자격정지는 일정한 자격의 전부 또는 일부를 정지시
킬 수 있는 경우를 말한다. 다만, 판결선고에 의한 자격정지의 기간은 1년 이
상 15년 이하이다(제44조 제1항).

4. 재산형

(1) 의   의

재산형(財産刑)은 범죄인으로부터 일정한 재산을 박탈하는 것을 내용으로
하는 형벌을 의미한다. 현행 형법은 재산형으로서 벌금형과 과료·몰수를 규
정하고 있다.

(2) 벌 금

벌금형(罰金刑)은 범죄인으로 하여금 일정한 금액을 지불하도록 강제하는 형벌이다. 적용대상이 되는 범죄와 금액의 면에서 과료와 구별된다. 벌금은 판결확정일로부터 30일 안에 납입을 해야 하고, 벌금을 납입하지 않은 자는 환형처분으로 1일 이상 3년 이하의 기간 동안 노역장에 유치할 수 있다 (제69조).

(3) 과 료

과료(科料)는 벌금형과 동일하나 경미한 범죄에 부과되기 때문에 그 금액 (2천원 이상 5만원 미만)이 적다는 점에서 벌금과 구별된다(제47조).

(4) 몰수·추징·폐기

1) 몰수의 의의

몰수(沒收)는 범죄의 반복을 막거나 범죄에 의한 이득을 얻지 못하게 할 목적으로 범죄행위와 관련된 재산을 박탈하는 것을 내용으로 하는 재산형이다. 몰수는 원칙적으로 다른 형에 부가하여 과하는 부가형이고, 예외적으로 행위자에게 유죄의 재판을 아니할 때에도 몰수의 요건이 있는 때에는 몰수만을 선고할 수 있다(제49조). 그러나 주형을 선고유예하지 않으면서 몰수에 대해서만 선고유예를 할 수는 없다.[4]

2) 몰수의 종류 및 법적 성격

몰수의 종류는 임의적 몰수(제48조)와 필요적 몰수(제134조, 제206조, 제357조 제3항)가 있으며, 그 법적 성질에 관하여 학설이 대립되어 있다. 통설[5]은 형식적으로는 형벌이나 실질적으로는 「대물적 보안처분」으로 본다.

---

4) 대판 1979.4.10. 78도3098.
5) 박상기, 541면; 배종대, 579면; 신동운, 795면; 오영근, 515면; 이재상/장영민/강동범, 600면; 임웅, 594면.

3) 몰수의 대상

몰수의 대상은 ① 범죄행위에 제공하였거나 제공하려고 한 물건, ② 범죄행위로 인하여 생겼거나 취득한 물건, ③ 이러한 대가로 취득한 물건의 전부 또는 일부이다(제48조 제1항).

4) 몰수의 요건

몰수의 요건은 ① 범인 외의 자의 소유에 속하지 아니할 것, ② 범죄 후 범인 외의 자가 사정을 알면서 취득한 물건 등이 있다(제48조 제1항).

5) 추징·폐기

몰수의 대상인 물건을 몰수하기 불가능한 때에는 그 가액을 「추징」하고 (제48조 제2항), 문서·도화·전자기록 등 특수매체기록 또는 유가증권의 일부가 몰수의 대상이 된 경우에는 그 부분을 「폐기」한다(동조 제3항). 추징은 몰수대상물의 전부 또는 일부를 몰수하기 불가능한 때에 몰수에 갈음하여 그 가액의 납부를 명하는 사법처분이나, 몰수의 취지를 관철하기 위하여 인정되는 제도라는 점에서 부가형으로서 성질을 가진다.[6] 다만, 가액을 납부하지 않는 경우에도 노역장에 유치할 수 없고 일반 강제집행절차에 의해 피고인의 재산을 강제집행한다는 점에서 벌금형 및 과료형과 구별된다.[7]

---

6) 대판 2009.6.25. 2009도2807: "필수적 몰수 또는 추징 조항으로서 그 요건에 해당하는 한 법원은 반드시 몰수를 선고하거나 추징을 명하여야 한다. 위와 같은 몰수 또는 추징은 범죄행위로 인한 이득의 박탈을 목적으로 하는 것이 아니라 징벌적인 성질을 가지는 처분으로 부가형으로서의 성격을 띠고 있어, 피고사건 본안에 관한 판단에 따른 주형 등에 부가하여 한 번에 선고되고 이와 일체를 이루어 동시에 확정되어야 하고 본안에 관한 주형 등과 분리되어 이심되어서는 아니 되는 것이 원칙이다. 따라서 상소심에서 원심의 주형 부분을 파기하는 경우 부가형인 몰수 또는 추징 부분도 함께 파기하여야 하고, 몰수 또는 추징을 제외한 나머지 주형 부분만을 파기할 수는 없다."
7) 오영근, 518면.

제2장

양 형

제1절 ▶ 양형의 의의

국가의 형벌권은 재판에 의해서 현실화된다. 범죄가 성립되면 법관은 구체적으로 형을 적용하여야 한다. 따라서 법관은 구체적인 사건에 대하여 범죄자에게 선고할 형의 종류 및 양을 결정해야 하는데, 이것을 「형의 양정(量定)」 또는 「양형(量刑)」이라고 한다.

제2절 ▶ 양형의 단계

양형은 범인이 범한 구성요건에 기술되어 있는 법정형(法定刑)을 근거로 하여 형벌의 종류를 선택하고, 이를 가중하거나 감경하여 처단형(處斷刑)을 정한다. 그리고 이것을 기초로 범인에게 부과하는 선고형(宣告刑)을 선택하게 된다.

1. 법정형

형벌법규의 각 조에 규정되어 있는 형을 「법정형(法定刑)」이라고 한다. 예컨대 살인죄의 법정형은 사형·무기 또는 5년 이상의 징역이고, 절도죄의 법정형은 6년 이하의 징역 또는 1천만원 이하의 벌금이다.

2. 처단형

법정형에 필요한 가중·감경을 한 후의 형을 「처단형(處斷刑)」이라고 한다. 법관은 이 처단형의 범위 내에서 형의 종류와 양을 재량으로 결정하지 않으면 안 된다. 형의 가중·감경사유는 이것이 법률로 규정되어 있는 법률상 가중·감경사유와 법관의 재량에 의한 감경사유가 있다.

3. 선고형

법관은 법정형 및 처단형의 범위 내에서 구체적으로 형을 정하여 형을 선고하여야 한다. 이것을 「선고형(宣告刑)」이라고 한다. 선고형에는 법관이 형의 종류와 기간을 특정하여 선고하는 정기형과 그 전부 또는 일부를 집행기관에 위임하는 부정기형이 있다. 또한 부정기형은 형의 기간을 전혀 정하지 않은 절대적 부정기형과 장기와 단기만을 정하여 선고하는 상대적 부정기형이 있다. 형법은 절대적 정기형을 취하고 있으며, 소년법은 그 특성상 상대적 부정기형(동법 제60조)을 택하고 있다.

제3절 ▶ 형의 가중과 감경

1. 형의 가중

형의 가중은 법률상 가중만을 인정하고, 재판상 가중은 인정하고 있지 않다.

(1) 일반적 가중사유

① 특수교사·특수방조의 가중(제34조 제2항)

② 누범의 가중(제35조 제2항)

③ 경합범의 가중(제38조)

(2) 특별가중사유

① 상습범의 가중(제203조, 제264조, 제279조, 제285조, 제332조, 제351조 등)

② 특수공무방해(제144조), 특수체포·특수감금(제278조)

2. 형의 감경

형의 감경은 법률상 감경과 재판상 감경이 있다.

(1) 법률상 감경

법률상 감경은 그 사유가 존재하면 반드시 감경해야 하는 필요적 감경과 감경이 법관의 재량에 위임되어 있는 임의적 감경이 있다. ① 「필요적 감경」은 심신미약자(제10조 제2항), 청각 및 언어 장애인(제11조), 중지범(제26조), 종범(제32조 제2항) 등이 있다. ② 「임의적 감경」은 과잉방위(제21조 제2항), 과잉피난(제22조 제3항), 과잉자구행위(제23조 제2항), 장애미수(제25조 제2항), 불능미수(제27조), 자수 또는 자복(제52조) 등이 있다.

(2) 재판상 감경

재판상 감경은 정상참작감경이라고도 하며, 법원은 형법 제55조(법률상 감경)의 범위 내에서 작량할 수 있다.

3. 가중·감경의 순서

동시에 가중·감경사유가 경합된 때에는 법률에 규정된 순서에 의해야 한다. 즉 ① 각칙 본조에 따른 가중, ② 제34조 제2항에 따른 가중, ③ 누범가중, ④ 법률상 감경, ⑤ 경합범 가중, ⑥ 정상참작감경의 순서에 의해야 한다(제56조).

제4절 ▶ 양형의 기준과 조건

양형의 기초는 행위자의 책임이다. 형법은 양형을 할 경우, 특히 참작하여야 할 일반적 조건을 다음과 같이 규정하고 있다(제51조). 아래와 같은 조건들은 형벌의 목적에 따라 긍정적으로 작용할 수도 있고, 부정적으로 작용할 수도 있다. 또한 이미 법적구성요건요소로 되어 있는 상황들은 양형에 있어서 이중으로 평가되어서는 안 된다. 이것을 「이중평가금지의 원칙」이라고 한다.

(1) 범인의 연령, 성행, 지능과 환경
(2) 피해자에 대한 관계
(3) 범행의 동기, 수단과 결과
(4) 범행 후의 정황

제 5 절 ▶ 누 범

1. 누범의 의의

형법은 '금고 이상의 형을 받아 그 집행을 종료하거나 면제를 받은 후 3년 내에 금고 이상에 해당하는 죄를 범한 자는 누범으로 처벌한다'(제35조 제1항)고 규정하고 있다. 여기서 「누범(累犯)」이란, 범죄를 누적적으로 반복하여 범하는 것으로 예방의 필요성이 상대적으로 강하게 인정되어 형이 가중되는 범죄를 말한다.

누범은 상습범과 사실상 중복적 상관관계에 있다. 그러나 ① 누범은 범죄의 수를 판단기준으로 하지만 상습범은 상습적 습벽을 판단기준으로 하고, ② 누범은 전과를 요건으로 하지만 상습범은 반드시 전과를 요건으로 하지 않는다. 또한 ③ 누범은 죄질의 동일성을 필요로 하지 않지만 상습범은 이것을 필요로 하고, ④ 누범은 행위책임을 가중근거로 하지만 상습범은 행위자책임[1]을 가중근거로 한다는 점에서 구별된다.[2]

2. 누범의 성립요건

(1) 금고 이상의 형의 선고

누범이 성립하기 위해서는 이전의 범죄로 금고 이상의 형을 선고받아야 한다. 금고 이상의 형이란, 선고형을 의미하며[3] 사형·징역·금고의 형을 말한다. 다만, 사형과 무기징역 또는 무기금고도 금고 이상의 형에 속하지만, 이

---

1) 대판 2007.8.23. 2007도3820: "범죄의 상습성이란 범죄자의 어떤 버릇, 범죄의 경향을 의미하는 것으로서 행위의 본질을 이루는 성질이 아니고 행위자의 특성을 이루는 성질을 의미하는 것이므로, 상습성의 유무는 행위자의 연령·성격·직업·환경·전과, 범행의 동기·수단·방법 및 장소, 전에 범한 범죄와의 시간적 간격, 그 범행의 내용과 유사성 등 여러 사정을 종합하여 판단하여야 하는 것이다."

2) 진계호/이존걸, 734면.

3) 대판 1982.7.27. 82도1018.

러한 형을 선고받은 자가 누범이 될 여지는 없다. 그러나 사형·무기징역·무기금고를 받은 자가 감형으로 인하여 유기징역·유기금고로 되거나 특별사면 또는 형의 시효로 그 집행이 면제된 때에는 누범이 될 수 있다.[4]

(2) 형의 집행종료 또는 면제 후 3년 내에 범한 범죄

누범이 성립하기 위해서는 선고된 금고 이상의 형이 집행이 종료되었거나 면제된 이후에 재범을 해야 한다. 형의 집행을 종료하였다는 것은 형기의 만료를 의미한다. 또한 형집행을 면제받은 경우란, 형의 시효가 완성된 때(제77조), 특별사면에 의해 형의 집행이 면제된 때(사면법 제5조), 외국에서 형의 집행을 받았을 때(제7조) 등을 말한다. 따라서 금고 이상의 형을 선고받고 그 형의 집행유예, 가석방, 형집행정지 등의 기간 중에 범한 죄에 대해서는 누범가중을 할 수 없다.

재범은 이전 범죄의 집행이 종료되거나 면제받은 후 3년 이내에 행해져야 한다. 누범의 시효 기산점은 이전 범죄의 형집행이 종료한 날 또는 형집행을 면제받은 날이며, 재범의 시기는 실행착수를 기준으로 한다.

(3) 금고 이상에 해당하는 죄

누범의 판결 대상이 되는 범죄는 금고 이상의 형에 해당하는 죄일 것을 요건으로 한다. 재범이 이전 범죄와 같은 죄명이거나 죄질을 같이 하는 범죄, 즉 동종누범일 것을 요하지도 않고, 고의범인가 과실범인가도 문제가 되지 않는다.

3. 누범의 법적 효과

(1) 누범의 가중처벌

'누범의 형은 그 죄에 대하여 정한 형의 장기의 2배까지 가중한다'(제35조 제2항). 따라서 누범의 처단형은 그 죄에 대하여 정한 장기의 2배 이하로 하

---

4) 대판 1996.11.11. 86도2004.

며, 장기는 50년을 초과할 수 없다(제42조 단서). 형법은 누범의 형에 대하여
장기만을 가중하고 있으므로 누범이라고 하여 단기까지 가중하는 것은 아
니다. 그러나 상습강도·절도 등으로 2회 이상 실형을 받은 누범은 단기의 2
배까지 가중한다(특정범죄가중처벌 등에 관한 법률 제5조의4 제6항).

(2) 판결선고 후의 누범발각

'판결선고 후 누범인 것이 발각된 때에는 그 선고한 형을 통산하여 다시
형을 정할 수 있다'(제36조). 이 규정의 취지는 재판 당시 범죄자가 속임수 등
으로 전과사실을 은폐하여 누범가중을 면하고 판결 후에 누범이 발각되는 경
우가 적지 않기 때문에 재판확정 후에 발각된 경우에는 다시 누범가중의 원
칙에 따라 먼저 선고한 형을 가중할 수 있도록 한 점에 있다. 단, 선고한 형
의 집행을 종료하거나 그 집행이 면제된 후에는 예외로 한다(제36조 단서).

집행유예 · 선고유예 · 가석방

제1절 ▶ 집행유예

1. 집행유예의 의의

「집행유예(執行猶豫)」는 선고한 형의 집행을 일정기간 유예하고 이 유예기간이 경과하면 형의 선고효력을 잃게 하는 제도이다(제62조). 이 제도의 취지는 단기자유형의 폐해를 방지함은 물론 그 기간 중 일정한 조건에 위반한 경우에는 형이 집행될 수 있다는 심리적 강제를 가하여 범인 스스로 사회에 복귀하도록 하는 데 있다.

2. 집행유예의 요건

법원은 다음과 같은 요건이 구비되면 1년 이상 5년 이하의 기간 형의 집행을 유예할 수 있다(제62조 제1항). 유예기간은 1년 이상 5년 이하의 범위에서 법원의 재량에 의하여 정해진다.

- 341 -

(1) 3년 이하의 징역 또는 금고의 형을 선고할 경우

집행유예는 징역 또는 금고의 형을 선고할 때에만 가능하며, 그 선고할 징역 또는 금고의 형이 3년 이하일 것을 요건으로 한다. 따라서 벌금을 선고할 경우에는 집행유예를 할 수 없다. 또한 형을 병과할 경우에는 그 형의 일부에 대하여 집행을 유예할 수 있다(제62조 제2항).

(2) 정상에 참작할 만한 사유가 있을 것

형법 제51조의 사항을 참작(범인의 연령·성행·지능과 환경, 피해자에 대한 관계, 범행의 동기·수단과 결과, 범행 후의 정황)하여 그 정상에 참작할 사유가 있어야 한다. 정상에 참작할 만한 사유란, 형의 선고만으로도 피고인에게 경고기능을 다하여 장래에 재범하지 않을 것으로 인정되는 경우를 말한다. 그에 대한 판단기준은 형법 제51조의 양형의 조건이며, 그 판단은 판결선고 시를 기준으로 한다.

(3) 금고 이상의 형을 선고한 판결이 확정된 때부터 그 집행을 종료하거나 면제된 후 3년까지의 기간에 범한 죄가 아닐 것

이러한 범죄는 정상참작의 여지가 없기 때문에 집행유예의 대상에서 제외하고 있다. 여기서 금고 이상의 형은 실형의 선고뿐만 아니라 형의 집행유예를 선고받은 때도 포함한다. 따라서 실형이 확정되어 그 집행이 종료한 후 3년 이내의 기간에 죄를 범한 경우뿐만 아니라, 집행유예를 선고받고 그 유예기간이 경과하지 않은 기간에 죄를 범한 경우에도 원칙적으로 다시 집행유예를 선고할 수 없다.[1] 그러나 집행유예기간 중에 범한 범죄일지라도 집행유예가 실효·취소됨이 없이 그 유예기간이 경과한 경우에는 형의 선고가 이미 그 효력을 잃게 되어 다시 집행유예의 선고가 가능하다.[2]

---

1) 이재상/장영민/강동범, 634면.
2) 대판 2007.2.8. 2006도6196.

(4) 집행유예와 보호관찰·사회봉사·수강명령

형법상 집행유예를 선고하는 경우에 '보호관찰을 받을 것을 명하거나 사회봉사 또는 수강을 명할 수 있다'(제62조의2 제1항). 이때 보호관찰의 기간은 집행을 유예한 기간으로 한다. 다만 법원은 유예기간의 범위 내에서 보호관찰기간을 정할 수 있다(동조 제2항).

3. 집행유예의 효과

집행유예의 선고를 받은 후 그 선고가 실효 또는 취소되지 않고, 유예기간을 경과한 때에는 형의 선고는 효력을 잃는다(제65조). 형의 선고가 효력을 잃는다는 것은 형의 집행은 물론 처음부터 형의 선고가 없었던 것으로 된다.

4. 집행유예의 실효와 취소

(1) 집행유예의 실효

집행유예의 선고를 받은 자가 유예기간 중 고의로 범한 죄로 금고 이상의 형의 선고를 받아 그 판결이 확정된 때에는 집행유예의 선고는 그 효력을 잃는다(제63조). 즉, 유예기간 중 고의로 범한 죄로 금고 이상의 실형을 선고받아 그 판결이 확정되어야 집행유예가 실효된다. 또한 금고 이상의 실형이어야 하므로 금고 이상의 형이 선고된 경우에도 집행유예의 판결이 확정된 때에는 여기서 제외된다.

(2) 집행유예의 취소

1) 필요적 취소

집행유예의 선고를 받은 후 금고 이상의 형이 확정된 때로부터 그 집행을 종료하거나 면제된 후로부터 3년을 경과하지 않은 것이 발각된 때에는 집행유예의 선고를 취소한다(제64조 제1항). 다만, 그 판결확정 전에 결격사유가 발각된 경우에는 이를 취소할 수 없다.

2) 임의적 취소

보호관찰이나 사회봉사 또는 수강을 명한 집행유예를 받은 자가 준수사항이나 명령을 위반하고, 그 정도가 무거운 때에는 집행유예의 선고를 취소할 수 있다(제64조 제2항).

제2절 ▶ 선고유예

1. 선고유예의 의의

「선고유예(宣告猶豫)」는 경미한 범죄자에 대하여 일정한 기간 동안 형의 선고를 유예하고 이 기간이 경과하면 면소된 것으로 보는 제도를 말한다(제59조). 선고유예는 형의 선고 자체를 유예한다는 점에서 형을 선고하고 그 집행만을 유예하는 집행유예와 구별된다.

2. 선고유예의 요건

법원은 다음과 같은 요건을 구비한 경우 선고를 유예할 수 있다.

(1) 1년 이하의 징역이나 금고·자격정지 또는 벌금의 형을 선고할 경우

'1년 이하의 징역이나 금고, 자격정지 또는 벌금의 형을 선고할 경우에 제51조의 사항을 고려하여 뉘우치는 정상이 뚜렷할 때에는 그 형의 선고를 유예할 수 있다. 다만, 자격정지 이상의 형을 받은 전과가 있는 사람에 대해서는 예외로 한다'(제59조 제1항). 또한 '형을 병과할 경우에도 형의 전부 또는 일부에 대하여 그 선고를 유예할 수 있다'(동조 제2항). 여기서 선고유예를 할

수 있는 형이란, 주형과 부가형을 포함한 처단형의 전체를 의미한다.[3]

(2) 뉘우치는 정상이 뚜렷할 것

선고를 유예함에 있어서 제51조의 사항을 고려하여 뉘우치는 정상이 뚜렷하여야 한다. 이것은 판결선고 시를 기준으로 행위자에게 형을 선고하지 않아도 재범의 위험이 없을 때 인정된다.[4] 그 판단의 기초는 형법 제51조에 규정된 양형의 조건이다.

(3) 자격정지 이상의 형을 받은 전과가 없을 것

선고유예는 현저히 경미한 범죄에 대해서 인정되는 제도로서, 전과가 없는 초범일 것을 요한다. 따라서 집행유예의 선고를 받고 그 유예기간이 경과된 자[5] 또는 이전에 자격정지 이상의 형을 선고받고 다시 범죄를 범한 자에게는 선고유예를 할 수 없다.

3. 선고유예의 효과 및 실효

(1) 선고유예의 효과

'형의 선고를 유예하는 경우에 재범의 방지를 위하여 지도 및 원호가 필요한 경우에는 보호관찰을 명할 수 있으며, 그 보호관찰의 기간은 1년으로 한다'(제59조의2). '형의 선고유예를 받은 날로부터 2년을 경과한 때에는 면소된 것으로 간주한다'(제60조). 면소판결은 형사소송을 더 진행시켜야 할 이익이 없

---

3) 대판 1972.10.31. 72도2049.
4) 대판 2003.2.20. 2001도6138: "선고유예의 요건 중 '개전의 정상이 현저한 때'라고 함은, 반성의 정도를 포함하여 널리 형법 제51조가 규정하는 양형의 조건을 종합적으로 참작하여 볼 때 형을 선고하지 않더라도 피고인이 다시 범행을 저지르지 않으리라는 사정이 현저하게 기대되는 경우를 가리킨다고 해석할 것이고, 이와 달리 여기서의 '개전의 정상이 현저한 때'가 반드시 피고인이 죄를 깊이 뉘우치는 경우만을 뜻하는 것으로 제한하여 해석하거나, 피고인이 범죄사실을 자백하지 않고 부인할 경우에는 언제나 선고유예를 할 수 없다고 해석할 것은 아니며, 또한 형법 제51조의 사항과 개전의 정상이 현저한지 여부에 관한 사항은 널리 형의 양정에 관한 법원의 재량사항에 속한다고 해석된다."
5) 대판 2008.1.18. 2007도9405.

을 때 소송을 종결시키는 형식재판이다.

(2) 선고유예의 실효

형의 선고유예를 받은 자가 ① 유예기간 중에 자격정지 이상의 형에 처한 판결이 확정되거나, ② 자격정지 이상의 형에 처한 전과가 발견된 때에는 유예한 형을 선고한다(제61조 제1항). 또한 ③ 보호관찰을 명한 선고유예를 받은 자가 보호관찰기간 중에 준수사항을 위반하고 그 정도가 무거운 때에는 유예한 형을 선고할 수 있다(제61조 제2항).

제3절 ▶ 가석방

1. 가석방의 의의

「가석방(假釋放)」은 징역이나 금고의 집행 중에 있는 사람이 행상(行狀)이 양호하여 뉘우침이 뚜렷한 때에 형기만료 전에 조건부로 수형자를 석방하고 일정한 기간이 경과한 때에는 형의 집행이 종료된 것으로 보는 제도를 말한다(제72조, 제76조). 가석방은 불필요한 형집행기간을 단축시켜 수형자의 사회복귀를 용이하게 하고, 형집행에 있어서 수형자의 사회복귀를 위한 자발적이고 적극적인 노력을 촉진시키려는 데 그 취지가 있다. 다만 선고유예나 집행유예가 법원의 판결에 의한 것인데 반하여, 가석방은 행정처분(行政處分)이라는 점에 그 특색이 있다.

2. 가석방의 요건

가석방은 다음의 요건이 구비된 경우에 가석방심사위원회의 신청에 의하여 법무부장관이 할 수 있다(제72조).

(1) 징역이나 금고의 집행 중에 있는 사람이 무기에 있어서는 20년, 유기에 있어서는 형기의 3분의 1을 경과한 후일 것

가석방은 징역 또는 금고의 집행 중에 있는 사람에게만 인정된다. 따라서 사형이나 구류에 대해서는 인정되지 않는다. 다만 벌금을 납입하지 않아 노역장유치가 된 경우에 가석방을 인정할 수 있는지 여부에 대하여 학설이 대립되고 있으나, 벌금형을 받은 자를 자유형을 선고받은 자에 비하여 불리하게 취급할 이유가 없기 때문에 긍정설[6]이 타당하다.

(2) 행상이 양호하여 뉘우침이 뚜렷할 것

가석방은 행상(行狀)이 양호하여 뉘우침이 뚜렷할 때 인정된다. 즉, 수형자가 남은 형기를 집행하지 않아도 재범의 위험성이 없다는 예측이 가능할 정도의 참작할 만한 정상이 있어야 한다.

(3) 벌금 또는 과료의 병과가 있을 때는 그 금액을 완납할 것

가석방은 벌금 또는 과료의 병과가 있을 때에는 그 금액을 완납한 때 인정된다(제72조 제2항). 다만, 벌금 또는 과료에 관한 유치기간에 산입된 판결선고전 구금일수는 그에 해당하는 금액이 납입된 것으로 간주한다(제73조 제2항).

3. 가석방의 기간 및 보호관찰

가석방의 기간은 무기형에 있어서는 10년으로 하고, 유기형에 있어서는 남은 형기로 하되 그 기간은 10년을 초과할 수 없다(제73조의2 제1항). 또한 가석방된 자는 당연히 가석방기간 중 보호관찰을 받는다(동조 제2항). 이 점에서 보호관찰을 임의적으로 규정하고 있는 선고유예나 집행유예와 다르다. 다만, 수형자의 성격에 비추어 보호관찰이 불필요하다고 인정되는 때에는 행정관청의 재량으로 보호관찰을 하지 않을 수 있다(동조 제2항 단서).

---

6) 이재상/장영민/강동범, 644면.

4. 가석방의 효과

가석방의 처분을 받은 후 그 처분이 실효 또는 취소되지 아니하고 가석방기간이 경과한 때에는 형의 집행을 종료한 것으로 본다(제76조 제1항). 가석방 중일 때에는 형집행이 종료된 것이 아니므로 그 기간 중에 다시 행한 범죄에 대해서는 누범가중을 할 수 없다.[7]

5. 가석방의 실효와 취소

(1) 가석방의 실효

가석방 기간 중 금고 이상의 형의 선고를 받아 그 판결이 확정된 때에는 가석방처분의 효력을 잃는다. 다만, 과실로 인한 죄로 형의 선고를 받은 때에는 예외로 한다(제74조).

(2) 가석방의 취소

가석방의 처분을 받은 자가 감시에 관한 규칙을 위배하거나 보호관찰의 준수사항을 위반하고 그 정도가 무거운 때에는 가석방처분을 취소할 수 있다(제75조).

(3) 가석방의 실효와 취소의 효과

가석방이 실효되거나 취소되었을 때에는 가석방 중의 일수는 형기에 산입하지 아니한다(제76조 제2항).

---

7) 대판 1976.9.14. 76도2071.

제4장

형의 시효와 소멸

제4장

제1절 ▶ 형의 시효

1. 시효의 의의

「형의 시효(時效)」는 형의 선고를 받은 자가 재판이 확정된 후, 그 형의 집행을 받지 않고 일정한 기간이 경과한 때에는 집행이 면제되는 것을 말한다(제77조). 형사시효(刑事時效)에는 「형의 시효」와 「공소시효」가 있는데, 전자는 확정된 형벌집행권을 소멸시키는 것임에 반하여, 후자는 미확정의 형벌권인 공소권을 소멸시키는 점에 차이가 있다.

2. 시효의 기간

형의 시효는 형을 선고하는 재판이 확정된 후 그 집행을 받지 아니하고 일정한 기간이 지나면 완성된다. 그 기간은 ① 사형은 30년, ② 무기의 징역 또는 금고는 20년, ③ 10년 이상의 징역 또는 금고는 15년, ④ 3년 이상의 징역이나 금고 또는 10년 이상의 자격정지는 10년, ⑤ 3년 미만의 징역이나 금고 또는 5년 이상의 자격정지는 7년, ⑥ 5년 미만의 자격정지 · 벌금 · 몰수

또는 추징은 5년, ⑦ 구류 또는 과료는 1년이다(제78조). 시효의 개시일은 판결
확정일로부터 진행하고 그 말일 24시에 종료한다.

3. 시효의 효과

형의 선고를 받은 사람에 대하여 '시효가 완성되면 그 형의 집행이 면제
된다'(제77조). 이것은 선고 자체가 실효되는 것이 아니기 때문에 형의 선고 그
자체는 유효하다.

4. 시효의 정지와 중단

(1) 시효의 정지

시효는 형의 집행의 유예나 정지 또는 가석방 기타 집행할 수 없는 기간
에는 진행하지 않는다(제79조 제1항). 또한 형이 확정된 후 그 형의 집행을 받지
아니한 자가 형의 집행을 면할 목적으로 국외에 있는 기간 동안에도 시효가
정지된다(동조 제2항).

(2) 시효의 중단

시효는 사형·징역·금고와 구류에서는 수형자를 체포함으로써, 벌금·과
료, 몰수와 추징에 있어서는 강제처분을 개시함으로 인하여 중단된다(제80조).

5. 시효의 적용배제

형의 시효에 관한 규정(제77조~제80조)은 「국제형사재판소 관할범죄의 처
벌 등에 관한 법률」의 집단살해죄 등에는 적용되지 않는다(동법 제6조).

제2절 ▶ 형의 소멸·실효·복권

1. 형의 소멸의 의의

「형의 소멸(消滅)」은 유죄판결의 확정에 의하여 발생한 형의 집행권이 소멸하는 것을 말한다. 따라서 확정판결 전에 검사의 형벌청구권을 소멸시키는 공소권 소멸과 구별된다. 형의 집행권 소멸의 원인으로는 ① 형의 집행종료, ② 형의 집행면제, ③ 형의 선고유예 또는 집행유예기간의 경과, ④ 가석방기간의 만료, ⑤ 시효의 완성, ⑥ 범인의 사망 등이 있다.

2. 형의 실효

(1) 재판상 실효

'징역 또는 금고의 집행을 종료하거나 집행이 면제된 자가 피해자의 손해를 보상하고 자격정지 이상의 형을 받음이 없이 7년을 경과한 때에는 본인 또는 검사의 신청에 의하여 그 재판의 실효를 선고할 수 있다'(제81조). 기간의 경과로 자동 실효되는 것이 아니라 재판에 의해서만 실효가 되며 그 대상도 징역과 금고형으로 제한된다.

(2) 당연실효

「형의 실효 등에 관한 법률」은 '수형인이 자격정지 이상의 형을 받지 아니하고 형의 집행을 종료하거나 그 집행이 면제된 날로부터', 3년을 초과하는 징역·금고는 10년, 3년 이하의 징역·금고는 5년, 벌금은 2년의 기간이 경과한 때에 그 형이 실효된다고 규정하고 있다(동법 제7조). 또한 형의 실효에 관한 법률은 형법보다 형의 실효의 범위를 벌금·구류·과료에까지 확대하고 있으며, 일정기간이 경과하면 자동적으로 실효되도록 규정하고 있다.

3. 형의 복권

자격정지의 선고를 받은 자가 피해자의 손해를 보상하고 자격정지 이상
의 형을 받지 않고, 정지기간의 2분의 1을 경과하면 본인 또는 검사의 신청
에 의하여 자격회복을 선고할 수 있다(제82조).

제5장 보안처분

제1절 ▶ 보안처분의 개념

1. 보안처분의 의의

형벌에 의해서는 행위자의 사회복귀와 범죄의 예방이 불가능하거나 행위자의 특수한 위험성으로 인하여 형벌의 목적을 달성할 수 없는 경우에 형벌을 대체하거나 보완하기 위한 처분을 「보안처분(保安處分)」이라고 한다.

2. 형벌과 구별

형벌과 보안처분의 다음과 같은 점으로 구별할 수 있다. ① 형벌은 범죄에 대한 책임비난으로서 부과하지만, 보안처분은 책임비난을 그 요소로 하지 않고, ② 형벌은 범죄행위를 전제로 하여 이것에 대한 법률상 효과로 부과하지만, 보안처분은 반드시 범죄행위를 전제로 하지 않으며 행위자의 장래의 위험성을 그 처분의 요건으로 한다. 또한 ③ 형벌은 과거의 범죄에 대한 응보로서 부과하지만, 보안처분의 장래의 위험성을 제거하기 위해 부과한다는 점이다.

제 2 절 ▶ 형벌과 보안처분의 관계

형벌과 보안처분이 동일한 행위자에 대하여 과하여지는 양자의 관계를
규정하는 방식으로 다음과 같은 세 가지 입법주의가 있다.

1. 이원주의

형벌과 보안처분이 동시에 선고되고 중복적으로 집행되는 주의를 말한
다. 즉 형벌은 과거의 범죄에 대한 비난으로서 해악(고통)을 부과하는 것이라
면, 보안처분은 장래의 위험성에 대한 예방조치로서 양자는 이질적인 것으로
별개의 제도이다. 따라서 범죄에 의해서 표출된 책임과 위험성은 각각 형벌
과 보안처분에 의하여 대처해야 한다는 것을 그 근거로 한다.

우리 형법은 정식적으로 보안처분을 규정하고 있지 않으며,[1] 특별법인
치료감호법, 보안관찰법 등에만 규정되어 있어 현행법은 이원주의의 입장에
서 형벌과 보안처분을 규정하고 있다.[2]

2. 일원주의

형벌과 보안처분은 사회방위를 목적으로 위험성이 있는 자를 개선·교화
하기 위한 제도라는 점에서 본질적으로 동일하기 때문에 양자 가운데 택일하
여 적용할 수 있다. 다만, 형벌의 집행이 부적합한 경우에는 보안처분만을 적
용하는 주의이다.

---

[1] 형법에 규정되어 있는 보호관찰, 사회봉사명령, 수강명령을 보안처분이라고 하지만, 이러한 제
도들은 형의 선고유예, 집행유예와 결합된 것으로 순수한 보안처분이 아니다(오영근, 556면).
[2] 오영근, 556면.

3. 대체주의

형벌과 보안처분을 동시에 선고하되 그 집행에 있어서는 형벌 대신 보안 처분으로 대체할 수 있도록 하는 제도이다. 즉 형벌은 책임의 정도에 따라 선고되지만, 그 집행단계에서 보안처분의 집행으로 대체되거나 형벌의 집행 후에 집행하는 주의를 말한다. 우리나라의 치료감호법상 치료감호는 형벌보다 먼저 집행하고, 그 집행기간을 형기에 산입하도록 함으로써 전형적인 대체주의를 취하고 있다(동법 제18조).[3]

제 3 절 ▶ 현행법의 보안처분

1. 보안처분의 개관

우리나라의 보안처분에 관한 최초의 규정은 1972년에 개정된 유신헌법 제10조 제1항[4]이지만, 이것이 본격적으로 도입된 것은 1980년에 제정된 사회보호법상의 보호감호, 치료감호, 보호관찰과 같은 규정에 의해서였다. 그러나 동법은 끊임없는 위헌성 논란으로 2005년 사회보호법과 보호감호제도는 폐지되었다. 이로써 보호감호는 보안처분의 종류에서 제외되었지만, 치료감호와 보호관찰의 필요성은 계속 인정되어 심신장애인과 마약중독자 등에 대한 치료감호와 보호관찰제도는 보안처분으로서의 명맥을 유지하게 되었다. 그 후 가정폭력범과 성폭력범에 대한 대응수단으로서 다양한 보안처분의 종류가 도입되기에 이르렀다.

---

3) 배종대, 623면.
4) 유신헌법 제10조 제1항은, "국민은 신체의 자유를 가진다. 누구든지 법률에 의하지 아니하고는 체포·구금·압수·수색·심문·처벌·강제노역과 보안처분을 받지 아니한다."

2. 소년법상 보호처분

(1) 보호처분의 개념

소년범에 대한 보안처분을 「보호처분(保護處分)」이라고 하며, 반사회성이 있는 소년에 대하여 형사처벌을 대신하여 그 환경의 조정과 성행의 교정을 내용으로 하는 특별조치를 말한다(소년법 제1조). 다만, 보호처분에 대한 결정은 소년부판사가 내린다는 점에서 행정처분의 성격을 띠는 다른 보안처분과 다르다.

(2) 보호처분의 종류

소년법에 규정되어 있는 보호처분의 종류는 다음과 같다. ① 보호자 또는 보호자를 대신하여 소년을 보호할 수 있는 자에게 감호를 위탁, ② 수강명령, ③ 사회봉사명령, ④ 보호관찰관의 단기보호관찰, ⑤ 보호관찰관의 장기보호관찰, ⑥ 아동복지법상의 아동복지시설이나 그 밖에 소년보호시설에 감호를 위탁, ⑦ 병원·요양소에 또는 보호소년 등의 처우에 관한 법률상의 소년의료보호시설에 위탁, ⑧ 1개월 이내의 소년원 송치, ⑨ 단기 소년원 송치, ⑩ 장기 소년원 송치가 있으며, 처분 상호 간에는 그 전부 또는 일부를 병합할 수 있다(동법 제32조 제1항 제1호~제10호, 제32조 제2항).

3. 보안관찰법상의 보안처분

(1) 보안관찰의 개념

「보안관찰」은 보안관찰법상 반국가적 행위를 내용으로 하는 특수한 범죄(동법 제2조 보안관찰해당범죄)[5] 또는 이와 경합된 범죄로 금고 이상의 형의 선

---

5) 보안관찰법 제2조에서 "보안관찰해당범죄"라 함은 다음 각 호의 1에 해당하는 죄를 말한다. 1. 형법 제88조·제89조(제87조의 미수범을 제외한다)·제90조(제87조에 해당하는 죄를 제외한다)·제92조 내지 제98조·제100조(제99조의 미수범을 제외한다) 및 제101조(제99조에 해당하는 죄를 제외한다). 2. 군형법 제5조 내지 제8조·제9조 제2항 및 제11조 내지 제16조. 3. 국가보안법 제4조, 제5조(제1항 중 제4조 제1항 제6호에 해당하는 행위를 제외한다), 제6조, 제9조

고를 받고 그 형기의 합계가 3년 이상인 자로서 형의 전부 또는 일부의 집행을 받은 사실이 있고 재범위험성이 있는 자를 사회 내에서 감독·지도·원호하는 보안처분을 말한다.

　　보안관찰은 보안관찰처분심의위원회에 의한 행정처분이고, 경찰서장이 보안관찰업무를 담당한다는 점에서, 사회보호법상의 보호관찰처분이 사법처분으로서 보호관찰소가 담당하는 것과 차이가 있다.

(2) 보안관찰의 내용

　　보안관찰처분은 검사의 청구에 의하여 보안관찰처분심의위원회의 의결을 거쳐 법무부장관이 하는 행정처분이다(동법 제8조, 제15조). 처분을 받은 자는 이 법이 정하는 바에 따라 소정의 사항을 주거지 관할경찰서장에게 신고하고 재범방지에 필요한 범위 안에서 그 지시에 따라 보안관찰을 받아야 한다(동법 제18조 제1항·제2항). 보안관찰처분의 기간은 2년으로 한다.

4. 치료감호법상의 보안처분

　　치료감호법은 '심신장애 상태 또는 마약류·알코올 그 밖에 약물중독 상태, 정신성적 장애가 있는 상태 등에서 범죄행위를 한 자로서 재범의 위험성이 있고 특수한 교육·개선 및 치료가 필요하다고 인정되는 자에 대하여 적절한 보호와 치료를 함으로써 재범을 방지하고 사회복귀를 촉진하는 것을 목적'(동법 제1조)으로, 일정한 요건하에서 치료감호(동법 제2조)와 보호관찰(동법 제32조)의 보안처분을 규정하고 있다.

(1) 치료감호

1) 치료감호의 의의

　　「치료감호」는 치료감호의 선고를 받은 자를 치료감호시설에 수용하여 치료를 위한 조치를 취하는 것을 내용으로 하는 보안처분이다(치료감호법 제16조).

제1항·제3항(제2항의 미수범을 제외한다)·제4항 등이다.

2) 치료감호의 요건

치료감호대상자는 치료감호시설에서의 치료가 필요하고 재범의 위험성이 있는 자로서 다음의 하나에 해당하여야 한다. ① 심신장애인으로서 형법 제10조 제1항의 규정에 의하여 벌할 수 없거나 동조 제2항의 규정에 의하여 형을 감경할 수 있는 심신장애인으로서 금고 이상의 형에 해당하는 죄를 범한 때, ② 마약·향정신성의약품·대마 그 밖에 남용되거나 해독작용을 끼칠 우려가 있는 물질이나 알코올을 식음·섭취·흡입·흡연 또는 주입받는 습벽이 있거나 그에 중독된 자가 금고 이상의 형에 해당하는 죄를 범한 때, ③ 소아성기호증, 성적가학증 등 성적 성벽이 있는 정신성적 장애인으로서 금고 이상의 형에 해당하는 성폭력범죄를 지은 자 등이다(치료감호법 제2조 제1항).

3) 치료감호의 내용

치료감호의 선고를 받은 자에 대해서는 치료감호시설에 수용하여 치료를 위한 조치를 한다(동법 제16조 제1항). 치료감호시설에서의 수용은 15년을 초과할 수 없다. 다만, 약물중독의 피치료감호자를 치료감호시설에 수용하는 때에는 2년을 초과할 수 없다(동법 제16조 제2항).

(2) 보호관찰

1) 보호관찰의 의의

「보호관찰(保護觀察)」은 치료감호가 가종료된 자 또는 치료위탁된 피치료감호자를 감호시설 외에서 지도·감독·원호하는 것을 내용으로 하는 보안처분이다.

2) 보호관찰의 요건

치료감호법상 보호관찰은 피치료감호자에 대한 치료감호가 가종료된 때 또는 피치료감호자가 치료감호시설 외에서의 치료를 위하여 법정대리인 등에 위탁된 때 개시된다(동법 32조 제1항).

3) 보호관찰의 내용

피보호관찰자는 보호관찰 등에 관한 법률 제32조 제2항의 규정에 따른 준수사항을 성실하게 이행하여야 한다. 보호관찰기간은 3년이다. 보호관찰기간이 만료되거나, 치료감호심의위원회가 치료감호의 종료결정을 한 때, 피보호관찰자가 다시 치료감호집행을 받게 되어 재수용되거나 새로운 범죄로 금고 이상의 형의 집행을 받게 된 경우에는 보호관찰이 종료된다(동법 제32조 제3항).

참고문헌

1. 국내문헌

1) 형법총론 교과서(저자명)

김성돈	형법총론	성균대학출판부, 2014
김성천/김형준	형법총론	동현출판사, 2005
김일수/서보학	새로쓴 형법총론(제11판)	박영사, 2006
박상기	형법총론(제9판)	박영사, 2012
배종대	형법총론(제11판)	홍문사, 2013
손동권/김재윤	새로운 형법총론	율곡출판사, 2013
신동운	형법총론(제8판)	법문사, 2014
안동준	형법총론	학현사, 1998
오영근	형법총론(제3판)	박영사, 2014
유기천	개정형법학(총론강의)	일조각, 1982
이재상	형법총론(제7판)	박영사, 2011
이태언	형법총론(제4판)	형설출판사, 2003
이형국	형법총론(제4판)	법문사, 2007
임 웅	형법총론(개정판 보정)	법문사, 2005
정성근/박광민	형법총론(제5판)	삼영사, 2011
조준현	형법총론	법원사, 1998
진계호/이존걸	형법총론(제5판)	대왕사, 2007
차용석	형법총론강의	고시연구사, 1988
황산덕	형법총론(제7정판)	방문사, 1984

2) 형법각론 교과서 및 기타

김성돈	형법각론(제3판)	성균관대학출판부, 2013
배종대	형법각론(제8전정판)	홍문사, 2013

신동운	판례분석형법각론(증보판)	법문사, 2014
이재상	형법각론(제9판)	박영사, 2013
오영근	형법각론(제2판)	박영사, 2010
정성근/박광민	형법각론(제4판)	삼영사, 2011
진계호/이존걸	형법각론(제6판)	대왕사, 2008
대검찰청	범죄분석	2014
법무연수원	범죄백서	2014

2. 외국문헌

1) 교과서

淺田和茂	刑法總論	成文堂, 2006
今上益雄	刑法總論	北樹出版, 1998
大塚 仁	刑法槪說總論(第3版)	有斐閣, 1997
大谷 實	刑法講義總論	成文堂, 1993
川端 博	集中講義刑法總論	成文堂, 1992
―――――	刑法總論講義(第2版)	成文堂, 2006
木村光江	刑法(第2版)	東京大學出版會, 2002
佐伯千仞	刑法講義總論	有斐閣, 1974
曾根威彦	刑法總論(第4版)	弘文堂, 2013
団藤重光	刑法綱要總論(第3版)	創文社, 1991
內藤 謙	刑法講義總論(上)(中)(下Ⅰ)	有斐閣, 1983
中山研一	刑法總論	成文堂, 1982
―――――	槪說刑法Ⅰ	成文堂, 1992
西原春夫	刑法總論	成文堂, 1977
―――――(監譯)	イェシェツク ドイツ刑法總論(第5版)	成文堂, 1999
林 幹人	刑法總論	東京大學出版會, 2000
平野龍一	刑法總論Ⅰ, Ⅱ	有斐閣, 1985
藤木英雄	刑法總論講義	弘文堂, 1975
堀內捷三	刑法總論	有斐閣, 2000
前田雅英	刑法總論講義	東京大學出版會, 2006
町野 朔	犯罪論の展開Ⅰ	有斐閣, 1989

松宮孝明	刑法總論講義	成文堂, 2004
山口 厚	刑法總論	有斐閣, 2001
山中敬一	刑事法入門[改訂版]	成文堂, 1996
井田 良	刑法總論の理論構造	成文堂, 2005

2) 단행본

井上祐司	行爲無價値と過失犯論	成文堂, 1973
川端 博(外)	理論刑法學の探究(①~⑦)	成文堂, 2008~2014
草野豹一郎	刑法改正上の重要問題	巖松堂書店, 1950
佐伯千仭	刑法における違法性の理論	有斐閣, 1974
曾根威彦	刑法の重要問題(總論, 各論)	成文堂, 1993
高橋則夫	自由刑とその單一化 (刑法基本講座 第1卷)	法學書院, 1992
西田典之(外)	刑法の爭點	有斐閣, 2000
＿＿＿＿＿	刑法理論の現代的展開(總論Ⅰ)	日本評論社, 1990
堀內捷三	不作爲犯論	靑林書院新社, 1978

사항색인

저자약력

김형만(金炯晚)
숭실대학교 법학과 졸업
일본 명치(明治)대학 대학원(석사, 박사)
경찰청 치안연구소 연구위원
국립경찰대학 강사
사법시험 및 각종 공무원시험 출제위원
광주경찰청 수사이의심사위원장
광주고등검찰청 행정심판위원
(현재) 광주·전남노동위원회 공익심판위원
　　　 전라남도 행정심판위원
　　　 광주대학교 경찰법행정학부 교수

주요저서

객관식 형법(서울고시각, 2001)
객관식 형사소송법(서울고시각, 2001)
범죄학개론(청목, 2002, 공역)
형법의 쟁점(청목, 2002, 역서)
경찰행정학(법문사, 2005, 공저)
경찰학개론(법문사, 2005, 공저)
형법총론강의[제2판](형지사, 2009)
형사소송법강의[전정판](청목, 2013)
경찰사회(박영사, 2014, 공저)
사회연습(PNC, 2014, 공편)
형사소송법(박영사, 2017)
법학개론[제6판](홍문사, 2020, 공저)
비교경찰제도론[제6판](법문사, 2021, 공저)

제 2 판
형법총론

초판발행	2015년 3월 10일
제2판발행	2021년 3월 20일
중판발행	2021년 9월 10일

지은이	김형만
펴낸이	안종만·안상준

편 집	박가온
기획/마케팅	이후근
표지디자인	최윤주
제 작	고철민·조영환

펴낸곳	(주)**박영사**
	서울특별시 금천구 가산디지털2로 53, 210호
	(가산동, 한라시그마밸리)
	등록 1959. 3. 11. 제300-1959-1호(倫)
전 화	02)733-6771
f a x	02)736-4818
e-mail	pys@pybook.co.kr
homepage	www.pybook.co.kr
ISBN	979-11-303-3883-5 93360

정 가   28,000원